KAKSITUHATVUOTINEN AJANTIETO

joka kodin käsikirja perisuomalaisesta kalenteriviisaudesta
ja siihen liittyvistä tavoista

Toimittaneet:
Anssi Terva-Oja,
Timo V. Jyystö,
Jarmo Sartsinarius-Pylppö

Waßerhof Ultra-Scientific Publication Asp.
(Folkloristic series 15:2025)
2025

Taitto ja kuvat: Tekijät
Julkaisija: Waßerhof Ultra-Scientific Publication Asp.
© Tekijät

Kustantaja:
BoD · Books on Demand,
Mannerheimintie 12 B, 00100 Helsinki,
bod@bod.fi
Kirjapaino:
Libri Plureos GmbH, Friedensallee 273,
22763 Hampuri, Saksa
ISBN: 978-952-80-9452-4

1

KAKSITUHATVUOTINEN AJANTIETO

Esipuhe täysin uudistetun ajantiedon ajantasaiseen laitokseen.

Tuhat vuotta on taas kulunut ja oli siis tarvetta päivittää aikalaisillemme ajantiedon uudistettu laitos. Lienee paikallaan sanoa muutama sana teoksen sisällöstä ja niistä muutoksista, joita siihen on tehty.

Ensinnäkin suurin osa päiväkohtaisista artikkeleista on korjattu, muokattu ja täydennetty uudella aineistolla. Niihin on lisätty myös rajanaapureidemme tapoja kosmoksen kansoja unohtamatta, koska toimituskunta on katsonut, että tämä lisää ymmärrystämme tapojen leviämisestä ja kulttuurien välisestä vuorovaikutuksesta.

Muutostarve on noussut myös siitä laajasta tutkimustyöstä, joka vuosituhannellamme on kohdistunut kansamme perinteisiin ja tapoihin. Se on lisännyt runsaasti tietämystämme ja ymmärrystämme suomalaisista kansantavoista.

Tässä voidaan nähdä erityisesti kolme koulukuntaa. Ensinnäkin suomalaisuuden alkuperää etsivä ja määrittelevä, ns. urfinska-liike, toiseksi eurooppalaiseen uuteen yhteiskuntatieteeseen liittyvä ns. panoptikon-koulukunta ja kolmanneksi pangalaktisuutta etsivä postwoselointi-oppijärjestelmä. Olemme innolla pystyneet hyödyntämään näitä kaikkia tässä teoksessamme ja sen ajantasaistamisessa.

Jokaisen kuukauden merkittävimmästä juhlasta on valittu liitteeksi kuvia ja hahmopiirustuksia, joiksi kansatieteilijäin sekä esteettisemmin orientoituneiden valokuvaajien ja taiteilijoiden teoksista on valittu parhaimmisto.

Teoksen valmistumisesta suuri kiitos artikkeleiden kirjoittajille, kirjallisten lähteiden etsijöille ja tarkastajille sekä kenttätyöntekijöillemme. Heidän peräänantamattoman työnsä ansiosta teoksen julkaiseminen on nyttemmin mahdollista. Tekstin kieliasun on tarkistanut kielenhuoltomaisteri Aku Telottaja, jolle myös vilpitön kiitos uupumattomasta uurastuksesta joskus hankalienkin kielisolmujen aukaisijana.

Toimittajat haluavat huomauttaa, että teoksen uudistamistyön aikana on käynyt ilmi, että eräät kansalliseksi perinnöksemme väitetyt asiat tai tapahtumat, esim. huhtikuun 14. päivään liitetty sanonta "Viipurissa viikset leikattiin, Kotkassa kutrit käherrettiin", ovat keksittyjä tai ulkorajaista perinnettä. Kirjan toimittajat haluavat ilmaista paheksuntansa tällaista historian vääristelyä ja tutkimustyön vaikeuttamista kohtaan.

Tekstin sanoitus voi loukata ja järkyttää herkempää lukijaa, mutta on muistaminen, että entisaikojen tavat ja sanomukset syntyivät ympäristössä, jossa kielipoliiseille irvailtiin armotta. Tapana oli myös pyörittää heidät ojassa, tervassa ja höyhenissä ja asettaa kirkon mäelle häpeäpaaluun miettimään yletöntä haluaan olla aina oikeassa ja korjata vapaiden kansalaisten sanomuksia. Tämän teoksen tarkoitus ei ole kuitenkaan muistuttaa kielenhuoltajia ja viisastelijoita heidän rajoittuneesta ymmärryksestään ja pätemisen tarpeestaan, vaan tätä tointa varten on olemassa jo runsaasti teoksia. Jätämme siis arvostelumme vain tämän yksittäisen huomion varaan.

TAMMIKUU

Tammikuu (Pohjois-Suomessa temmikuu, Turengissa rääpyskäkuu, Posion seudulla leahmo) aloittaa vuoden. Kesän odotus alkaa heti talven selän taittuessa. Tähän liittyvänä symbolisena eleenä siirrettiin Merikarvian seuduilla puurolusikka tammikuussa "pirtin kamarinpuoleisen seinän raosta ikkunaseinän rakoon" (Godehielm & Lönnqvist 1873, 774). Perinteisesti tammikuussa avattiin uusi allakka, joka hankittiin kartanoihin ja herrastaloihin jo hyvissä ajoin ennen vuodenvaihdetta. Uuden allakan avaaminen ja hankinta vuoden muina ajankohtina on jälkipolville säästyneiden merkintöjen perusteella ollut merkittävästi vähäisempää. Varmaa syytä tähän ei kuitenkaan tiedetä. Myös saastaisissa savupirteissä syöpäläisten ja haisevan karjan seassa majaileva rahvas oli hämmästyttävän hyvin perillä siitä, milloin talvipäivänseisaus tapahtui. Talvipäivänseisauksen jälkeen varattiin Suomessa yleisesti viikko tai pari aikaa alkavan vuoden valmisteluille.

Sisä-Suomessa uskottiin, että tammikuussa järvet ovat jääkannen peitossa. Tämä pakanallinen uskomus lienee tullut Suomeen Siperiasta muinaisen alkeellisen kulttuurivaihdon mukana. Lumi ja synkkyys ovat olleet tyypillisiä maisemallisia elementtejä. Kristillisiä juhlia tammikuussa on ollut poikkeuksellisen vähän: loppiainen eli epipaani (Kiteellä käytettiin myös muotoa heppispaani, ks. Kiteen kirkkohistoria 1677, 12) on ainut merkittävämpi juhla. Sen sijaan pakanakulttuurin aikaan on juhlimista riittänyt läpi kuukauden. Tämä on sikäli ymmärrettävää, että aikaa oli runsaasti myös juhlimiseen: "tammikuussa ei yleensä viljelystöitä tehty, ja lehmätkin olivat ummessa" (Godehielm & Lönnqvist 1873, 433).

Tammikuun lopussa alettiin jo valmistautua helmikuuhun ja laskiaiseen. Niinpä Karjalasta kerätyn perimätiedon mukaan "balalaikat viritettiin vuoden neljännellä viikolla ja kolmas sahtiannos pantiin käymään" (Gullinen 1885, 114). Gullisen mukaan sanonta "paska haisee ja balalaikka soi" liittyy juuri laskiaisen juhlintaan.

Ruotsinkielisellä rannikkoalueella seurattiin, milloin aurinko nousee paistamaan talvipäivän seisauksen jälkeen taas ensimmäisen kerran pihaladon katon yli. Tämä päivä sattui useimmiten tammikuun toiselle viikolle. Auringon nousu oli merkkinä uusiin askareisiin alkamiseen ja tällöin ryhdyttiin valmistautumaan sonnanajoon pelloille, tervapuitten kaatoon ja muihin raskaisiin töihin. Tärkeää oli talvella ravita työmiehet hyvin, että työkyky kovalla pakkaskelilläkin säilyi. Rengeille ja alustalaisille valmistettiin sakea keitto, jonka piti olla maultaankin vahvaa. Palkollisten lisäksi alustalaisille tarjottava keitto valmistettiin sisäelimistä, joita syksyn teurastuksessa oli säilötty tiinuun silavan kanssa. Isäntäväki käytti itse lihat, mutta voimien ja luonnon kasvattamiseksi työväki tarvitsi vahvan ruuan. "Dettos varos soms jävels bruttas" sanottiin vahva-aromisesta punaruskeasta keitosta (Henchschel 1876). Kyseinen ruokalaji aiheutti ympäristön asukkaille kunnioittavia ja jopa pelonsekaisia tuntemuksia. Niinpä rannikon väkeä ryhdyttiin paikoin kutsumaan tämän ruokalajin tai siinä käytettyjen raaka-aineiden mukaan johdetuilla nimillä. Ruotsalaisperäinen heimonimi bruttaalit tarttuikin useampaan rannikkoseudun viikinkien jälkeläiseen kuin täi tervaan.

Keiton varsinaisen voimanantajana oli perna, jonka vaikutus rannikon perinteisissä paikannimissä on säilynyt nykyaikaan saakka. Lounais-Suomessa näin on nimetty Pernis (Perniö) sekä Itä-Uudellamaalla Pernå (Pernaja). Nimien muinainen alkuperä ilmaisee näiden alueiden yhteydet viikinkikulttuuriin. Uudempien veriryhmätutkimusten perusteella on saatu vahvistusta olettamuksille, että Suomen rannikkoseudun väki on ollut mukana etelään suuntautuneilla viikinkiretkillä (Koikkalainen & al. 1997). Ranskan Pernod on saanut nimensä paikkakunnalla noin 700-luvulla ryöstelleiden viikinkien itsestään käyttämän nimityksen mukaan.

1. tammikuuta

Muinaissuomalaiset eivät juurikaan juhlineet tammikuun ensimmäistä päivää, sen sijaan vuoden alkamisen juhlinta keskittyi heillä 4. päivään tammikuuta (ks. tämä). Joitakin tietoja on kuitenkin siitä, että saamelaisilla sekä Pohjanlahden ympäristön ruotsalais-suomalaisella seka-asutuksella tämä päivä on ollut juhlinnan kohteena. Juhlinta on ollut todennäköisesti hartaan kunnioittavaa, sillä tällöin odotettiin aina ihmetellen jumala Bökräyksen uutta tulemista ja valon näkymistä kodan räppänästä.

Ihmetystä kuvaa mainiosti katkelma tuoheen kirjoitetusta runosta, tn. 1200-luvulta:

Dul Godu Bökkärähys,
Gom med Simath och Semeneth.
Glöm ej Oss Blacka och
Låta Hunden Racka!

Tyrvännössä on uusi vuosi aloitettu "huuhtomalla mulukunpiät järvessä" (Päärynä 1976, 125). Paikallisen järven jäähän on paikkakunnan naispuolisten henkilöiden toimesta tehty avanto, josta miehet ovat sitten kauhoneet vettä siitinelimilleen eli "miespaikoille" naisten katsellessa ja kannustaessa. Kylmän veden on uskottu jäykistävän jäsenet koko loppuvuodeksi (sama, 127).

2. tammikuuta

Toinen päivä tammikuuta lienee mennyt useimmilta Suomenniemellä asuvilta heimoilta ohitse, koska merkintöjä ei päivään liittyvistä uskomuksista tai tavoista ole. Sen sijaan sotien välissä syntyi Rääkkylän kunnan alueella päivään liittyvä mystinen kultti, joka on kuitenkin jäänyt vähälle huomiolle antropologisissa tutkimuksissa ja kulttuurintutkimuksen julkaisuissa.

Rääkkyläläinen kultti, joka itse asiassa on synkretistinen sekoitus Karjalan ortodoksisuutta, pakanaperinteitä ja sibeliaanista kansalliskiihkoa uskoi, että vuosi vaihtuu toisena päivänä tammikuuta. Silloin "sytytettiin tuohukset ja ammuskeltiin ilimaan ... jalassa piettiin yleensä huopikkaita paitsi silloin, jos oli suvikeli" (nimeltä mainitsemattoman silminnäkijän kertomus, Lauliainen 1928, 120-122). Kultti lienee hävinnyt Karjalan asukkaiden evakuoimisen myötä talvisodan alkaessa. Joitakin jäänteitä siitä on säilynyt aina meidän päiviimme periytyvissä ilotulitusperinteissä, jotka nykyisin kuitenkin sijoittuvat paria päivää aiemmiksi.

3. tammikuuta

Kolmas tammikuuta tunnettiin eräässä rajakarjalaisessa pitäjässä Kolmen kuninkaan päivänä. Kylään oli levinnyt ortodoksinen ajanlasku hieman vääristyneenä ja niinpä kyläläiset ottivat vastaan Jeesuksen vasta tammikuun alussa. Kolme kuningasta viittasi puolestaan niihin juhlallisuuksiin, joita kylässä vietettiin tänä päivänä. Hyvän kuvan niistä saa E. Gullisen teoksesta (1885) sivulta 52, josta seuraavassa suomennos:

> *Kolme kuningasta tulivat pirttiin pahasti noettuina. Ensimmäisellä oli mukanaan ihmisen kalua merkkaava sauva, toisella hinkalo täynnänsä ulostetta ja kolmannella valkoinen liina. Nämä he heittivät juhlakansan ylle samalla huutaen rivosti:*
> *-Cunnusta teillen kaikille, syhvilistä jokaisen pelille.*

4. tammikuuta

Tammikuun alussa Suomen heimot viettivät siis pakanallista sydäntalven juhlaa. Aurinko saatiin mieliin avaamalla loppukesällä kootut kärpässienivarastot ja hyvä viljasato pyrittiin varmistamaan roiskuttamalla inhimillistä siementä jokaiseen mahdolliseen koloon. Perinteisesti uskottiin, että tammikuun neljäntenä päivänä

varis käänsi kylkeä. Tämän seikan merkitys on jäänyt myöhemmin unohduksiin.
Vrt. korttipeliperinteet 1950-luvulla.

Länsi-Suomessa vuoden neljäs päivä oli niin kutsuttu vaapsiaispäivä. Silloin
lapset työnnettiin alasti pihalle vaimoväen hakattua heitä kartuilla. Orsiin
ripustettiin jalkarättejä ja hirventalja tuotiin sisälle porstuasta. Perinteinen
vaapsiaispäivän ruoka oli nk. röttö, joka valmistettiin käyttämällä ja hapattamalla
maltaita ja juureksia. Vaihtoehtoisesti, mikäli talon ruokavarannot sen sallivat,
valmistettiin vaapsiaispäiväksi kyörkkynöitä ja päälle hörpittiin imelää velliä.
Kyörkkynöiden teko aloitettiin jo tapaninpäivänä, ja esimerkiksi Kyrössä ja
Paimiossa sanottiinkin, että "Tapani kyörkkynät kohottaa". Kyörkkynöiden
valmistustavasta ei ole jäänyt tarkkaa perimätietoa, mutta tiedossa on, että
"tekopäivät olivat yhtä metakkaa ja riitelyä, eikä loukkaantumisiltakaan vältytty.
Piiat, rengit ja talon lapset reuhasivat pirtissä tai leivintuvassa yhtenä mylläkkänä
ja välillä otettiin esille kartut, kaulimet ja kapustat, joilla kyörkkynöiden tekoa
edesautettiin. Useinpa oli jonkun tekoon osallistuneen poski ajettunut pyöreäksi
simpulaksi vielä viikkoja jälkikäteen" (Huhu 1987).

Kervolla oli tapana laskea katiskat rannan vesiin tänä päivänä. Tosin jäätyneet
vedet haittasivat tätä toimintaa joltisestikin ja usein lopputuloksena oli saalis, joka
koostui riähkälinnuista ja muutamasta katiskaan juosseesta rusakosta. Lintujen
sulista sekä jäniksennahasta valmistettiin päähineitä, joita pidettiin päivän
juhlallisuuksissa, että vaapsiaisia eli pölyhuiskan tapaisia välineitä siivousta
auttamaan. Sanastollinen siirtymä lienee selvä.

5. tammikuuta

Tammikuun viidettä päivää pidettiin Suomessa keskiajalla yleisesti turhana.
Mitään juhlallisuuksia ei vietetty vaan keskityttiin sydäntalven juhlan (myöh.
joulun) loppumiseen ja arjen alkamiseen. Perinteisesti viides päivä oli
sahanteroituspäivä.

Raahen seudulla kahdessa pienessä ruotsinkielisessä kyläpahasessa päivä
tunnettiin kuitenkin vielä 1950-luvulla taivaanvasamapäivänä. Silloin hiljennyttiin
muistelemaan taivaalta pudonnutta hopeanhohtoista esinettä, joka teki Raahen
eteläpuolelle nk. Isonhoronsuohon pudotessaan melkoisen kuopan. Tapahtuman
ajankohta oli tammikuun alku vuonna 1436 tai 1437. Edgar Allen on kuvannut
tapauksen yksityiskohtaisesti kirjassaan "UFOs, bubblegum music and other
pervert phenomena" (1988, 55-57), josta löytyy myös kattava lähdeviitteiden
luettelo. Allen väittää tapahtuman olevan ensimmäinen pohjoisella
pallonpuoliskolla kirjattu luotettava UFO-havainto. 400 vuotta myöhemmin
ilmestyneessä Gudskelovin katekismuksessa mainitaan "kitukaswuiset wiljan

oraan wäriset ia mulkosilmäiset ihmis-kaltaiset oliot, joita kuljesceli Pohjanlahden rannoilla wielä wuosien perästä. Oliwatpa jotkut astuneet pyhään awioliittoon kyläläisen kanssa" (Gudskelov 1848).

6. tammikuuta

"Lopsautanpa loppiasna sano Hyrskälän isäntä ko piikaans saunasa kopsautti" (sananlasku Padasjoelta). Sanonta kuvaa hyvin Suomen heimojen asennetta loppiaiseen. Suomessa vietettiin loppiaista jo ennen kristillistä aikaa. On otaksuttu, että päivän nimitys tulee ruotsinkielisestä sanasta loppa, joka tarkoittaa kirppua. (Godehielm & Lönnqvist 1873, 313). Ahtaissa asunnoissa täit ja muut syöpäläiset sikisivät voimallisesti talven aikana, jolloin myös peseytymismahdollisuudet olivat heikot jäätyneiden vesistöjen vuoksi. Loiskannat saavuttivat huippunsa joulun - so. talvipäivänseisauksen - aikoihin, jolloin ihmiset viettivät suurimman osan ajastaan pirteissä, usein kokoontuneina suurina ryhminä juhlimaan. Loppiaisen tullessa juhla oli loppu, sisälle tuotu kuusi ja viikoittain juopotellut ja nurkissa maleksinut maattomien ja talottomien porukka heitettiin ulos pirtistä ja lämmitettiin sauna. Vielä riitti kuitenkin pimeyttä ja pitkää iltaa intiimiin kanssakäymiseen, ennen kuin palattiin takaisin arkisten askareiden pariin.

Kristinuskon tultua Suomeen päivä liitettiin joulun lopettamiseen. Loppiaisena eli epipaanina juhlistettiin kolmen viisaan itämaan tietäjän saapumista. Ajan myötä itämaan tietäjien juhlinta siirtyi kuitenkin tammikuun kolmanteen päivään. Oulun seudulle tämä perinne saapui niin myöhään, että paikalliset tiernapojat alkoivat esiintyä jo joulukuussa.

Loppiaisesta on jäänyt runsaasti kertomaperinnettä ja sanontoja Suomen kieleen. Etenkin Savosta on kerätty viljalti loppiaiseen liittyvää "sananrieskaa". Seuraavassa mainitut valitut sanonnat ovat Turengin kirkkoherra Efraim Gananderin (1866) kokoamia:

- *Loppiainen se on hyvvee mahalle ja koko Jumalan siunoomalle ruumiille (Sonkajärvi).*
- *Det är en satans jävla praktik, den där loppiainen (Nagu).*
- *Loppiaisna hylskin pylskin, juhannuksena kuhautetahan (Alavieska).*
- *Tiijä noista loppiaisista, kuha ois leipee ja piimee ja lämpimät lapikkaat (Suonenjoki).*
- *Notta hyvinniin, muttei ehkees sittenkään, sano entinen tyttö loppiaista (Niirala).*

8

- Keinänen män loppiaisena tansseihin muttei päässy saatille, ku ol paskaset saappaat (Tyrväntö).
- Lopun iellä koko loppijainen, viepi talosta lykyn ja naimaikäset (Suonenjoki)

7. tammikuuta

Seitsemäntenä tammikuuta päättyi erityinen juhlaviikko, ns. tilhiviikko. Tilhiviikkoa vietettiin erityisesti Keski- ja Pohjois-Pohjanmaalla. Tilhiviikko liittyi alkuvuoden koviin pakkasiin. Juhlaviikko on eräiden lähteiden mukaan syntynyt Pohjanlahden yli tapahtuneen ruotsalaisvaikutuksen myötä. Juhlaa on aluksi, 1500-1700 -luvuilla vietetty vain pappiloissa ja muissa säätyläistaloissa. Alkuperäisesti viikkoa on pidetty nimenomaan papiston lomanviettona raskaan joulunajan jälkeen. Kaikilta osin pappien juhlanviettoa ei pidetty sopivana mm. juhlimiseen liittyneen ylettömän sahdin ja väkijuomien käytön sekä muun siveettömyyden vuoksi. Pappien käytöksen mukaan aikaa kutsuttiin nimellä dille-vecka tai dille-veckos. Uppsalan arkkipiispan kirjeellä tapa kiellettiin vuonna 1783 ja siinä muodossa se päättyikin ilmeisen nopeasti (Grandlund 1976). Juhlan vietto siirtyi kuitenkin kansan pariin, jossa sitä ryhdyttiin viettämään viikon päätteeksi. Tällöin sanottiin, että "ruvetaan tillestään" tai "tilhestään" (Kannus), "käyvvään tilelle" (Yli-Ii) tai "aletaan tilhelle" (Olhava). Tilhiviikon päätteeksi puettiin joku jälkeenjäänyt tai muuten vähäväkinen tilhikukoksi, joka kiersi kylän taloissa onnea toivottamassa. Tilhikukolle oli laitettu kanan tai variksen sulkia pyrstöksi, töyhtö hevosen jouhista ja tuohesta punottu nokka. Olhavassa tilhiviikkoja vietettiin syrjäkylillä vielä 1930-luvulla (Manninen 1959).

Tilhikukko hyppi pirtin pöyvälä ja lausu samala ko nyökytteli: -Pakkasella pörhystän, pakkasella pyörähän, paskasella pyyhistän. Vain jos tilhen ruokitte, lennän kotia pois. Ja tilhelle heitettiin ruis- ja pihlajanmarjajauhoista kusiliemeen alustetusta taikinasta leivottuja kakkaroita hellan tuhkiin. Tilhi ne sitten nokki sieltä tuhkista "iliman käsiään käyttämäti".

Kun "tilhikukko" oli tehnyt kierroksensa kylän taloissa, niin se vietiin taas loppuvuodeksi karsinaansa tai lättiin asumaan. Omituinen perinteen herääminen tapahtui 1990-luvulla Helsingin seudun homoseksuaalipiireissä, jossa tapana oli työntää hivelyn jälkeen strutsinsulkaisen pölyhuiska joukolla valitun tilhen anukseen. Tämän tuli sitten kukkoilla askeltaen joukon edessä tilhen sirittävää ja kukertavaa ääntä matkien.

**Valter Nurminen pukeutuneena tilhikukoksi,
Olhava 1895.**

8. tammikuuta

Nykyisen kalenterimme mukaan tammikuun 8. päivä on Hilpan nimipäivä. Hilppa tuli kalentereihin vasta vuonna 1921, jota ennen tänä nimenomaisena päivänä nimipäiviään viettivät Rieti ja Rietu. Useissa lähdeteoksissa on virheellisesti väitetty nimien olevan väännöksiä Fredrikistä (Ks. esim. Gananderin - 1866 - naurettava ja täysin epäuskottava väite asiasta s. 188), mutta nimien todellinen alkuperä löytyy paljon lähempää: nykyisinkin käytössä olevat sanat rietas ja riettaus tulevat samasta karjalaisesta kantasanasta kuin em. nimetkin.

Tammikuun kahdeksas päivä oli tietyillä paikkakunnilla maan itäosissa siis riettauspäivä, jolloin piikojen väitettiin olevan verevimmillään ja herraskartanon rouvien myötämielisiä. Valitettavasti päivän vietosta ei ole jäänyt kuvauksia jälkipolville sillä voisi hyvin kuvitella, että karjalainen tarinankertomisperinne on hyvinkin yksityiskohtaisesti ja "mehevästi" kuvaillut parhaita riettauspäivän seikkailuja. Eräänä syynä lienee Lönnrotin himo sensuroida mehukkaimmat jutut jälkipolvilta.

Riettauspäivän traditiot vähenivät 1800-luvun jälkipuoliskolla ja Venäjän-Japanin -sodan aikana 1900-luvun alkuvuosina päivän vietto loppui lähes kokonaan, kun ko. karjalaiskylät tyhjennettiin asevoimiin kelpaavasta miesväestä. Useissa kylissä päivä sai kuitenkin uusia muotoja ja traditiota jatkettiin naisvoimin. Länsisuomalaiset keskittyivät tänä päivänä sonnanajoon ja puusavotoihin. Jäyhä pohjalaisuus edellytti ainakin yhden kuukauden päivistä olevan hartaan työpäivän.

9. tammikuuta

"Suvikeli yheksäntenä alkanutta vuotta kusee koko vuoden" (sananlasku Kokkolan seuduilta Erkki Mannisen (1959) mukaan). Pohjanmaalla uskottiin, että vuoden alkupäiviin sattunut leuto talvikeli karkottaa kalat apajilta ja tummuttaa jään, jolloin kutu epäonnistuu. Pakkaskelin varmistamiseksi pidettiin rituaalinomaisesti talojen ovia ja ikkunoita auki vuorokauden verran juuri yhdeksäntenä tammikuuta: ovet ja ikkunat avattiin puoliltaöin, ja suljettiin taas 24:n tunnin kuluttua vuorokauden vaihtuessa. Oleellista oli myös nukkua alasti avointen ikkunoiden ääressä. Ihoon tulleet paleltumat nähtiin myönteisinä merkkeinä.

Tammikuun yhdeksäs päivä oli perinteisesti työpäivä Länsi-Suomessa. Karjalassa puolestaan päivä oli vilkas kauppapäivä, ja esimerkiksi Kivennavalla pidettiin markkinat juuri kyseisenä päivänä (Roininen 1937). Kivennavan markkinoiden yhteydessä järjestettiin myös muita huvituksia; tyypillisenä huvina oli 1920- ja 1930-luvuilla järjestää hiihtokilpailut ja hiihdon päälle pidettiin markkinatanssit. Tuntemattomaksi jääneen aikalaisen kuvaus Kivennavan markkinoiden hiihtokilpailusta antaa lisävalaistusta urheilun asemasta vuosisadan alkuvuosikymmenien yhteiskunnassa (Roininen 1937, 54-55):

Ne oli aina kovat ne hiihot Kivennavalla ja voittaja oli tietty tansseissa kovasti tyttölöijen mieleen. Meijän kylältähän se Sorsan Taavi oli seutukunnan paras hiihtäjä ja sankari. Ihan voittamaton mies se oli, ellei lasketa mukaan tuota Ketun Anttonia ja sitä viipurilaista Hovatoffia ja Burtsoffia ja Lalun veljeksiä ja sitä Siiralan nuorempaa poikaa ja muutamaa muuta miestä tästä lähistöltä, minut mukaan lukien. Eihän se Taavi sitten eukkookaan soanu kun se ei niissä kilpailuissa pärjännyt mitenkää. Kaikkihan sille nauroi. Muut me markkinatansseissa aina ryypättiin ja tyttöjä riiattiin mutta ei sitä Taavia koskaan kelpuutettu porukoihin. Mokomaa ruununraakkia.

10. tammikuuta

Tammikuun 10. päivää on vietetty maassamme Nyyrikin päivänä jo myöhäiskeskiajalta lähtien. Nyyrikinpäivän vietto liittyy pakanallisten ja kristillisten tapojen yhteensulautumiseen. Nyyrikinpäivän vieton merkitys kohosi kuitenkin suurimmilleen renessanssiajan uusien tieteellisten havaintojen, valistuksen ja uskonpuhdistuksen myötä. Kun kirkoissa julistettiin saarnojen yhteydessä uusia oppeja, levisivät ne rahvaan keskuuteen. 1600-luvulla Suomen talonpoikaisväestökin oli oppinut laskemaan kymmeneen ja uusi lukujärjestelmä otettiin käyttöön.

Varhemminhan kansa käytti paikallisia lukujärjestelmiä kuten seitsemään perustuvia "seitsiäistä" (Pomarkku) ja "lunttaa" (Sodankylä) sekä yhdeksään perustuvaa "kälvää" (Orimattila). Epäilynä on, että näitä kehittyi paikallisissa sisäsiittoisissa kyläyhteisöissä, joissa esiintyi runsaasti mutaatioita. (Lukujärjestelmistä enemmän heinäkuuhun liittyvässä luvussa.) Vuoden alusta laskettuna kymmenen oli maaginen luku, joka aloitti taas uuden kymmenen ja siten myös ajankierrossa uuden vaiheen. Kymmeneen liitettiin uuden synty ja hedelmällisyys, jotka tavoissa ovat ilmenneet kansan keskuudessa etenkin 1700- ja 1800- luvuilla.

Nyyrikin vietossa voimistui pakanallisten tapojen sekoitus kirkon opetukseen esimerkiksi hyvän viljasadon manauksena. Manausta Nyyrikkinä on vaalittu voimaperäisimmin ja pisimpään viljelyoloistaan hankalina tunnetuilla vedenjakajaseuduilla. Cedercreuz (1889) tapasi retkillään mm. Karttulassa ja Rautalammilla kansantapoja, jotka viljavammilla eteläisillä seuduilla olivat hävinneet jo syrjäkylistäkin.

Nyyrikkinä näet oli tapana, että emäntä pisti illalla leipäjuuren likoamaan. Nyyrikki-aamuna isännän johdolla talon miesväki vanhoja ukkoja lukuun ottamatta kokoontui rinkiin taikinakorvon äärelle. Jos talossa oli käymässä kulkumiehiä tai naapurista oli pyydetty miesvieraita, niin nämä pyydettiin mukaan rinkiin taikaa vahvistamaan. Korvon laidan läpi oli näverretty reikiä. Tavallisesti reikiä oli seitsemän, joskus kymmenen mutta suurimmissa taloissa jopa 12.

Kävivät ukot siihen piiriin ja ottivat toisiaan kädestä kiinni. Sitten isäntä lauloi ja rengit ja vieraat mukana. Samalla heilutettiin tahdissa korvoon, että taika syntyisi. Ringissä olijoiden hepit oli laitettu korvon reikiin. Siinä sitten laskettiin siemenet taikinajuureen. (Suomennos toimittajien.)

Kun taikina oli kohonnut, ei emäntä siunannut tätä vuoden ensimmäistä taikinaa viiltämällä ristinmerkkiä, vaan isännän tehtävä oli piirtää lukin kuva väärinpäin. Taialla toivottiin hyvää viljavuotta laskemalla vuoden ensimmäinen siemen siunattuun paikkaan. Tapa on myöhemmin ilmaantunut ja säilynyt Tervolassa, jossa "Jumalan hyvää siementä ei saa heittää hukkaan.". Tieto taiasta lienee levinnyt tukkisavotoilla, joilla eri puolilta maata peräisin olleita työmiehiä on kohdannut toisiaan (Konkka 1983).

11. tammikuuta

Tammikuun yhdettätoista päivää vietettiin Rymättylän Yläkylässä Tappaispäivänä. Tapa oli yleinen 1700- ja 1800-luvulla. Meidän vuosisadallemme siitä on enää jäänteenä elänyt ns. Taappapäivä, johon Tappaispäivään liittyneet perinteet ovat yhtyneet. Tappaispäivän menojen tärkeimpänä osana on ollut ns. liiskaaminen. Tällä tarkoitettiin sitä, että kussakin perheessä lapsista heikoin otettiin tappaispäivän aamuna, laitettiin oven ja kamanan väliin linkkuun ja liiskattiin. Näin tapettu nuorukainen sitten nyljettiin ja hänestä keitettiin tappaispäivän keitto, joka sitten nautittiin illemmalla. Juhlallisuuksille olikin ominaista suvun koollekutsuminen ja em. keiton syöminen koko suvun voimalla, sukuyhteyden symbolisena kuvana. Joissakin kuvauksissa (ks. Edelin 1875) on kerrottu päivään liittyneen myös insestisiä akteja, mutta näistä ei ole varmuutta.

Raaka tapa saatiin hävitettyä lopullisesti vasta 1800-luvulla kristillisen papiston toimesta. Mutta kuten sanottua, perinteen pohjalta on syntynyt Taappapäivä, jolloin Rymättylässä edelleen kokoonnutaan syömään hernekeittoa koko suvun voimalla.

12. tammikuuta

Suomen kansankulttuuri on täynnä sanontoja ja kertomuksia, joita tätä nykyä voivat puritaanisimmat lukijat pitää moraaliltaan arveluttavina, jopa rivouksina. Vääristyneen kuvan on antanut mm. Lönnrotin kokoama Kalevala, josta kaikki epämääräinen aineisto on siivottu pois. Ei kuitenkaan voida kieltää sitä, etteivätkö osuvimmat ja huumoriltaan hersyvimmät sutkaukset, sanonnat ja sananlaskut usein käsittelisi seksuaalikulttuuria. Ohessa on esimerkkejä tammikuun 12. päivään liittyvistä sanonnoista, jotka ovat aikaisemmin jääneet sensuurin takia julkaisematta:

- Tammikuun kahentenatoista syntyneet on puonneet huoran persiestä (Loppi).

- Tusina päiviä vuodesta tänäpänä kulunut, niinko on männävuonna kulunut loppuun koinureita Iitan reisiin piheissä (Asikkala).

- Mulukku jäökkänä niinko jämpsäläisellä joka ei ou tammikuun kahenteentoista mennessä sitä lypsänä (Muurame).

- Ko kahestoista päevä vuotta panoo lapsen alulle niin siitä se tuloo miehimys (Raahe).

Vuoden 1884 tammikuussa tyrnäväläisen kauppiaan Kullervo Sundströmin tytär Hilja katosi. jonkin ajan päästä vanhemmille paljastui, että Hilja oli karannut seudulla vierailleen herätysliikkeen saarnaajien mukaan ja matkustanut lähetyssaarnaajien avuksi Länsi-Afrikkaan. Melko tarkasti neljä vuotta myöhemmin, 12. tammikuuta 1888 Hilja ilmestyi takaisin Tyrnävälle. Paluumatka oli ollut raskas: Pohjanlahti oli jäätynyt poikkeuksellisen aikaisin, joten Hilja oli joutunut tekemään matkaa Pohjois-Ruotsin kautta, kiertelevien kaupustelijoiden seurueessa. Huhuja Hiljan muutoksesta oli kuultu jo kotimatkan aikana, ja tytön palatessa paikkakunnalle hänen ulkonäkönsä sai aikaan varsinaisen kansainvaelluksen: Hilja oli venyttänyt huulensa ja kaulansa luonnottomiin mittoihin ja tatuoittanut lähes koko vartalonsa myyttisten kuvien peittoon, ja nyt lähiseutujen asukkaat halusivat nähdä tämän oudon ilmestyksen. Kauppias Sundström ei aikaillut, vaan alkoi periä uteliailta pääsymaksua (aikuiset 6 penniä, lapset 3 penniä), jonka maksamalla pääsi töllöttämään persoonallisen näköistä nuorta naista kamarin ovelta. Kauppias Sundströmin vaimo apulaisineen myi kahvia ja nisua pirtin puolella. Lapsille oli tarjolla kovia karamelleja eli kompiaisia. Kohu Hilja Sundströmin ympärillä laantui vähitellen, eikä Hiljan kirjoittama muistelmateos (Sundström 1890) osoittautunut myyntimenestykseksi. Hilja jatkoi kauppiasperinnettä Tyrnävällä ja kuoli 12.1.1924, eli 36 vuotta paluunsa jälkeen. Tyrnävällä vietetään Hiljan päivää edelleen 12. tammikuuta. Päivän aikana nuoret naiset maalaavat ihoonsa omituisia kuvia ja lapsille tarjotaan kompiaisia. Hilja Sundströmin käyttämät puiset huulenvenytyskiekot ovat edelleen nähtävissä Tyrnävän kunnantalon lasivitriinissä kunnanviraston aukioloaikoina. (Huom. juhlapyhien aattoina poikkeukselliset aukioloajat.)

13. tammikuuta

Nuutinpäivä on kansatieteilijöiden keskuudessa ollut aina suosittu siihen liittyneiden moninaisten perinteiden takia. Jo Kenttärauta (1958) ja etenkin uudemmat tutkimukset (Moisio 1994) ovat kuitenkin osoittaneet lähes kaikki aiemmat tutkijoiden esittämät selostukset kansan tavoista perättömiksi. Nuutinpäivälle on syntynyt tutkijoiden itse luomia ja viittauksissa elämään jääneitä taruja.

Ainoa Nuuttiin liittyvä tapa, joka voidaan kiistatta todistaa, on Suupohjan alueella noudatettu "pirttuu" -päivä. Pirttuupäivänä kyläläiset menivät joen mutkaan, josta valittiin pajupensas. Pensaan juurelle laitettiin akka makaamaan. Akan piti olla alastomana muuten, mutta pakarapuoliskojen väliin oli työnnetty kuohitulta kollikissalta otettu häntä. Kylän väki katsoi, milloin akka tulee siniseksi. Kun akka oli sininen, niin laitettiin villanyöri, jossa oli seitsemän solmua, akan nilkan ympäri. Jos akka ei näin puettuna vaihtanut väriä, niin se työnnettiin joen jäähän hakattuun avantoon. Sitten sen talon isäntä, josta akka oli otettu, sai ottaa piioista uuden emännän taloon. Tavan käytännön merkitys oli, että siten talonpoikaissukuihin ei päässyt tulemaan huonoa tautiperintöä, kun sitä näin aina vahvistettiin tuoreella verellä. Suupohjan alueella vähämielisyys ja syntymävammaisuus ovatkin aina olleet maassamme silmiinpistävän alhaisella tasolla. Joskus joku äkämystynyt akka saattoi väriä vaihtaa villalangoilla puettaessa, mutta tämä vain osoitti akalla olevan hyvän veren ja akka sai jäädä taloon emännäksi.

Alla oleva, oletettavasti Eero Järnefeltin tekemä maalaus liittyy yllä kuvattuun tapahtumaan. Joskus kävi niin, että talon isäntä ei olisikaan halunnut luopua vaimostaan vaan taipui rituaaliin kyläläisten vaatimuksesta. Tällaisten tapausten jälkeen kylien lähijärvien jäällä saattoi kerralla nähdä jopa useita surevia miehiä. Traditio on säilynyt vieläkin tietyissä osissa Suomea ja esimerkiksi Kuopion seudulla miehet kokoontuvat kevättalvella jäälle istuskelemaan.

Eero Järnefelt, n. 1908 - Sureva mies avannolla.

14. tammikuuta

Tammikuun neljästoista päivä oli monella tapaa merkittävä Suomenniemellä asuvien heimojen parissa. Pohjoisemmassa sitä kutsuttiin tappopakkasten alkajaispäiväksi. Tuona päivänä teurastettiin yleensä viimeinen mahoista lehmistä, syötiin sen perkuujätteet ja sisälmykset ja lopuksi uhrattiin koko ruho kesän jumala Gebredetsölle. Merkittävä jumala hän oli sikäli, että hänestä on jäänyt muistomerkkejä muinaisen vepsän kieleen. Nämä lainaukset olivatkin yksi merkittävimmistä todisteista suomensukuisten kieliperheiden välisten suhteiden selvittämisessä (ks. tästä Kumander 1934).

Suomen maantieteellisestä laajuudesta kertoo se, että samaa päivää vietettiin etelämpänä Lämmön päivänä. Tästä kertoo seuraava katkelma (SKVVR XII, 1887):

Tulpa tuonoisna aikoina,
vanhan varren vääntäjä,
nuoren kansan kasuaja,
lämpö lähde ikiaivo.
Saatappa meillen satoja,
käännäppä lempeät kasvosi,
anna tulen hyvellä,
laajan lämmön löyhätellä.

Päivän tapoihin kuuluivat mm. saunominen ilman kylyä, so. ilman kiukaan lämmitystä. Mukava sanonta "sen perse ei kestä, jonka penkkihin jäätyy" lienee liittynyt juuri tämän päivän viettoon, koska tapana oli myös istuskella jäisillä lauteilla pesuaktin jälkeen ja rupatella niitä näitä. Tammikuun 14. päivä on Koillismaalla ja Kainuussa ollut perinteisesti hameitten hurstuuttamisen päivä. Hurstuuttamisen alkamisajankohtaa ei voi tarkasti määrittää, mutta lähteiden mukaan voi päätellä, että sitä on vietetty 1700-luvun lopulta lähtien. (Kylpiäinen 1921, 91-93.) Hurstuuttamispäivänä naiset kerääntyivät kylän mahtitalon pihalle, riipaisivat hameet päältään ja alkoivat hurstuuttaa. 1800-luvun aikana pitäjän papisto näyttää puuttuneen naisten hurstuuttamistapaan ja kieltäneen sen (Kylpiäinen 1921, 24). Tavan elävyydestä kielivät kuitenkin sanonnat: "Pieröö ku hurstiemäntä" tai "Hurstuta pitkän pierun perästä". Sanonnoilla viitattaneen hurstuutuksen perimmäiseen syyhyn eli talven tuhnujen ensimmäiseen tuuletukseen. Kyseisenä päivänä syntyneiden uskottiin olevan ruskeasilmäisiä.

15. tammikuuta

Tammikuun puoliväliä käytettiin yleensä ennustamaan tulevan kesän säätä. Esimerkiksi Paraisilla ja Nauvossa sanottiin, että "kummottis on ilma tammikuun pualvälis, semmottist ei pal o heinäkuus" ja Tornionjokilaaksossa puolestaan todettiin, että "jos pakhanen kilhesthää tammhikhuussa niihn she tiethääpi keshästhä sulaa".

Mitään erityisiä perinteitä ei tammikuun viidenteentoista päivään ole tiettävästi liittynyt. Sen sijaan Sonkajärven Rutakolla kehittyi 1910-luvulla körttiläisestä uskonnosta sivuhaara, joka selitti raamatun tapahtumia omalla kansanviisauteen taipuvalla tavallaan. Esimerkkinä tästä mainittakoon Rutakon herätyskalenterin (1914) toteamus tammikuun viidennentoista päivän kohdalla vetten päälläkävelystä:

Vuan tokkiinsa se Kiesus Koristus siinä vein piällä jontia kävelj, kun sehän olj se järvi ihan vasite tönkköjiässä tok tammikuussa

Pohjoisessa Ruotsissa, Tornionjoen länsirannalla, on päivä ollut useana vuotena selittämättömästi pakkaspäivä. Päivän kylmyyttä on Ruotsissa kirottu esim. sanonnalla "kall som Torneås jenta" (kylmä kuin Tornion tyttö). Suomi onkin tunnettu Ruotsissa laajasti kylmänä paikkana, jossa "pallitkin jäätyy kiinni reen jalakseen" (Arsström 1969).

16. tammikuuta

Ilmarinpäivä kuuluu niiden erityisten päivien joukkoon, jotka on nimetty vuodenkierron merkittävien tapahtumien tai enteiden mukaan. Ilmarina ryhdyttiin ensi kerran vakavasti toimiin hyvän sadon varmistamiseksi. Taioilla pyrittiin varmistamaan niin toukotöille, viljan kasvulle kuin elonkorjuullekin hyvät säät eli ilmat. Taikojen asettaminen talven kovimmilla pakkasilla oli osoitus loitsijain kyvystä. Pakkasella pärjääjä kyllä pystyy kesäsäitäkin säätämään.

Ilmarinpäivää vietettiin erityisesti Keski-Pohjanmaalla mm. Halsuan ja Vetelin seuduilla. "No povvat paikallae jo krankkaa ko seppä se Ilmari" (Halsua). Ilmarina laitettiinkin krankka. Krankaksi lyötiin pihan tai kartanon keskelle kokorautainen kanki, joka vielä 1800-luvulla oli harvinainen, vain varakkaimmissa taloissa ollut huolella pelto- ja raivaustöitä varten vaalittu ja arvostettu tarvekalu. (Tavallisimmin kangettiin vain puuseipäällä, johon oli saattanut kyläseppä takoa rautaisen kärjen.) Krankan päälle talon väki kävi sitten tekemässä pienemmän tarpeensa usean viikon ajan. Pakkasella virtsa jäätyi krankkaraudan päälle nopeasti, jolloin syntyi kuurainen ja tönkkö lohkare. Helmikuun lopulla parhaimmillaan kyynäränkin paksuiseksi kasvanut lohkare vietiin pellolle (katso myös laskiaistiistai) (Koivunen 1961).

Krankan kasvattamiseen osallistuivat tasaveroisesti miehet ja naiset. Etenkin jos talossa oli kyläläisiä tai muita vieraita, saattoi naisväki käydä kilpasille, että kuka saa korkeimmalta krankkaa kasvatettua. Mitä paksummaksi krankka oli kasvatettu, sitä parempaa satoa se enteili. Kuukautisveren krankassa tiedettiin olevan erityisen hyvä hedelmällisyyden enne. Etenkin limakalvon suikaleilla on nykytutkimuksen valossa ollut suuri merkitys uusintamisriitille, joka talonpoikaisessa traditiossa on vapauttanut naiset tarkastelemaan omaa seksuaalisuuttaan tuotannollisen ja sosiaalisen järjestelmän imperatiivina (Bonsdorff-Siikala 1988).

**Suur-Hiltulan talon isäntä seisoo ylpeänä komean
krankan ääressä. Kuva vuodelta 1912.**

Vuodelta 1783 tunnetaan valaiseva esimerkki, joka kuvaa mainiosti, kuinka krankkaan luotettiin hedelmällisyyden ja sadon parantajana. Nuori pari oli jäänyt pitämään taloa. Isäntä ja emäntä olivat molemmat uutteria ja palvelusväessäkään ei ollut moittimista. Mutta talonpito ei vain ottanut onnistuakseen. Viimeisenä keinonaan isäntä vei emännän kapioarkun Pietarsaaren talvimarkkinoille, jossa hän möi mm. 8 liinaa, 6 sarttinahuivia ja 12 syltä sarssikangasta ja antoi ruotsalaisen sekaantua hevoseensa. Saamillaan rahoilla isäntä osti kokorautaisen kangen ja häpeää lievittääkseen kaksi "pottua kruunun leimattua viinaa", jotka juotuaan joutui kievarissa tappeluun. Tämän vuoksi isäntä joutui keväällä käräjille, jossa hänelle tuomittiin 16 raipaniskua ja kansalaisluottamuksen menetys 12 vuodeksi (Kihlakunnanarkisto, Kaustinen). Taloon kuitenkin saatiin krankka, jonka ansiosta elonkorjuussa saatiin jo pihalaihosta sato, jollaista ei ollut koko tilalta tullut miesmuistiin. Syksyllä myös sekä emäntä että piika synnyttivät isännälle pojat ja emännän serkku sai kaksoset nuorimman siskonsa kanssa (Koivunen 1961).

19

17. tammikuuta

Tammikuun seitsemännentoista päivän perinteisiin kuului Pohjansalmella perkkauskeiton syönti. Keiton ohje löytyy mm. Anja Ikäritsan mainiosta kotoisen Suomen ruokaperinnettä esittelevästä teoksesta Perinneruokien parhaita - mulukkurievästä haispaistikkaaseen (1976) ja on seuraava:

Otetaan perkkausjätteitä ja sotketaan ne liemeen, joka on keitetty koivunnilasta, maustetaan tuhkalla ja syödään suoraan puulusikalla padasta.

Keiton ohje on sikäli merkittävä, että se lienee ainoa puuteajalta oleva ohje, jossa on käytetty koivupettua havupuupetun sijasta. Lisäksi mielenkiintoinen piirre on kivennäisaineiden lisääminen ruokavalioon tuhkan muodossa.

Keiton nauttimiseen liittyy kiinnostava tapa. Keiton syöjillä oli tapana sen nauttimisen jälkeen ruveta ryskäjäisille. Tällä tarkoitettiin peliä, jossa joku syöjistä valittiin ryskäksi. Häntä hakattiin sitten puulusikoilla, kunnes hän huusi: "Lopettakaa jo perkele!" Kuka kesti vähiten lyöntejä sai mainenimekseen Heikko-Petteri. Tähän liittynee sanonta "Itkee ko Heikko-Petteri piän reveitä."

18. tammikuuta

Päivän vietto liittyi Savossa ja itäisessä Suomessa kevään alkamiseen. Ajankohdasta on noin neljä viikkoa laskiaiseen ja siksi katsottiin, että oli korkea aika ryhtyä valmistelemaan laskiaisen tuloa. Tammikuun kahdeksannentoista päivän ja laskiaisen välistä aikaa kutsuttiin yleisesti "käymisviikoiksi" tai "hiivaviikoiksi". Yleensä jopa kaikkein syrjäisimmistä mökeistä - jossa muutoin talvi vietettiin lähes eristäytyneenä muusta maailmasta - varustettiin joku ostoslistalla, suurella repulla, pitkillä suksilla ja seipäällä, jolla hiihtäessä saattoi sohia susia kauemmaksi. Tämä hiihtäjä, joka oli yleensä joku talon teini-ikäisistä pojista, kävi ostamassa melkoisen määrän sokuria ja joskus jopa rusinoita maalikylästä. Ei ollut harvinaista, että sokurinostaja joutui matkallaan petoeläinten ruuaksi. Voidaankin sanoa, että käymisviikot vääristivät Savon ja Itä-Suomen demografista pohjaa merkittävästi tehden alueesta naisvaltaisen.

Länsi-Suomessa ei päivään ole tiettävästi liittynyt mitään yleisiä perinteitä, mutta paikallisesti päivää on vietetty monin tavoin. Rauman lähellä, nykyisen Eurajoen kunnan alueella, oli 1700- ja 1800-luvuilla Vepaston ja Äkkiväärän suuret talot. Kilpailu siitä, kumpi taloista oli äveriäämpi, kulminoitui tammikuun kahdeksanteentoista päivään. Tällöin taloissa tarjottiin ruokaa ja juomaa kyläläisille ja etenkin toisen talon palkollisille ja torppareille oman vaurauden osoituksena. Kyläläiset kävivät taloissa nauttimassa herkkuja ja yleensä myös päihtymässä. Usein ei myöskään vältytty torppareiden välisiltä kahnauksilta väiteltäessä siitä, kumpi taloista taritsi paremmat pidot. (Naamanka 1922).

19. tammikuuta

Tammikuun 19. päivän vietolle muodostuivat jo varhain omat tapansa, joita tarkkaan noudatettiin 1800-luvulle saakka. Päivä on nimetty keskiajalla Heikiksi so. heikinpäiväksi, ja siihen liittyi voimaperäisesti kyläoriginellien eli kansankielellä sanottuna - hullujen - kiusaaminen.

Piispa Henrik oli määrännyt tämän päivän talven ensimmäiseksi markkinapäiväksi kauppiaiden suojelupyhimyksen Akebsian muiston kunniaksi. Henrikin käyttämän juliaanisen kalenterin mukaan nimittäin tämä oli päivä, jolloin juutalaisesta kristityksi kääntynyt öljykauppias Akebsia Olentialainen oli kärsinyt marttyyrikuoleman, kun hän oli julistanut olevansa manasselaisten kuningas. Akebsia oli synagogien portailla opettanut, että Rooman asettamat ruhtinaat ovat vääriä ja että kauppiaiden, torinpitäjien ja rahanvaihtajilla kuuluu olla valta yli ruhtinaiden ja keisarin. Kauppakaupunkien vaurautta pitäisi myös parantaman lisäämällä kuparia kultakolikoiden joukkoon. Rooman kirkko julistikin Akebsian vuonna 1107 kauppiaiden suojelupyhimykseksi. (Rentola 1996)

Henrik-piispa määräsi markkinat Porvooseen, jonne oli piispanistuimelta Turusta usean päivän matka. Kerran perille vieraaseen kaupunkiin päästyään piispa sitten aina asettuikin sinne koko viikoksi. Henrik, joka oppivuosiensa jälkeen oli kierrellyt Keski-Euroopan luostareissa ja tottunut sydäntalven runsaaseen oluen käyttöön, ei tahtonut tästä tavasta Suomessakaan luopua (Perätön & al. 1972). Piispanakin Henrik saattoi kaataa kurkustaan päivässä kuusi litraa olutta, korttelin paloviinaa ja pari pulleamahaista portviinipulloa. Juovuksissa ollessaan Henrik tunsi viehtymystä nuoriin poikiin, sillä olihan kirkko nimenomaa ankarasti kieltänyt suhteet naisiin.

Kauppiaat ja markkinaväki oppi pian viettämään markkinapäiviään piispansa tavoin rietastellen ja nimesivät markkinaviikon aloituspäivän suosimansa piispan mukaan kansanomaisesti Heikin päiväksi. Jumalisimmat kaupunkilaiset ryhtyivät pian vaatimaan piispaa puuttumaan ylettömään menoon. Henrik ei toimiltaan kuitenkaan kyennyt markkinaväkeä rauhoittamaan, vaan keksi lähettää tilalleen kaupungille kiertämään hullun, joka oli puettu piispankaapuun ja hiippalakkiin. Väki, joka tunnisti oitis väärän piispan, ryhtyi tätä pilkkaamaan mm. sylkemällä tämä päälle ja lyömällä kartulla.

Siitä tuli lupa ryhtyä hulluja hakkaamaan. Tämä Porvoossa syntynyt tapa levisi muuntuneena ensi lähipitäjiin, mutta vähitellen myös lähes koko Pähkinäsaaren rauhan rajan länsipuoliselle alueelle. Heikkinä väki sai heilua halujensa mukaan, mutta kylän hullut ja muu ruotiväki puettiin papeiksi. Jos papinvaatteita ei ollut saatavissa, niin hulluja kuitenkin lyötiin ja pilkattiin. Esimerkiksi Iitissä hampaattomat akat nostelivat hulluille hameensa ja lausuivat: "Halluutko hullu hakoa, sullekin on tarjolla rakoa". Harvoin kuitenkaan hulluillakaan niin huonosti asiat olivat, että olisivat suostuneet akkain ehdotuksiin.

Venäjän keisari Aleksanteri III ei katsonut suopeasti tapaa, jonka pelkäsi murentavan uskollisuutta ja kunnioitusta valtaistuinta kohtaan ja vähitellen käskyillään lopetti tavan.

Heikin päivä on yksi vuoden merkittävimpiä päiviä Ratilassa. Kylän vahvin mies on julistettu Höykky-Heikiksi. Höykky-Heikin tehtävänä on ollut juosta pitkin kylän raittia, kantaa paksuja hirsipaaluja pitkin peltoja, tappaa kylän isoin pässi ja juoda lopuksi naisten kevätpyykkejä varten valmiiksi laittamaa lipeää päälle. Mieskuntonsa Ratilan Höykky-Heikki on todistanut nousemalla seuraavana päivänä sängystä terveenä miehenä, ja tämän jälkeen hän on hallinnut kylän rientoja vuoden eteenpäin ehdottomana kylän ykkösmiehenä. Tapa on nykyään hävinnyt miltei tuntemattomiin, mutta vielä tämän vuosisadan alussa muutama kylän vanha nainen muisteli päivän auvoisia tunnelmia. (Yntäri 1953, 901)

20. tammikuuta

Katkelma Julius Göyränderin teoksesta 'Det utomordentliga i Grankulla bys sockenvanor' (suomennos toimittajien):

Jos tammipäivänä (so. 20.1., toim. huom.) vastuutti makuullaan olevan orihin, niin saattoi sen seljässä ajattaa uutta flikkaansa. Tää flikka oli otetty völjyyn jo toissa aamuna ja astuttu ja kaikkee. Sittö se istutettiin siihen hevoon selkään ja laitettiin se niinko satulaks siihen ja sittä pojaat hyppä vuarootelleen sen päále. Koskaan silla flikalla ei olluna röijyn röijyä ylläns. Ja ratsastiitten sillä ja hevosellan samantiän. Ja sen kohdallan ko flikka uupusi, niin sen sais sen flikan omaksens. Ja jo samasa illasa oli häät ja kaikki. Ja parillen toivotettiin ilusta elämään ja sittä ne yleensä menivät viälä rekehen.

"Mikkelinpäivästä kolome täöttä kuuta kirpunraapijaisiin" on vieläkin elävä sanonta Koillismaan Tureikon kylässä. Sanonnan taustalla on mitä ilmeisemmin tammikuun 20. päivä (vrt. Okleus 1968, 25), jolloin edellä mainitussa kylässä suoritettiin kuten sanonnasta on nähtävissä kollektiiviset kirpunraapijaiset. Talvea oli pahimmillaan kestänyt jo neljä kuukautta, ja yhtä kauan aikaa oli vaatteetkin olleet käytössä, joten loiseläjiä oli liikkeellä enemmän ja vähemmän. Tureikon Äymälän talon pirttiin kokoontuivat niin talon väki kuin seudulla asuvat kruununtorpparitkin ja syöpäläismetsästys alkoi. Lopuksi talon isäntä otti lapion ja kantoi pirtin lattialle kertyneen kirppu-, russakka- ja lutikkakasan tunkiolle. Mitä useammin isäntä joutui talon ja tunkion väliä kävelemään sitä parempi oli tulevan kesän peruna- ja tupakkasato. "On verillä, kun Vilimasen akan nahka tammikuussa" on vieläkin elävä sanonta Tureikossa ja laajemmalti Kuusamossakin.

21. tammikuuta

21. päivä tammikuuta on ollut jo kauan Posion seudulla nk. huu-päivä. Harva enää tietää päivän nimen ja itse päivän vieton merkityksen. Kaikki alkoi 1700-luvun puolivälissä, kun Ranskan kuningas päätti kostaa vaimonsa rakastajalle Pierre Le Foulle kaikki elostelut. Niinpä hän naamioi kostoksi suunnitellun matkan pohjoiseen Suomeen merkittäväksi tutkimusmatkaksi ja nimesi Le Foun retkikunnan puheenjohtajaksi. Le Fou oli matkasta innoissaan; pääsihän hän näin testaamaan kenttäolosuhteissa suunnittelemaansa hirondemetriä (l'hirondemetre, kehitetty aikaisemmasta epinardometristä, l'epinardometre). Samalla oli tarkoitus tehdä etnografisia tutkimuksia paikallisista asukkaista.

Le Fou varusti retkikunnan ja vaivalloisen matkan jälkeen saapui Posiolle keväällä 1754 perustaen tukikohdan nykyisen Posion kirkonkylän laitamille. Retkelle valittu miehistö osoittautui nopeasti kunnottomaksi ja aika kului juopotteluun ja paikallisen väestön ahdisteluun. Myöskään Le Fou ei täysin jättänyt tilaisuuksia käyttämättä vaan toi uutta verta ja perimää Peräpohjolaan. Tunnettu elostelija Le Fou toi muassaan myös uusia seksuaalikäyttäytymisen tapoja ja merkitsi makaamansa naiset puremalla. Nykyisinkin kaulaan tehdyt intohimopuremat tunnetaan joissakin suomen kielen murteissa huunpuremina (p.o. Founpurema). Paikalliset asukkaat ryöväsivät messingistä sorvatut hirondemetrin osat omaan käyttöönsä tehden kapineen toimintakyvyttömäksi.

Retkikunnan rahat loppuivat vajaassa kahdessa vuodessa ja Le Fou kuoli 21. tammikuuta 1756 punatautiin. Jäljelle retkestä on jäänyt vain Le Foun retken alkuajoilta tekemät hyvin negatiivissävytteiset muistiinpanot paikallisista asukkaista (Marchand 1811). Le Fou ja hänen retkikuntansa toivat merkittävää lisäväriä posiolaisten elämään ja Le Foun kuolinpäivää juhlittiin voimallisesti vielä ennen sotia. 1990-luvun alussa Posion kunta on aktiivisesti pyrkinyt käynnistämään perinnettä uudestaan. Le Foun merkitys näkyy myös useissa alueelta kerätyissä sanonnoissa (ks. esim. Karvonen 1984). Useilla länsisuomalaisilla paikkakunnilla päivää on juhlittu "kolmen viikon täyttymispäivänä" hillitysti.

22. tammikuuta

Suomen läntisten heimojen parissa tammikuun 22. päivällä ei ole ollut mitään erityismerkitystä, vaan silloin on yleensä vain tyydytty makailemaan pirtissä. Mikäli sahtia tai paloviinaa on ollut, niin sitä on kuitenkin päivän mittaan ryypiskelty. Tapana oli yleensä myös, että vaimoväki ja "itiäiset", kuten lapsia eli kersoja kutsuttiin, ajettiin talosta illansuussa ulos. Näin sai isäntä ja muu miesväki rauhassa tapella ja rikkoa tarvekaluja tahi käydä jonkun sisälle jäämään pakotetun piian päälle makaamaan.

Karjalaiset pitivät ajankohtaa erityisen hyvänä suvun jatkamisen kannalta. Olihan syksyllä uutisviljan jauhamisen aikaan saatavilla "kälyillä" eli vastasyntyneillä ravitsemuksellisesti parhaat mahdollisuudet päästä elämän alkutaipaleelle. Karjalaisten suurperheet, joissa saattoi olla kolmekymmentäkin jäsentä samassa taloudessa, kokoontuivat tänä päivänä yhteen pirttiin sukua jatkamaan. Perheyhteisön asema on karjalaisessa elämässä ollut aina suurempi kuin suomalaisheimoissa. Niinpä suvun jatkuminen pyrittiin monin keinoin varmistamaan. Tapana oli, että talon asukkaat olivat päivän hyvin syöneet, juoneet ja runoja laulaneet. Etenkin "morsiamet" eli kaikki lisääntymiskykyiset naiset tuli saada hyvälle tuulelle. Muutoin oli vaarana että "oli morsian surenena, sattui siemen sisähänsä, vaan tuli tuosta kummajanen, löylypuoli laps löysäpäinen" (Suojärvi).

Illan vietti pirtin väki keskenään. Luvallista oli sekaantuminen kenen tahansa kanssa, jopa suoranainen sukurutsa oli sallittua. Saattoipa suosituimmilla tyttärillä olla neljäkin "liekkukulli mielinkäistä" samaan aikaan. Eivätkä harvinaisia olleet kauppamiesten ja ortodoksipappien mukana tulleet orientaaliset vaikutteetkaan, jolloin miehet ryhtyivät miehiin. Lönnrotin julkaisemattomissa muistiinpanoissa (Kansallisarkisto) on useita lauluja, jotka kertovat ajan tavoista. Vuokkiniemellä lystiä pidettiin samaan tahtiin laulamalla:

Keikkuvi kasa permannolla
luikertavi luikkupäiset

liekuttavi leimupäiset
salamia sinkoeloo
rasvoeli rakoloihin
persiettä poijeilekin
eip' pilluissa piotta
ilman kullin kutkautusta
rasvapussin ruiskautusta

23. tammikuuta

Viimeisimpien tutkimustulosten mukaan (Entinen 1997, 650-666) tammikuun 23. päivä olisi ollut kainalniemeläisen uskomuksen mukaan päivä, jolloin Junala ilmestyy maailmalle. Tutkija Veikko Entinen on syvällisissä vertailevissa intertekstuaalis-referentiaaliseen lähestymistapaan perustuvissa selvityksissä näyttänyt vahvasti toteen, että kyseessä olisi aito ja ainutlaatuinen suomalainen versio ns. gago-kultista. Siteeraamme seuraavassa tutkijaa:

> *Informanttini Leena Päyskä, 110 vuotta, kertoi minulle seuraavaa - seuraavassa suora litterointi hänen puheestaan - 'Meil ko isoin isä kerto jot hää ko olt lapsena kyläs vaarins luana, niin tää ol kertont hälle ett hänen tuttuns olliit sanoneet, ett sinä herran vuona (so. 1835) tuloot Junala ja tuop kaiken hyän, tuop syötävät ja juotavat ja viep meijäät kurjaat tiältä poisen paremile mailen. Ja sittä niist kyläläisist olliit lauma mänt kahtomaan sitä Junalaa ja kertoneet että iso olt olt ja paljo tavaraa ja ihmistä ottant ja tuona ja siitä lähtii olt ukkin ja ja kaikki sen kyläläiset oottant, ett Junala tulis heijänki kyläle ja uhranneet sille tammikuusa (23. päivä) ruokaa ja valoa, että se varmasti olis tult.*

Muinaissuomalaisessa mytologiassa jumalatar Eineys muodostaa merkittävän lisän kotomaiseen Parthenoniimme. Seuraava myytti, joka liittyy häneen, on kerätty Ala-Tölviöltä (informanttina Katariina Jokalaisentytär). Vuodenaikojen vaihtelun kannalta myytin tekee kiinnostavaksi siihen liittynyt aikajuhlariitti, jota Ala-Tölviöllä on näihin päiviin asti vietetty. Seuraavassa lainaus teoksesta (Huttu 1975):

> *Suatiin se Einees tuppaan ja alettiin kiertämmään sitä ympäriinsä. Se joka ensimmäisnä sai Eineen tissistä kiinni ja riiputtua siinä jonniin aikoo, sai sitä tissiä sittä immee koko sen seuraavan vuuen. Ja sittä sanottiin siitä, jotta joka*

tississä riippuu se isoiks kasvaa. Ja minun veljein ko sai tissistä kerran kiinni, nii sehän, jotta puras nii jotta sen Eineeksen nänninnipukka lähti irti ja nuapurin Kaesa joka Eineestä ollootti suuttu siitä, jotta potkas sitä veljee perseelleen notta tuo lennähti turvalleen permannolle ja katkas hampaasa. Ja vielä nyttenniin jos myö sitä kiusataan, niin sanotaan jotta tissijäkö out imennä, ko hampaas out hävittännä.

Laajemmalle levinnein Eineys-jumalattareen liittynyt perinne lienee kuitenkin hedelmällisyysriitti, joka suoritettiin ladon katolla. Tähän liittyi parihiihto, jossa kylän nuoret laskivat ladon katolta solaan samoilla suksilla ja sanonta kuului: "Ne ko katolta pystyssä pyssyyt, vielä rinnan samana vuonna makkoot."

24. tammikuuta

Ostjakkien ja voguleiden vuotuista elämänmenoa on kuvattu erikoisartikkelissa toisaalla tässä kirjassa. Siksi tammikuun 24. päivän juhlallisuuksia ko. kansojen parissa ei käsitellä tässä. Myös hantien ja mansien juhlapäivän viettotavat käsitellään samaisessa artikkelissa. Sen sijaan suomalaisten sukulaiskansan komuuttien elämästä on hyvin vähän tietoa, joten on perusteltua käsitellä kerätty tieto kunkin päivän kohdalla.

Komuutit - joka on erittäin vähälle huomiolle jäänyt pieni kansa Siperian pohjoisosissa - oli innovatiivisuudessaan ja rituaaleissaan ainutlaatuinen. On oletettu, että vain komuuteille ominaiset rituaalit perustuvat eristäytyneisyyteen ja vahvaan panteistiseen jumaluskoon.

24. tammikuuta on löytyneiden lähteiden mukaan ollut merkittävä päivä komuuttien keskuudessa. Ankarista olosuhteista johtuen vesi oli kansalle äärimmäisen arvokasta ja 24. tammikuuta suoritettiin vesirituaaleja ilmeisesti jumalten - siis luonnon - saamiseksi myötämieliseksi. Näitä rituaaleja varten otettiin esille alkeelliset metalliset - todennäköisesti itäisiltä kansoilta eläinten nahkoihin vaihtamalla saadut - vadit, joihin kerättiin lumesta sulatettua tai pienistä puroista saatua vettä, jota sitten ripsittiin varvuista tehdyillä "sudeilla" kaikkien asuma-alueelta löytyvien suurten tai oudonmuotoisten puiden, pensaiden ja kivien päälle. Tällaisissa luonnonkasveissa ja -muodoissa uskottiin henkien asuvan (Platanov 1971).

Komuutit olivat hyvin liikkuvainen kansa, ja he kuljettivat mukanaan vuoden aikana tarvittavia tarvekaluja. Poikkeuksen tästä käytännöstä muodostivat kuitenkin em. vadit, joita säilytettiin tammikuun 24. päivää lukuunottamatta puusta tehdyissä isokokoisissa ja kömpelöissä kaapeissa. Näitä kaappeja komuutit sitten kuljettivat ahkioissa pitkin tundraa, seuraten vaeltavia porolaumoja. Vain harvat näistä kaapeista ovat säilyneet jälkipolvien ihmeteltäviksi ja esimerkiksi suomalaisissa museoissa kaappeja - kuten muutakaan komuuttien tarvekalustoa - ei ole.

25. tammikuuta

Rantamaula (1903) kertoo, kuinka hän lähti lokakuussa vuonna 1899 Oulusta vaeltamaan kohti Aunusta. Oulusta hän oli taivaltanut parissa viikossa Kainuunmeren (Oulujärvi) rannalle, josta aikoi ottaa venekyydin toiselle puolelle. Syksy oli ensin myrskyinen ja esti veneellä ylitykset. Sitten vuoroin pakkanen ja suojasäät estivät järven ylityksen ennen kuin vasta joulukuun lopun pakkaskaudella. Talvella isännät olivat vielä haluttomampia altistamaan itseään ja hevosiaan lumiaavikolla. Rantamaula ei tahtonut kuitenkaan palata takaisin Ouluun, jossa hänen epäonnistumistaan runonkerääjänä olisi pilkattu. Niinpä Rantamaula asettuikin koko talveksi Säräisniemelle, jossa hän kokosi runsaasti sittemmin hävinnyttä tapaperintöä.

Rantamaula on merkinnyt muistiin, että viikkoa ennen tammikuun loppua oli otollisin aika ryhtyä parantamaan sairaita. Paulista alkoi aika, jolloin edellisvuotena parantumattomia vaivoja oli ryhdyttävä hoitamaan. Persmärä, herkkiimistauti, paskakorva, kärsäajos, kylmäkäs ja silsapahko olivat vielä 1900-luvun alkuvaiheissakin pelottavia ja lähes aina pitkän kärsimyksen kautta kuolemaan johtavia tauteja. Röhkövaaran Ietunkin Paltamossa kerrottiin pikkupoikana paimenessa ollessaan nukkuneen maahisen kotikiven vierellä ja siitä saaneen vakavan "herkkiimistauvin". Tauti sai Ietunkin liikehtimään levottomana ja puhumaan sekavia ja arveltiin, että Ietulle "tulee pian lähtö". Kun Rantamaula tästä kuuli, niin Ietu oli 83-vuotias ja tauti kalvoi vielä hänen elinvoimaansa. Tauti oli siten merkittävä lisärasite ja esti pitkän iän saavuttamista aikana, jolloin ihmisten keski-ikä oli alle 50 vuotta.

Eipä siis ihme, että käytettiin kaikki mahdolliset konstit tautien poistamiseksi. Syyskaudella ennen lumen tuloa oli saatettu käyttää vielä kasveista ja muista luonnonantimista valmistettuja vahvoja rohtoja. Mikäli sairaita vielä oli, niin Paavona ryhdyttiin vakavampiin parannustoimenpiteisiin. Parannuksiin ryhdyttiin etenkin, jos näytti, ettei vilja riitä koko väelle kevääseen asti. Yleisesti pidettiin turhana kituuttaa kaikkia vaivaisia talven yli ja sen sijaan pitikin yrittää parantamisia.

Parantaminen oli uskottu kylässä sepälle tai muulle riskille miehelle. Voimat olivat tarpeen varsinkin, jos yritettiin "päänporrauksella" saada taudin aiheuttajat pois. "Porraus" tehtiin kyläsepän valmistamilla erikoisilla pihtiporilla. Samalla instrumentilla saatiin kalloon reikä ja voitiin yrittää nappaista "peänmaahiaiset" potilasta kiusaamasta. "Herkkiimistauvin" potilaille piti usein tehdä viisi ja jopa kuusikin porrausta, ennen kuin levottomuus alkoi vähetä. Kärsäajospotilaille riitti tavallisesti yksi sierainaukosta riittävän laajana tehty toimenpide. Reiästä pihtiosalla siepattu aivonkappale laitettiin aina sian rakosta tehtyyn kukkaroon, jota parantaja säilytti kupeellaan taitonsa merkkinä. Porattu ihminen laitettiin sitten yleensä penkille ulos talon vierustalle istumaan omaan rauhaansa. Tässä pihavahtina heistä oli yleensä edes jotain hyötyä eivätkä poratut koskaan mitään valittaneetkaan vaan aina tyytyivät osaansa ja olivatpa lisäksi vielä vähäruokaisiakin. Keväällä poratut sitten kannettiin pois, kun se ei enää pysynyt tönkkönä pystyssä ja lähikankaalle pystyttiin kaivamaan kuoppa.

26. tammikuuta

Tammikuun 26. päivä on suomalaisessa kalenterissa nimetty useallakin paikkakunnalla tappavan pakkasen päiväksi. Tämä nimitys johtunee 1600-luvun puolivälissä tapahtuneesta pakkasten aiheuttamista joukkokuolemista. Tuolloin aikakirjojen mukaan pakkanen oli niin kova, että "...järwein wesji seisoi jäänä ja tulendui vast seuraawana syksyjn." (Kelander 1986.) Onkin varsin varmoja havaintoja siitä, että järvien vesi oli aina nykyisen Mikkelin seudulle asti jäässä heinä-elokuun vaihteeseen. Kovat pakkaset aiheuttivat tietenkin sen, että ihmiset halusivat lepytellä pakkasjumalaa ja niinpä päivään on monella paikkakunnalla liittynyt ruoka- ja juomauhreja (Ks. myös laskiainen).

Virolainen Raivo Suurkulli on viitannut teoksessaan (1974) samaan kylmään talveen kertoen, että "talven sydämenä suomalaiset vaelsivat etelään yli jäätyneen Suomenlahden ja asettuivat Baltian rannikolle aiheuttaen päihtymyksellään ja tympeällä käytöksellään runsaasti rettelöitä mm. Taaninlinnan (Tallinna) kaupungissa. Remuten kulkivat suuret joukot katuja pitkin häiriten asukkaita ja särkivät kestikievareiden ovia ja kalusteita juomaa etsiessään. Juopuneimmat virtsasivat aitovieret ja porttikäytävät keltaisiksi" (s. 174).

27. tammikuuta

Tepaston kylässä Pohjois-Satakunnassa tammikuun 27. päivä oli poikkeuksellisen merkittävä 1960-luvulle saakka. Kyseistä päivää juhlittiin kuninkaanpäivänä; olihan Ruotsin kuningas Kaarle XII vieraillut kylässä juuri tänä päivänä vuonna 1731. Kuninkaanpäivän valmistelut aloitettiin jo hyvissä ajoin ennen joulua, ja pitkät pimeät illat vietettiin puisia valtikoita sorvaten, kuninkaanviittoja ommellen ja valmistaen kruunuja mm. peltiämpäreistä ja käytöstä poistetuista maitopääläreistä. 27:nnen päivän aamuna kyläläiset kokoontuivat manttaalikunnan talon pihalle pukeutuneina kuninkaiksi ja puhuen siansaksaa: kuninkaan vierailun aikana kukaan kyläläisistä ei osannut ruotsia, joten kuninkaan puhe kuulosti kyläläisten mielestä täydelliseltä mongerrukselta. Pari tuntia tepasteltuaan manttaalikunnan talon pihalla kyläläiset palasivat koteihinsa ja jatkoivat jokapäiväisiä askareitaan. Syy siihen, miksi kuninkaanpäivän vietto tyrehtyi 1960-luvulla, oli se, että 85 prosenttia kyläläisistä muutti parin vuoden kuluessa 1960-luvun puolivälissä Ruotsiin töihin autotehtaalle.

28. tammikuuta

Tämä päivä on ollut erityisen tärkeä Suomenselän vuorisella ja harvaanasutulla seudulla vallinneen Ilves-kultin kannalta. Varsinkin Petäjäveden emäpitäjä on ollut tunnettu runsaista ilveskannoistaan. Vastoin kuin muualla Suomessa, petäjäveteläiset pitivät ilveksiä kansanomaisesti haltijaolentoina ja emäpitäjän alueella oli vahva ilveskultti (Bergholm 1922). Ilveksen surmaamisen tiedettiin mädättävän selkärangan ja synnyttävän syyliä oikean käden kämmeneen.

Tammikuun 28. päivänä petäjäveteläisillä oli tapana uhrata nuori ja lihaksikas mies Ilves-haltijalle. Tavan alkuperää ei tunneta, mutta tiedetään kuitenkin, että uhraus tapahtui vain, jos ko. päivänä oli täysikuu. Ilves-kultiin mukaan uskottiin, että vahva soturia symboloiva nuorukainen siirtyi uhrauksessa Ilves-haltijan joukkoon. Tästä kiitollisena Ilves-haltija suojeli kyliä ja salli vedestäkin runsaan viljan.

Nuorukainen asetettiin uhrausta varten pyörivälle myllynkivelle seljälleen. Uhrin toimitti pronssiveitsellä nuori neito, jonka neitsyyden nuorukainen oli edellisenä yönä viimeisenä tekonaan vienyt. Neito oli puettuna mekkoon, karhunnahkaisiin säärystimiin ja hänen hiuksensa olivat laitetut karhun siitinluista tehdyillä neuloilla. Kohottaessaan tikarin kaksin käsin päänsä päälle viimeistä iskua varten, pingottuivat neidon ylväät rinnat ilveksennahkaista mekkoa vasten. Tulen loimua vasten piirtyvä näky villitsi pitäjän miehet, jotka hyppivät vuoroin yhdellä jalalla ja vuoroin tasajalkaa. Luimukatseinen ja matalaotsainen väki hakkasi kiihkoissaan nuijilla ikipetäjien ja onttojen kelohonkien kylkiä, joista kohoava huumaava meteli hiljensi laajojen erämaametsien asukit vaiteliaina odottamaan kohta tapahtuvaa uhritekoa. Keltaisena välähtävän terän upotessa valkeaan lihaan kohosi neidon huulilta pyörryttävä kiljahdus ja samalla miesjoukko vavahti yhtenä joukkona kaatuen tiukaksi lumipolanteeksi tallatulle tantereelle. Ilman täytti samaan aikaan nuorukaisen hurmeen ja miesten siemenen yhtäaikainen kuoleman ja elämän haju. (Burroughs, katso Nemeths 1921, suomennos toimittajien)

Ilves-kultti rappeutui myöhemmin niin, että uhreja ryhdyttiin suorittamaan joka vuosi tänä päivänä. Lopulta nuorukaisuhristakin luovuttiin. Kultin loppuvaiheessa kylän miehet tekivät palveluksensa ilveksen nahkoihin pukeutuneelle neitsyelle. Tästä on raportoinut aiemmin vähän tunnetussa kirjeenvaihdossaan Krimin sodan aikana maassamme vakoillut englantilainen seikkailija E.R. Burroughs (Nemeths 1921). Burroughs ei valitettavasti julkisuudessa antanut arvoa tapahtumain todelliselle kululle ja suomalaisille esikuville, vaan julkaisi tapahtumat vahvasti muokattuina ja liki tunnistamattomiksi vääristettyinä kuvitteellisissa Afrikkaan sijoittuneissa kertomuksissaan, joissa mm. Tarsasen Aapelin nimi on muokattu lähes tunnistamattomaksi Tarzaniksi. Burroughsin kirjoissa esiintyvän Janen esikuva on petäjävetinen Marjaana Ryönälä.

29. tammikuuta

"Jos tammi taittuu pakkasitta, niin on lapsil kesäl kova sitta" -sanonta liittyy Nummelan pitäjän Kuorinkylän keskeiseen vuodenalun perinnejuhlaan, Pökräykseen. Pökräyksen ajankohta sijoittuu kuun vaihteeseen, 29. tai 30. päivään tammikuuta. Kylän vanhin Tapani Jumalkyrpä kertoi teoksessaan (1976, 55-59) päivän vietosta seuraavaa:

Mon pappan ajo aina Pökräyksenä pulkal mäkiä alas. Ja sit ko ne tuli aina sen sillan kohral, joka men meirän kylän puron ali, niin hitaammat löi päässä siihen sillan palkkiin ja pökräsivät. Ja sittä siitä tuli tapa notta joka eniten ajo pökräämätä, niin siitä saatiin aina sen vuoren Pökräri. Pökrärin työnä oli asettaa neitoja lepinmakuulle. Mitä soli, niin sitä ei pappa mullen kertonut, mutta nauraa kihitti aina juttujens päälle.

30. tammikuuta

Suojärvellä, Ignoilan kylässä tammikuun kolmantenakymmenentenä laitettiin takki nurinpäin päälle ja huopikkaat tai lapikkaat vääriin jalkoihin. Näin sitten vietettiin koko päivä muutoin eläen kuin minä muuna päivänä tahansa. Perinnetiedon mukaan tällä tavoin vietettiin Tötsäheeban juhlaa. Varmaa todistetta asiasta ei ole mutta on epäilty, että em. Tötsäheeba olisi sama hahmo kuin

Ostakkien karjasuojien ja tallien jumala Teet-she-ah-boo (tiettyjen lähteiden mukaan -aah-bu, ks. esim. Godehielm & Lönnqvist 1873). Päivä aloitti tyypillisesti kaskivuoden, ja puiden kuorta alettiin rikkoa juuri tänä päivänä etenkin eteläisessä Savossa. Tänä päivänä kuoritut - niletyt, Mäntyharju tai ympäriäs leikatut, Mikkelin Mlk - puut olivat sitten kaatokelpoisia seuraavana kesänä ja kaskettiin vuosi tämän jälkeen. Päivä on ollut perinteisesti hinttuumarkkinoiden päivä Läyliäisissä. Läyliäisten seudun rengit myivät seuraavan vuoden "panoksensa" parhaiten maksavalle isännälle ja saattoipa käydä niinkin, että vuoden tultua täyteen renki jäi taloon niin sanotusti "miehimyksiä" viettämään, eli nauttimaan puolison asemasta ja oikeuksista. Hinttuumarkkinoilta värvätyn rengin tehtävänä oli toimia "talon isännän oikeana kätenä ja riukuportin eli "mulkun" vartijana" (Tuomilainen 1956, s. 12). Tuomilaisen kirjassa on myös kuvaus siitä, kun pieni Veikko-poika pääsee isänsä mukana ensimmäistä kertaa hinttuumarkkinoille. Alla katkelma elävästä kansankuvauksesta:

Veikko katseli suurin silmin komeiden ja verevien nuorten miesten rivistöä. Etenkin miesten sarkaiset pussihousut tekivät vaikutuksen nuoren pojan orastavaan mieleen. Isä kuljeskeli miesporukasta toiseen puristellen, tutkien ja harkiten ankarasti. Lopulta isä teki valinnan. Veikko odotti väentuvan pirtissä, kun isä ja Aapo-niminen nuorukainen kävivät tekemässä kontrahdin kamarin puolella. Sitten koitti kotiinlähdön aika. Isä kiipesi rekeen ja tarttui ohjaksiin, ja Aapo hyppäsi reen jalaksille rallatellen iloisesti. Tuntui kuin koko maailma olisi lämmin ja onnellinen paikka.

31. tammikuuta

1700-luvun lopulla Ruotsin kuningas ihmetteli, kuinka pohjalaiset saivat joistaan paljon enemmän lohta kuin norrlantilaiset, vaikka nämä muutoin olivat kaikissa toimissaan etevämpiä (Pressby 1789). Kuningas antoi Lättasenon piispalle 13 kultataaleria kuluihin ja tehtäväksi lähettää retkikunnan Oulujoelle selvittämään asiaa. Piispa piti rahat, mutta lähetti pelottomaksi ja taitavaksi tunnetun pappi Pressbyn matkaan ilman muonavaroja ja vähiin vaatteisiin kerjäläiseksi pukeutuneena.

Ylitettyään Pohjanlahden hiihtämällä jatkoi rohkea pappimme jokivartta ylämaahan päin. Muhoksella pappi Pressby vihdoin tapasi selitykset talonpoikien muutoin selittämättömään kalamenestykseen. Tammikuun viimeisenä päivänä piti ryhtyä loitsimaan lohia jokeen. Yli 30-kiloisina joesta nostettujen ukkolohien kuivatut päät naamareina ryhtyivät talonpojat toimeen. Joen jäähän hakattiin avantoja, joihin kuhunkin kaikki lohipadon osakkaat tyhjensivät täyden rakkonsa. Jokaisen osakkaan tuli hakata kalaonnen takaamiseksi oma avantonsa. Jotta rakot saataisiin aina uudelleen täysiksi, piti kalaisäntien juoda olutta runsain mitoin. Lohien uskottiin nousevan seuraavanakin kesänä jokeen runsaassa määrin, jos sitä sydäntalvella voimallisesti houkutellaan muikealla virtsa-aromilla. Silloin tällöin saattoi joku ylettömästi juovuksissa ollut isäntä pudota avantoon, mutta tätä ei pidetty pahana, koska lionnut ruumis oli keväällä yleensä hyvä nahkiaisapaja.

Lohitalonpojat kokoontuivat joka vuosi aina samana päivänä koko joen mitalla tämän riitin äärelle. Lohenpyynnin kultavuosina joesta nousi Oulun kohdalla jo sellainen lemu, että edes navettatöihin tottuneet sisämaan talonpojat eivät sitä kyenneet sietämään. Oululaiset terva- ja lohiporvarit eivät parin päivän kestävää hajua pistäneet pahakseen. Tältä ajalta on peräisin nykyaikaan asti säilynyt ja Oulun seudulla edelleen mielellään käytettävä sanonta, "raha haisee".

HELMIKUU

"Helmikuun hanget loistavat valoa, ajatusta keväästä ne kantavat, jaloa, ei sellaista tölliä, ei taloa, jossa helmikuussa ei tunneta veren paloa." Säe kansallisrunoilijamme mainiosta ensikokoelmasta kuvastaa helmikuun nimen etymologista lähdettä. Hjelm-sana, jonka ruotsalaiset toivat muassaan Oolannin sodan aikana on tarttunut suomalais-ugrilaiseen kuu-sanaan ja näin helmikuusta on tullut kypärien kuu eli kuukausi, jolloin soditaan ja valmistaudutaan alkavaan kevääseen ja haudataan menneen talven ruumiit.

Joillakin paikkakunnilla on kuun nimen selityksenä käytetty venäläisperäistä helmi-lainaa, jolla muka tarkoitetaan jäähelmien kimallusta hangilla. Tämän kansanetymologian epäperäisyyden huomaa keskisuomalaisesta sananlaskusta "Helmi päässä verihursti hakkas, hanget vereen pakkas", jossa termistö on oikeassa asussaan.

Veijo Suulperi otaksuu helmikuun nimen syntyneen siitä, että syksyn sato alkaa olla syöty helmikuussa, eikä juomavarastojakaan ole liiemmälti jäljellä. Tästä syystä "köyhimmissä taloissa joudutaan turvautumaan pullojen pohjilla oleviin "helmiin" eli jäännöspisaroihin päihtymyksen saavuttamiseksi" (Suulperi 1998).

Helmikuun perinteille on ominaista, kuukauden ajankohdasta johtuen, erilaiset kevääseen liittyvät siirtymäriitit sekä ruokaan ja etenkin sen puutteeseen liittyvät tavat ja uskomukset. Lisäksi vuodenvaihteen läheisyydestä johtuen joillakin paikkakunnilla on myös ennustamiseen ja maailmanloppuun liittyviä tapoja.

1. helmikuuta

Helmikuun alku on erikoinen suomalaisessa tapakulttuurissa. Toisaalta kuun alku liittyy kevään tulon odotukseen ja toisaalta, etenkin pohjoisessa Suomessa, talven kylmin ja kuollein aika sattuu juuri tammi- helmikuun vaihteeseen. Tästä johtuen myös tavat ovat hyvin vaihtelevat ja jopa täysin päinvastaiset maan eri osissa.

Kevään odotukseen liittyvistä juhlista tunnetuin lienee Perttulan kylän Kulotuspäivä. Päivän aikana kylässä on tapana viedä olkia peltojen päällä oleville hangille ja polttaa ne raivokkaan juhlinnan saattamana. Juhlinnan lisäksi pelloille leviävä tuhka edistää kevään tuloa nopeuttamalla lumien sulamista. (Keränder 1987, 34.)

Pakkasjuhlista tunnetuin lienee puolestaan Inarin Menkärilän kuoliaiset. Päivä, jolloin kyläläiset pysyvät kotonaan vällyjen alla. (Tussanof 1979, 67.)

2. helmikuuta

Helmikuun toisena päivänä tehtiin Vakka-Suomessa taikoja vuodentulon varmistamiseksi. Taiat vaihtelivat paikkakunnittain - jopa kylittäin - ja monet perimätietoon pohjautuvat tavat ovatkin unohtuneet. On yllättävää, miten vähän mainintoja nykyisissä kansatieteen tutkimuksissa on näistä taioista. Turvemäki ja Luumunen (1971) ovat kuitenkin kertoneet tutkimuksessaan Koski TL:n alueella olevan Hoilonjoen kylän perinteistä seuraavaa:

1800-luvun puolivälin jälkeisinä vuosikymmeninä Hoilonjoella kylänvanhimman tehtävänä oli huolehtia taikojen teosta ja niiden onnistumisesta. Valmistelut aloitettiin jo viikkoja etukäteen. Rekien eteen valjastettiin kylän nopeimmat hevoset ja taloissa kierrettiin suostuttelemassa kauneimmat neidot kylänvanhimman avuksi taikojen tekoon. Jo helmikuun ensimmäisen päivän iltana kylänvanhin sulkeutui impyeiden kanssa pirttiin salaisiin rituaaleihin ja taikojen valmisteluun. Näistä rituaaleista ei ole jäänyt jälkipolville tietoja. Aamun sarastaessa helmikuun toisena päivänä avustavat miehet toimittivat sitten reet kylänvanhimman talon pihalle, ja kylänvanhin kiipesi neitosten kanssa alasti rekeen. Reki oli vuorattu oljilla ja mukaan oli otettu pitkiä seipäitä ja vähintään säkillinen viljaa. Sitten lähdettiin ajamaan. Hevonen korskui ja hikoili kylänvanhimman kiihdyttäessä sen tuimaan laukkaan. Neitoset kirkuivat, heittelivät viljaa teiden varsille ja yrittivät lyödä raitilla kulkevia ihmisiä pitkillä kepeillä. Tätä menoa jatkettiin illan hämärtymiseen saakka, jonka jälkeen yleensä kyläläiset kokoontuivat yhteen ja kävivät polttamassa satunnaisesti valitun ladon jostain kylän lähettyviltä. Mitä suurempi lato poltettiin, sen suuremmaksi sadon uskottiin muodostuvan tulevana kesänä. Tiedetään myös kylänvanhimpia taitamattomina kuohitun, elleivät reessä istuneet neidot tulleet tiineiksi matkan jälkeen.

3. helmikuuta

Helmikuun kolmannelle päivälle oli ominaista Mouhioisissa nk. kuplantappopäivät. Päivän kulkua kuvaa Päärynä (1976, 23) seuraavasti:

Edellisenä iltana olivat pojat vieneet jäälle rupeloisen turvan. Siihen oli puhallettu ilmaa ja kaadettu tervaa. Tämä turpa kaivettiin lumeen ja kustiin päälle. Seuraavana päivänä mentiin sitten takaisin, nostettiin jäätynyt turpa ylös ja hakattiin se joukolla aironpäillä palasiksi. Lopuksi sanottiin: 'Kupla on kuollut, nyt alkaa uusi aika.'

Päärynä esittää teoksessaan myös kiistellyn teorian siitä, että pilkkanimitys "Mouhioisten karvakorvat" johtuisi juuri kuplantappopäivien vietosta (sama, s. 228). Päärynän mukaan sekä korva että turpa kuuluvat "ihmisten aistinelinten hegemooniseen substanssiin, ja näin ollen paikkakuntalaisten kutsumanimi on vääntynyt sujuvampaan alkusoinnulliseen muotoon".

Vammalassa päivää vietetään "Mummo huonona" -päivänä. Päivän aikana ei Vammalan väestö osaa keskittyä mihinkään eivätkä yksinkertaisetkaan asiat onnistu, koska "mummo on niin kovasti huonona". Mummon huonoudella on kuitattu koulusta myöhästymiset, ojaan ajot, liiterin poltot ja syrjähypyt. Vuonna 1966 Vammalan Kansallispankin kavallustapauksenkin selitettiin johtuvan samasta syystä. Mummot eivät osallistu päivän viettoon millään tavoin, vaan potkivat päivänä lisää vauhtia keinutuoleihinsa. Syytä päivän vietolle ei ole kyetty löytämään.

4. helmikuuta

Neljäs päivä helmikuuta hävitettiin Unkeroisissa kokonaan. Päivään liittyi omituinen tapaus, josta seuraavassa otteessa kertoo Teppo Kervonen (1988, 234):

Päivä, josta kerron oli Unkeroisten kohtalonpäivä. Aamu valkeni ja tapauksen todistajaksi asettui kaksi kunnanvaltuuston kunniajäsentä. Toinen heistä seisoi kadulla ja heilutti kättään vastaantulijoille. Toinen asettui kylän keskellä olevalle kivipaadella ja alkoi huutaa sieltä epätoivoisesti ulkomaankielisiä ohjeita torilla seisoskelijoille. Yhtäkkiä kuului humaus ja kaikki huomasivat, että neljättä päivää ei enää ollut. Se oli kadonnut kokonaan. Merkilliseksi tapauksen teki se, että se toistui seuraavana vuonna ja siitä lähtien ei Unkeroisissa ole ollut helmikuun neljättä päivää. Sen tilalla on pelkkä musta aukko.

Joissakin lähteissä em. tapaus on kiistetty (ks. Törnudd 1997). Tässä lähteessä epäillään jopa itse Unkeroisten olemassaoloa. Tosin Unkeroisten asukkaat kiistävät epäilyksen pontevasti. Jotkut jopa äityvät kiroilemaan kuullessaan moisen epäilyn. Vitutuksen manifestointi voimasanoilla ei tosin ole pelkästään unkeroislaisten tapa, vaan tapa on levinnyt myös lähipitäjiin.

5. helmikuuta

Viides helmikuuta on perinteisesti ollut merkittävä päivä etenkin suomenruotsalaisten keskuudessa. Päivä on Sturen nimipäivä eli "Sturesdag". Pohjanmaan rannikon ruotsinkielisissä yhteisöissä sitä vietettiin vaasalaisen, vuonna 1838 pyhimykseksi julistetun, Sture Gananderin muistoksi. Ganander oli legenda jo eläessään. Niinpä hänen kuollessaan 5. helmikuuta vuonna 1803 (syntymävuosi tuntematon) hänen hautajaisiinsa kerääntyi tuhansittain väkeä pitkin Pohjanmaata. Ganander aloitti työelämässä jo 6-vuotiaana toimimalla Kaskisista kotoisin olevan Johanssonin kalastusaluksella silakankuristajana. Hän saavutti nopeasti luottamusaseman kalastajien keskuudessa ja jo 9-vuotiaana hän hankki ensimmäisen oman kalastusaluksensa. Kalastaminen kuitenkin jäi katovuosien aikana 1700-luvun viimeisillä vuosikymmenillä, jolloin Ganander alkoi salakuljettaa silkkiä, rimssunauhoja ja piipputupakkaa Pohjanlahden yli puutteesta kärsiville pohjalaisille. Alituinen - mutta menestyksekäs - taistelu luonnonvoimia ja virkavaltaa vastaan kasvattivat nopeasti Gananderin mainetta ja hän pääsi suojelupyhimyksen asemaan niin porvarien, kuin rahvaankin keskuudessa jo ennen kahdettakymmenettä ikävuottaan. Gananderin mainetta kasvatti myös hänen muunlainen aloitteellisuutensa, ja esimerkiksi Raippaluodon väestöpohja ei olisi alkuunkaan nykyisen laajuinen ilman Gananderin merkittävää panosta.

Helmikuun viides päivä tunnettiin itärajan tuntumassa, nykyisen Lieksan ja Nurmeksen alueella räätikkäpäivänä. Selitystä nimelle ei tiedetä. Eteläisemmässä Karjalassa päivän viettoon kuului hevosten valjastaminen aurojen eteen ja sen kokeileminen, joko pelloilla päästäisiin kyntötöihin. Yleensä kokeilut eivät olleet menestyksekkäitä. Kerrotaanpa muutaman isännän myös menettäneen hevosensa tällä tavalla.

6. helmikuuta

Helmikuun kuudes päivä oli Perniöisissä uudenkuun päivä. Uusi kuu nostettiin taivaalle pyhällä loitsulla, joku kuului seuraavasti:

Ervon kervon uusi kuu
paista paivä
sulje luu.
Lopu talvi, astu kevät
saata loppuun talven evät.

Perinnetiedon mukaan epäonnistunut loitsujen luku ei nostanut kuuta taivaalle, vaan sen sijaan aktivoi maannousemasienen (nykyiseltä nimeltään juurikääpä), joka tuhoaa laajalti mäntymetsiä. Perniöisläisten männikköjen sanotaankin olevan "yhtä saatanan tureikkoa ja rääseikköä kaikki tyynni". Tiedetäänpä maannousemasienen iskeneen myös paikalliseen kappalaiseen sekä Keinäsen vanhaan emäntään synnyttäen vakavan leinin ja aiheuttaen sitä seuranneesta suoneniskennästä johtuneen ennenaikaisen menehtymisen.

7. helmikuuta

Kynttelipäivä. Tapa juontaa aikansa talvisodan loppumiseen, jolloin juuri 7. helmikuuta tehty välirauha ja siihen liittynyt valaistuksen salliminen kotirintaman ankeissa oloissa synnytti perinteen, jossa kynttilöitä poltettiin joka kodin ikkunalla ilman pimennysverhoja. Tapaan liittyy omituinen, vain Kervolassa havaittu sivujuonne, jossa (Kutu 1976):

Met laitoimma poikiin kansa piänenä kynttilän emakon periseen ja laitoimma sittä siihen valon. No siitä ko se juaksi koko kylän läpi ja kilju ko hirtettävä piru ja sittä me poikiin kanssa niin nauroimma. Ja joka talavi me sen teimmä, vaikkei ois ollu aihettakaan. Ja kyläläiset meitä piti ihan hulluina. Ja niinhä myö olimmaki.

Vahteristossa, nykyisen Uudenkaupungin alueella, vaikutti 1700-luvun lopussa ja 1800-luvun alussa voimakas hurmoksellinen herätysliike. Herätysliikkeen johtaja Tuomas Nuutinpoika koki vuoden 1801 lopussa näyn, jonka mukaan paikallisten uskovien on muutettava raamatussa mainitulle Kaanaanmaalle, jolloin "murhe ja nälkä väistyypi". Tuomaan näyn mukaan Kaanaanmaalle pääsi parhaiten kaivamalla tunneli Saariston kartanon pellolta alaspäin. Kaivamistyöhön ryhdyttiin vuoden 1802 alussa, jolloin maa ei ollut vielä täysin routinut. Kaivamista rytmitettiin hengellisillä lauluilla ja herätysliikkeen lapset ja naisetkin valjastettiin mukaan auttamaan kaivamista.

Herätysliikkeessä syntyi myös voimakas, erityisesti naisista koostuva, oppositio, joka vastusti voimien tuhlaamista kaivamiseen. Itsepäinen Tuomas ja hänen luotetut kumppaninsa pääsivät kuitenkin helmikuun alkuun mennessä jo 16 metrin syvyyteen, jolloin vastaan tuli peruskallio. Tunnelia ryhdyttiin jatkamaan kaakkoon päin, mutta kaivamisinnostus oli poissa. Yhä äänekkäämmäksi käyneet tunnelityön vastustajat järjestivät 7. helmikuuta 1802 eräänlaisen mielenosoituksen, jossa kymmenkunta naista kyykistyi kaivetun kuopan reunalle ulostaen kuoppaan. Kaivamisvuorossa ollut Paavali Perttunen kiipesi ylös kuopasta yltä päältä tahriutuneena todeten, että "paska reissu Kaanaanmaalle, mutta tulipahan tehtyä". Sanonta elää lyhentyneenä vielä tänäkin päivänä. Kaivaminen ja haaveilu Kaanaanmaalle muuttamisesta loppui tähän, ja herätysliikkeen vetovoimakin alkoi hiipua. Tuomas Nuutinpoika tunnettiin loppuelämänsä Uudenkaupungin seudulla "Paskakuopan Tuomaana" (Vilhunen 1932). Vahteriston kuoppa oli nähtävissä vuoteen 1969 saakka, jolloin kuoppa peitettiin Uudestakaupungista Laitilaan johtavan maantien perusparannuksen yhteydessä.

8. helmikuuta

Kalajokilaakso on kautta aikojen ollut kulttuuriltaan hyvin poikkeava verrattuna muuhun Suomeen ja erityisesti Pohjanmaahan. Ylivieskan ja Kalajoen jokisuun välillä käytettiin jopa omaa kirjaimistoa sekä laskujärjestelmää 1500-luvulla. Puhuttu kieli muistutti etäisesti suomen kieltä, mutta kieliopillisesti tai sanoiltaan ei selvää yhteyttä ole kuitenkaan löydetty. Selittämättömästä syystä maininnat Kalajoen kielen tai numeerisen järjestelmän erityispiirteistä ovat jääneet hyvin vähäisiksi ja sekä kielen käyttö että laskujärjestelmä katosivat selittämättömällä tavalla 1600-luvun alussa. Lohtander (1976) esittikin teoriana, että UFOt veivät Kalajokilaakson alkuperäiset asukkaat mennessään, ja valtaväestö täytti näin vapautuneen asutustyhjiön tuoden mukanaan oman kulttuurinsa ja omat tapansa. UFOjen vierailuja Kalajokilaaksossa on todistettu mm. Alavieskasta löydetyillä tuohenpaloilla, joihin on piirretty epämääräisiä kuvioita. Nämä muinaiset tuohet löydettiin Anttilan talon vintiltä vuonna 1965, mutta vuosien saatossa löydökset olivat haurastuneet pahoin ja materiaali tuhoutui siirrettäessä tuohenpalasia kansallismuseoon.

Kalajoenkielisestä lähdeaineistosta Lohtander sai tulkittua seuraavaa:

Toinen täysikuu alkanutta vuotta. Huomenissa saapuu vaskinen laiva taivaalta ja noutaa meidät poies. Jussi Pärttylinpoika on jo laittannu viljan säkkeihin ja kanat sekä porsahat on jo kaltattu ja odottavat kuormaamista aitan ylisillä. Kunhan vain Eevastiina saisi leivät leivottua ja nisupullat valmiiksi, että matkalla ei tulisi nälkä.

Närviössä on puolestaan tänä päivänä vietetty kelpaajaisia. Siinä kaikki kynnelle kykenevät on todettu soveliaiksi ja lähetetty rintamalla.

9. helmikuuta

Uusimpia tulokkaita juhlakalenteriimme. Ervaalan uususkovaiset ovat nimenneet tämän päivän nahkan magnetoinnin päiväksi. Päivälle on luotu tapa, jossa teipein sidotaan miesten selkänahkaan sähköllä käsiteltyjä raudankappaleita. Niiden magneettikentän ajatellaan nostattavan sukupuolista kiihkoa ja ulostavan pahoja henkiä. Tapaa testataan parhaillaan Launosissa, jossa vapaaehtoiseksi testihenkilöksi on lupautunut Pelkosen vähämieliseksi arvioitu aikamiespoika. Tutkija Kurmunkula valmistelee asiasta väitöstä Savon yliopiston fysiologian laitoksella ja väitöskirjan odotetaan tulevan ulos painosta alkavan vuoden alkupuolella. Päivään on alkanut liittyä myös riittejä, joista mainittakoon mm. kuun katsonta ja värähtelymittaus.

10. helmikuuta

Heinolan kylässä helmikuun kymmenenteen päivään liittyy Kirrun kanto. Kirrun kannon alkuperä on vielä selvittämättä, mutta Keränen (1965, 32) väittää tavan periytyneen muinaisegyptiläisesti Hali-kultista, josta se hänen mukaansa on romanien välityksellä levinnyt myös suomalaiseen perinteeseen. Kirrun kannosta seuraava ote (emt., 56):

Kirru otettiin ja valittiin jo eellisenä iltana. Se saatettiin valita jotensaki umpimähkään, mutta olimma me joskus kahtona sen jo ihan hyvällä ajallaki ja sillo siihen ei kyllä ollu muilla vastaan sanomista. Paitti Jaskalla, joka oli aina suuna päänä. Niin, ja Pietarisen Irmalla. No mutta ne nyt väitteli aina muutensaki kaikesta, mitä toiset teki. Kerrankin, kun olin lypsämässä äiten apuna, niin se tuli siihen ja rupes moittimaan, että minulla ei oo rasvaa sormissa ja olihan mulla. Helvetin Irma, aina suuna päänä joka paikassa. Ihan vieläkin vihaks pistää. Perkele. Minä sille rasvan näytän!

11. helmikuuta

Kuten tunnettua, kevään valo "syöpi puuta", eli keväinen kirkas paiste haurastuttaa puutavaran. Kevät on rasittavinta aikaa niin talojen eteläseinille kuin puuveneillekin. Tästä syystä Pohjois-Savossa ryhdyttiin varautumaan kevään tuloon "tervajaisilla", jolloin veneet, reet, talot ja osin myös saappaat, rukkaset ja karvahatutkin tervattiin. Terva oli yleensä hankittu taloihin jo edellisenä kesänä - yleensä Oulujokivarren tai Kainuun tervanpolttoalueilta. Vielä vuonna 1932 almanakassa oli helmikuun yhdennentoista päivän kohdalla maininta tervajaisista. Runkströmin (1971) tutkimuksessa on annettu puheenvuoro kiuruvetiselle Jalmari Leppäselle, joka muistelee tervajaisia seuraavasti:

Yleensä se alkoi mukavasti se tervajainen mutta siinä sitten tuli nuorten miesten kesken kilpailua ja sitten sitä alettiin sutia vähän joka paikkaan sitä tervaa. Vieläkin meilä puhutaan perseiden tervaamisesta ja kun äkkiä nosti toisen karvahattua ja silpasi tervat päähän ja iski hatun takaisin paikoilleen niin muut kuorossa naurettiin, että nyt on iso täi tervassa.

Myös Kymenlaaksossa tervajaisia on vietetty, joskin päivä tunnettiin joko mustainpäivänä (Kotkan seutu) tai rötväyspäivänä (Valkeala). Tässä omituisena erityispiirteenä oli alusasujen tervaaminen.

Piippolassa päivää vietettiin nk. henahduspäivänä ja monet tutut termit, kuten "lääsiö", "toprokka" ja "väntti" sekä "vimpon konukka", liittyvät päivän hauskoihin rituaaleihin. Outoja rituaaleja liittyi päivän viettotapoihin myös eteläsavolaisessa Nääringin kylässä. Tavat ovat sittemmin unohtuneet, mutta nuorisoseuran nimi Nääringin Vietti ja urheiluseura Nääringin Vokotus antavat viitteitä siitä, että liha on saattanut vilkkua päivää vietettäessä. Mikkelin seudulla tunnetaan edelleen sanonta "jos varis näkee piian persiin Tenhon päivänä (s.o. 11.2.), ei Nääringistä tule mitään hyvää koko vuonna".

12. helmikuuta

Saavuttuaan käsivarren Lapissa sijaitsevaan Pieron kylään 12. helmikuuta vuonna 1765, huomasi 1700-luvulla Suomessa useita tutkimusmatkoja tehnyt kreivi de Pendant omituisen paikallisen tavan. Seuraavassa ote hänen muistiinpanoistaan (1786, 345)

Saavuimme oppaani kanssa kylään jo puolenpäivän aikaan. Tai ainakin oletin päivän olevan puolessa. Täällä Jumalan hylkäämässä maisemassa ei talvisin edes aurinko paista, joten ajan arvioiminen on hankalaa, jollei mahdotonta. Oppaani tapettiin heti saavuttuamme kylään. Olin oppinut ymmärtämään paikallista murretta edellisellä matkallani, joten saatoin päätellä, että oppaani surman syynä oli paikkakunnan tapa, jonka mukaan tänä päivänä kylään ensimmäisen tuleva vieras oli surmattava ja syötävä. Tällä taattiin hyvä vuodentulo. Onnittelin itseäni, etten ollut tapani mukaan rynnännyt kylään ensimmäisenä vaan että olin lähettänyt oppaani edelläni.

Illalla syömämme lihakeitto oli sen sijaan maukasta. Pariisissa herätti hämmennystä tämä osallistumiseni kannibalismiin, mutta selitin sen tiedemiehen luonteellani, jolle mikään inhimillinen ei ole vierasta.

13. helmikuuta

Merimies Nurmiaisen muistiinpanoista (1965, 67):

Helvetin kylmä oli. Ja tuuli. Tai no mikä tuuli, myrsky se oli. Ja se oli sillo kolmastoista päivä, pthyi, ja helmikuu. No, meillähän kapteeni laitatti ruumiit kasaan ja heitätti mereen. Ja joku jätkä kusi sitten niitten perään. Eikä siinä joutanu itkemään, ei virttä laulamaan. Mutta aina illalla tuli jotensaki niin kaihee olo. Ja joka vuosi sama souvi.

14. helmikuuta

14. helmikuuta vuonna 1455 Piispa Gothus saapui Ruotsista Vaasan seudulle. Gothuksella oli mukanaan kaksi laivallista ruotsalaisia sotamiehiä, jotka Gothuksen johdolla alkoivat väkivalloin käännyttää paikallisia asukkaita kristinuskoon. Suuri osa asukkaista pakeni rannikolta sisämaahan, jossa he piileskelivät jopa useiden kuukausien ajan. Gothus sai itse surmansa vuoden 1455 toukokuussa paikallisen asukkaan kädestä. Tämän jälkeen sotaväki poistui takaisin Ruotsin puolelle.

Helmikuun neljännestätoista päivästä muodostui Vaasan seudulla surupäivä, ja vielä 1800-luvulla tiedetään ruotsalaisia pahoinpidellyn ja upotetun mereen Vaasassa (Görff 1982).

Yleensä laskiainen sijoittuu helmikuun 14. päivän seudulle, mutta laskiaisperinteitä käsitellään muualla tässä kirjassa. Perinteisesti 14. helmikuuta oli kuumeisen laskiaisvalmistelun aikaa ja Suomen heimojen keskittyessä laskiaisrituaaleihin, ei merkittäviä traditioita liittynyt laskiaisen aluspäiviin.

15. helmikuuta

Ei merkintöjä. Puolenkuun aika, ihmiset kyllästyneitä odottamaan. Junan olisi pitänyt olla jo asemalla.

16. helmikuuta

Helmikuun 16. päivä on Suomessa sujunut yleisesti ottaen laskiaisen merkeissä. Toivolan kylässä, Ahtovaarassa laskiaisen viettoon on liittynyt merkittävä lisäpiirre, josta kertoo jo päivän nimen paikallinen muoto: läskiäinen. Toivo Perätuppo (1976) kertoo siitä seuraavaa:

Soli se Läski, ko otettiin jo eillisenä iltana ja sen peällen laitettiin silavaa. Sittä se kierrettiin kuivaan ristikkoon ja pukerrettiin siitä semmonen puketti, jota oli metka läiskytellä. Läiskyttelyä jatku aina seuraavan viikon loppuun ja sittä pojat otti tiinusta sahtia ja ryyppäsivät. Aina ei eukoista ottanut selvää, mutta joskus nekin oli mukana.

17. helmikuuta

Seitsemästoista helmikuuta näyttää olleen kaiken kaikkiaan tylsä päivä Suomessa. Ainoa merkittävämpi traditio on löydettävissä Porvoon seudulta. Tutkija Ylppö Hekkumaa (1981) kuvaa perinnettä seuraavasti:

17. helmikuuta 1865 laski Porvoon satamaan uudelta mantereelta - Amerikasta - tullut laiva tuoden mukanaan eksoottisia hedelmiä ja omituisen matkustajan. Lastausvaiheen aikana laivan miehistöön oli nimittäin tutustunut intiaani nimeltä Ottakeepa, joka oli lähtenyt merimiesten innostamana pitkälle ja vaivalloiselle matkalle Atlantin yli. Huhu eksoottisesta vieraasta oli kiirinyt Suomeen jo ennen laivan saapumista ja niinpä satamaan oli kokoontunut merkittävä joukko ihmisiä Porvoosta ja kauempaankin, aina Ruotsinpyhtäätä ja Myrskylää myöten. Paikalla oli jopa itse J. L. Runeberg. Ottakeepa tarjosikin katselijoille todellisen elämyksen kiipeilemällä munasillaan laivan mastoissa räntäsateen piestessä hänen tummaihoista vartaloaan. Tiedetäänpä Ottakeepan myös pyydystäneen kanoja ruuakseen sataman lähellä sijainneista taloista. Ne harvat sanat, joita Ottakeepan suusta kuultiin, jäivät elämään kansan keskuuteen ja niinpä helmikuun seitsemännentoista päivän tienoilla hoetaan Porvoossa edelleenkin "ukka pukka, ukka pukka". Tiettävästi Ottakeepa - tämä harvinainen vieras - palasi kotiinsa laivalla sen ensin lastattua puutavaraa Pietarissa ja Tukholmassa. Ottakeepan vaikutelmia Suomesta ei ole koskaan tiettävästi kirjattu.

42

*Ottakeepa Porvoon kymnaasissa opiskelleen Ellen
Bäckströmin piirtämänä. Muita kuvallisia
dokumentteja vierailusta ei ole löytynyt.*

18. helmikuuta

Kyrvänperällä oli Anssi Toikkarisen mukaan tätä päivää vietetty: '...panemalla perseeseen kaikkea, mikä vaan liikkui.' Tavan todenperäisyyttä on kuitenkin syytä hieman epäillä varsinkin, kun alue tunnetaan elinvoimaisesta hevostaloudestaan.

Tornionjokilaaksossa päivää on vietetty Inselin päivänä. Tätä taustaltaan myyttistä päivää ovat juhlineet erityisesti naimattomat miehet, jotka ovat kokoontuneet suuriksi joukoiksi, maleksineet kylänraiteilla ja valittaneet, miten eivät ole päässeet "mirriä silittämään". Onkin arvioitu (esim. Alakotila 1977), että Inselillä on viitattu Ruotsin muinaishistoriassa mainittuun piispa Inceliukseen, joka "naimatonna kasvatti poikalapsia nahkapamppuaan ahkerasti viljellen" (sama, s. 188). Piispa Incelius on kuvattu Haaparannan kirkon seinämaalaukseen kumaraselkäisenä ja kuolaavana hahmona, jolla on karvaiset kämmenet. Tiede ei ole kuitenkaan pystynyt selittämään sitä, mihin seudun perinteessä olevat viittaukset kissan silittämiseen liittyvät.

19. helmikuuta

Pöippelän kylän perinteisiin kuului viettää helmikuun 19. päivä maaten (Kuntti 1968, 300-349). Maaten mentiin heti aamusta ja sitten sitä jatkettiin aina iltaan asti, jolloin noustiin ja syötyä käytiin nukkumaan. Välillä tosin piestiin lapset ja myöhempinä aikoina kivitettiin kunnankamreerin autoa.

20. helmikuuta

Rahikkalassa ja Tölviössä päivää on vietetty ketmupäivänä, jolloin kevään katsottiin alkaneen. "Kevät ketmutellen tulevi, räystäspyrstö pyllertävi", on Rahikkalassa hoettu jo vuosisatoja. Kevään jouduttamiseksi Tölviössä haettiin olkia ja pehkuja navetan ylisiltä ja poltettiin suurissa kokoissa pihamailla. Mitä mustemmaksi emäntä nokeentui tässä touhussa, sen paremmaksi vuotuisen sadon uskottiin muodostuvan.

Pienessä Astumaniemen kylässä läntisellä Uudellamaalla järjestettiin 1800-luvulla aina 20. helmikuuta rekikilpailut, jossa läheisen Holjavuoren laelta laskettiin reellä. Suurimmat talot osallistuivat kisaan omina joukkueinaan ja maattomat sekä kunnanelätit yrittivät väistellä huimasti kiitäviä rekiä lumisessa rinteessä parhaansa mukaan. Se talo, jonka reki osui useimpaan maattomaan tai vaivaiseen tässä kilpailussa, sai nostaa voittonsa merkiksi reen navetan katolle koko vuodeksi, ja palkinnoksi talo vapautettiin yhteislaidunten hoidosta voittovuoden ajaksi.

21. helmikuuta

Lienee maagisen seitsenluvun ja sen kerrannaisten vaikutusta, että tätä päivää on Turvattulassa vietettyä kolmen seitsemän päivänä. Päivän tapoihin kuului lähettää aamulla, päivällä ja illalla seitsemän neitsyen ryhmät kulkemaan meren rannan kaislikkoon. Rannalla olevat miehet, jotka symboloivat kuolemaa, niittivät leveillä viikatteillaan rannan ruovikkoa samalla, kun neitsyet astelivat siinä. Jos kaikki neitseet säilyivät vahingoittumattomina, oli vuodentulo huono ja jos yksikin vahingoittui, oli vuodentulo, ja etenkin kalansaalis, uskomattoman runsas sinä vuonna. Saattaa olla, että tavasta johtuen kylän nuoret neidot halusivat päästä eroon neitsyydestään mahdollisimman varhaisessa vaiheessa. Kylän miesten mukaan tämä on yksi syy, miksi tapa on säilynyt elävänä aina meidän päiviimme asti.

22. helmikuuta

Ote päiväkirjasta (Nurmela 1885, 25-27).

Tämän paikan erilaisuus viehättää minua. Satutin varpaani aamulla ja talon piika hoiti sitä lyijyvedellä. Illalla täällä oli Kapurnaaliat, joita paikalliset juhlivat irstain menoin ja suurin väkijuoma-annoksin. Itsekin nautin nassakallisen paloviinaa ja höperyyden tilassa kävin lattialle muitten joukkoon makaamaan. Väki täällä kertoo, että Kapurnaaliana siitetyistä lapsista tulee varakkaita ja onnellisia. Tämä selittänee syyn irstauden laajuuteen kyseisenä päivänä. Tosin talon idioottipojan kerrotaan siitetyn juuri tälläsenä päivänä, mutta syynä pojan vähäjärkisyyteen kerrotaan oleva se, että astuminen tapahtui liian myöhään. Siitä sanotaanki: "Niin luikahti siemen myöhään, kun Makkosen poikoo tehessä". Tämän vuoksi sukupuolisuhteet ovat kiivaimmillaan jo aamuyöstä.

23. helmikuuta

Päijänteen itäpuolella Vääksyssä tunnetaan edelleenkin uskomus, jonka mukaan kuu kääntää maalle selkänsä 23. helmikuuta. Uskomukselle ei ole löydetty varmaa selitystä mutta on otaksuttu, että asia liittyy helmikuun lopussa 1566 Keski-Suomessa nähtyyn täydelliseen kuunpimennykseen. Päivään liittyneitä perinteitä ei ole noudatettu enää sotien jälkeen, mutta vielä 1930-luvulla miehet pukivat paksut talvipomppansa väärinpäin päälleen siten, että napitus tuli takapuolelle, ja nuoriso tanssi kansantanhuja rivosti elehtien sekä huudellen ohikulkijoille seksuaalissävytteisiä pilkkalauseita eli "törkyjä".

24. helmikuuta

Kentokummussa tätä päivää on vietetty lennonlaskun päivänä. Tapaan on liittynyt mäkeen kuulunutta laskemista ja eroittumusta. Joskus tiedetään eroittumuksessa sattuneen hauskoja tapauksia jopa Kentokummun ulkopuolella. Muistiin on merkitty esimerkiksi "Juutisen Elsan tappaus" (Lörmä 1994 s. 122) ja "Ison-Aapelin eroittumus" (sama, s. 134).

25. helmikuuta

Metsäsuomalaisten joukossa Finndjurilassa 25. helmikuuta oli jouluaatto. Mistä tämä johtuu, on hieman epäselvä. Eräiden tutkijoiden mukaan (Sutela 1987) tämä johtuu revenneestä kalenterista, jonka Jaakko Pihlaja toi muassaan Ruotsiin 1800-luvulla. Toisen tulkinnan (Kervola 1978) mukaan kyseessä on ns. parajälkeinen eli juhlapäivän siirtäminen myöhäisemmäksi ajankohdaksi tavoiteltaessa parempaa vuodentuloa. Tässä logiikkana on ns. paras pro toto -periaate. Sen mukaan juhlan siirtäminen kasvattaa sen jälkeistä toivottua tilaa suorassa suhteessa juhlan myöhäisyyteen verrattaessa juhlan originaalia ajankohtaa uuteen päivämäärään. Periaate on läheistä sukua "Ei laakasta - naatitaan" -periaatteelle.

26. helmikuuta

Kivikautiselta asuinpaikalta Tepastosta löydettiin vuonna 1956 savesta tehty taulu, joka tutkimuksissa paljastui kalenteriksi. Kalenteritaulu oli vuosisatojen aikana tuhoutunut muuten lukukelvottomaksi, mutta helmikuun viimeisten päivien aikaan ajoitettuja uskomuksia kyettiin tallentamaan taulusta. Taulun ainutlaatuinen tekstimaailma saatiin avattua Tukholman yliopistossa ja sen tulkitsijan, arkeologi Anders Gärderudin (1958) mukaan 26. helmikuuta oli ainakin Tepaston seudulla päivä, jolloin asukkaat lähtivät karhujahtiin. Sopiva karhunpesä oli katsottu valmiiksi jo aikaisemmin ja jahtipäivänä heimon miehet sonnustautuivat tuohesta tehtyihin "vaatteisiin" ja lähtivät jahtaamaan karhua. Tiedetään myös, että onnistunut metsästys huipentui pakanallisiin bakkanaaleihin, jossa tuohiset metsästysvaatteet uhrattiin polttamalla kiitokseksi haltijoille ja jumalille.

Vuonna 1960 Presidentti Urho Kekkonen lahjoitti edellä mainitun ainutlaatuisen kalenteritaulun Neuvostoliiton presidentti Nikita Hrustseville syntymäpäivälahjaksi. Teolla Kekkonen yritti tyynnyttää Neuvostoliiton antamasta nootista johtuvaa eripuraa, joka johtui siitä, että Suomen kauppa- ja teollisuusministeri Ahti Karjalainen oli neuvostoliittolaisten mielestä huijannut marjapussin pelaamisessa. Tiedetään, että Hrustsev ripusti taulun Kremlin seinälle hakaten naulan kengällään seinään ankarasti päihtyneenä. Tapauksen jälkeen kirjoitetussa, mutta selittämättömästä syystä julkaisemattomaksi jääneessä, Suomen ja Neuvostoliiton valtioiden yhteisessä kommunikeassa todettiin, että "taulu kuvastaa maiden välisiä vankkumattomia rauhanomaisia suhteita helvetin hyvin". Kalenteritaulun nykysijainnista ei ole tietoa.

27. helmikuuta

Vaarallisen lohenlaskun päivä Kemijoella. Päivän teki vaaralliseksi se, että jäiseen koskeen putoaminen tiesi varmaa kuolemaa. Yleensä lohien lasku etenikin hitaasti.

Tarvo Lempiäinen esittää väitöskirjayritelmässään (2002), että "helmikuun loppuun mennessä suomalaisten pikkukaupunkien suhdeverkosto on yhtä sykkyrää ja säkkärää, eikä selkene siitä ennen joulun tuloa". Lempiäisen näkemystä ei kuitenkaan voida pitää tieteellisesti perusteltuna, koska väitöstä ei hyväksytty.

28. helmikuuta

Kuun loppumiseen yhdistetyt menot helmikuussa liittyivät suomalaisessa kulttuurissa pitkälti päivän pitenemiseen ja sen myötä tapahtuvaan hiljattaiseen lämpötilan nousuun. Tapana olikin lämmittää 'kuun jälkisauna' ja uida avannossa. Kuta pitempään avannossa pystyi olemaan, sitä nopeammin lumet sulivat ja kevät tuli. Erityisen hyvänä enteenä pidettiin sitä, jos joku jäi avantoon ns. ikuiseksi ajaksi. Tällaiset ruumiit nimittäin sulattivat jäätä aidosti mädätessään ja kerätessään auringon lämpöä jään alla. Toisena tapana oli ulostaa pellolle ja katsoa 'mämmin' väristä, millainen pääsiäisen keli oli oleva.

Helmikuun viimeinen päivä on merkityksellinen Mynämäellä siksi, että kyseisenä päivänä vuonna 1951 suljettiin paikkakunnalla toiminut naisten keuhkotautiparantola. Parantola tunnettiin nimellä Miehelä. Nimi oli peräisin kartanolta, jonka maille parantola perustettiin vuonna 1911. Miehelän parantola oli tunnettu inhimillisistä hoitotavoistaan, ja parantolaan oli tulijoita merkittävästi enemmän kuin sinne voitiin ottaa. Hoitojakso tarjosi rasittuneille naisille myös miellyttävän katkoksen uuvuttavaan arkiseen työhön. Myönteisistä seikoista johtuen Suomessa alettiin yleisesti puhua - kenties kateudensekaisin äänenpainoin - että "Elli pääsi Miehelään" tai "Matildaa onni potkaisi syylinki jalassa ja nyt hän on Miehelässä". Vuosikymmenten aikana Miehelään pääsyn merkitys on siis täysin vääristynyt.

Kuriositeettina mainittakoon, että vastaava merkityksen vääristymä on sanonnalla "käydä naisissa". Naisi, pitkässä muodossaan Naismäki, on Porvoon kaupungin vanhan keskustan nimitys. Mikäli lähialueen taloissa ja talouksissa tarvittiin kaupasta ostettavia tuotteita, piti lähteä Naisiin. Tyypillisin syy Naisissa käyntiin oli käynti apteekissa. Vänrikki Stoolin tarinoiden ensimäisessä julkaisemattomassa versiossakin mainitaan, miten "huoritettu terska turpoaa jo kolmatta päivää eikä lipeällä sivelykään auta. Siksi pitää lähteä naisiin". Runeberg kuitenkin poisti kyseisen kohdan teoksen julkaistusta versiosta.

29. helmikuuta

Nykyisin karkauspäivää vietetään 29. päivänä helmikuuta, joskin vuosisatojen ajan karkauspäivä on sijoittunut viittä päivää aikaisemmaksi, 24. päivään helmikuuta. Karkauspäivä on saanut nimensä siitä, että vuoden "ylimääräinen" päivä oli 1800-luvun alkupuolelta aina 1950-luvun lopulle valtion virkamiehillä vapaapäivä, ja tästä syystä vankiloissakaan ei kyseisenä päivänä ollut vartiointia. Vankiloista karkaamiset keskittyivätkin juuri puheena olevaan päivään, joten sitä alettiin kutsua karkauspäiväksi oletettavasti jo ennen 1800-luvun puoliväliä.

Ensimmäinen kirjattu muistiinpano asiasta on tapaus, jossa Sukevan keskusvankilasta karkasi vuonna 1865 kolme vankia, Tappaja-Svensson, Kurttunen ja Pösilö-Nieminen. Tämä oli myös ensimmäinen luvaton poistuminen koko vankilan historiassa. Niinpä päivää alettiin viettää vankilassa ns. Karkuuspäivänä.

Karkauspäivä on myöhemmin omittu muihin tarkoituksiin: rupsahtaneet, avioon kelpaamattomat naiset - harput eli rupsmummot - yrittävät päästä kyseisenä päivänä miehelään tai tavoitteena on vähintäänkin hyötyä miesten kustannuksella. Vuodesta 1964 lähtien karkauspäivää on vietetty myös Inkontinentia r.y:n juhlapäivänä ja nyt, päivän juhlinnan siirryttyä viisi päivää myöhemmäksi, pidätyskyvyttömät järjestävät tapahtumia helmikuun lopulla kokonaisen viikon ajan yhdistykseen kuuluville ominaisilla tavoilla. Perinteenä on pitää tällöin myös ns. "vaipaton päivä".

Kirkkonummella päivää on vietetty 1860-luvulta alkaen niin kutsuttuna kanselointipäivänä. Juhlallisuuksiin on kuulunut pitää puheita, joissa kielletään kaikki ja syyksi todetaan alueelle muuttaneet naapuripitäjän asukkaat. Puheen pitäjä on pukenut itsensä mustaan sarkahurstiin ja punannut ihonsa. Illalla on sitten harrastettu promiskuiteettia siirtoväestön kanssa ja joku on saattanut jopa purra seksuaalikumppaniaan. Kirkkonummen väestönkasvu on tämän vuoksi ollut merkittävästi muuta maata runsaampaa (Stjärna 2023).

MAALISKUU

"Maaliskuussa marjat makeat, käet käyrillä oksilla". Tuttu kalevalainen riimi kertoo siitä, että maaliskuu on ollut Suomessa ensimmäinen kevätkuukausi ja jo maaliskuussa alettiin odottaa suvea ja syksyn satoa. Eteläisessä Suomessa kelirikko eli rospuutto alkoi maaliskuussa, ja siksi Lohjan seudulla maaliskuuta kutsuttiin rönttäkuuksi. Pornaisissa, Järvenpään ja Porvoon välissä, kuukausi tunnettiin paikallisesti nimellä lössikuu. Pohjoisempana maaliskuu oli poikkeuksetta kuitenkin luminen ja kylmä, ja talven selän katsottiin taittuvan vasta kevätpäiväntasauksen aikoihin maaliskuun loppupuolella. Maalis-sana liittyy läheisesti maalaamiseen. Sanonnan mukaan pälvipaikat maalaavat lumisen maiseman täyteen mustia pilkkuja.

Suomalaisessa agraarikulttuurissa keskeinen tehtävä maaliskuussa oli tyhjentää navetoihin talven aikana kertyneet sontavuoret pelloille. Monilla paikkakunnilla tähän toimenpiteeseen liittyi myös leikkimielistä kisailua ja jopa kiusantekoa. Läntisessä Suomessa, Rauman ja Vaasan välisellä rannikkokaistaleella maaliskuussa naimisiin aikovat kylvetettiin yleisesti karjan jätöksissä onnellisen avioliiton varmistamiseksi. Toisten lähteiden (esim. Naamanka 1922) mukaan traditio on peräisin mustasukkaisten, hylätyksi tulleiden vävykokelaiden kostotoimenpiteistä. Toimenpidettä kutsuttiinkin Merikarvialla "sarvenpesuksi".

Paasto päättyi maaliskuun lopulle tai huhtikuun alkuun sijoittuvaan pääsiäiseen. Usein ihmiset olivat jo maaliskuun alkaessa saaneet kyllikseen paastoruuista ja mm. Kankaanpäässä ja Parkanossa todettiin, että "ei sikakaan maaliskuussa enää kaalia syö". Raskaaseen työhön tottuneet ihmiset eivät olleet kovin viehtyneitä papiston tiukasti valvomaan paastoruokailuun, joka koostui Etelä-Suomessa lähinnä laihasta vellistä ja paeltuneista kaaleista ja Pohjois-Suomessa kuusen neulastupsuista, piimästä ja nk. "honkkelista", joka oli kaljaan keitettyä ohrapuuroa. Esimerkiksi Rautavaaralta on tallennettu sanonta "mualiskuussa syyvään hyvettiä pöyvänjalan vierestä" joka viittaa siihen, että herkkuja on ollut tarjolla, mutta niitä ei ole voitu nauttia julkisesti. Rautavaaran naapurikunnasta Juuasta on tallennettu samaan viittaava sanonta "papille ei passoo mualiskuussa palasta antoo".

1. maaliskuuta

Hilppa Kuivasto Vetelin Kuivastonkylästä muistelee Seura-lehdelle antamassaan haastattelussa (Hilpan elämää, Seura 10/1966) maaliskuun ensimmäisen päivän viettoa seuraavasti:

49

Aina ne kylän pojat koiruuksia keksivät maaliskuun alussa. Hypäten kävivät talosta talohon ja keksivät juonia. Kerrankin Alatalon Oskari tuli meidän pirttiin ja se oli laittanut apteekkarin villakoiran narulla kiinni päänsä ympärille. 'Siunakkoon, onko siulla permanentti piässäis' me kaikki huusimma, ennenko ymmärsimmä, että se olikin apteekkarin Tessu.

Karjalassa maaliskuun alku sai nk. laukkuryssät taas tien päälle. Yleensä 1. maaliskuuta nämä sekatavaran kaupustelijat kokoontuivat Viipuriin ostamaan kaikenlaista rihkamaa, jota he kuvittelivat kysyttävän salotölleissä ja kylänraiteilla. Useimmille ihmisille oli epäselvää se, missä kaupustelijat viettivät sydäntalven ajan, ja siksi heidän ilmaantumisensa maisemaan antoi aiheen monille sananlaskuille. "Ilmaantu tyhjästä niinko laukkuryssä Viipurin asemalle", sanottiin Antrean ja Enson seuduilla. Imatralla puolestaan uskottiin, että "laukkuryssä makkaa talvem jään alla järven pohjassa piäskyjen (pääskysten) kanssa" ja Tohmajärvellä puolestaan uskottiin, että "se kaivautuu maahan se ryssä ja talavet myypi nappiloita ja pitsiä myyrälöille" (Parkkali 1962).

2. maaliskuuta

Uudellamaalla, etenkin Helsingin ja Sipoon seuduilla, on maaliskuun alussa olleen säätilan uskottu vaikuttavan koko vuoden säähän. Etenkin maaliskuun toisen päivän säätä seurattiin tiiviisti, koska uskottiin, että "jos toinen maaliskuuta on kova pakkanen, tulee pitkät heinäpoudat" (Sipoo), "maaliskuun alun sade hukuttaa syksyllä porvarien aitat" (Helsinki) ja "aamurusko maaliskuun toisena vie matikan vedestä marraskuussa" (Helsingin Maalaiskunta). Vanhassa kirjallisuudessa (esim. Rehbinder 1877) on myös viittauksia siihen, että maaliskuun toinen päivä on personifioitunut: etenkin Sipoossa maaliskuun toinen on kuvattu pitkäksi, mustapartaiseksi mieheksi, joka kantaa olallaan vitsakimppua. Sipoon kirkon saarnastuoliin on maalattu kuva maalikuun toisen päivän personifikaatiosta. Personifikaatiossa on menty jopa niin pitkälle, että erään perimätiedon mukaan maaliskuun toisen päivän hahmo on nimeltään Salosen Akusti.

3. maaliskuuta

Ote Eninjärveltä löytyneestä kirjeestä (lähde tuntematon):

Kasvatettiin jonkun mummon vatsassa matoja. Otettiin ne ja laitettiin pitkäänsiimaan. Sittä vietiin siima ja jään alta vedettiin se. Tuli paljolti kaloja. Tätä tehtiin joka talvi maaliskuussa kolmannen päivän tienoilla, kunnes mummosta oli jäljellä vain kalutut luut. Seuraavana vuonna sittä uus mummo.

4. maaliskuuta

Maaliskuun neljäs päivä on ollut maanviljelyksen kannalta merkityksellinen. Silloin haettiin siemenperunat kellareista itämään pirtin lämpimään. Makea ja ummehtunut perunoista lähtevä haju antoikin päivälle oman erityisen nimensä: Länsi-Suomessa päivää on kutsuttu "perunanhaisemapäiväksi" ja keskisessä Suomessa sekä Karjalassa "märännäispäiväksi". Viimeksi mainittu termi esiintyi maamiehen kalenterissa maaliskuun neljännen päivän kohdalla vielä 1970-luvulla.

Lopen kuuluisassa perunapitäjässä oli tapana keittää maaliskuun neljäntenä päivänä paleltuneista perunoista sakea liemi, jolla sitten illalla saunassa pestiin hiukset. Toimenpiteen avulla pyrittiin perunat saamaan kasvamaan pään kokoisiksi. Onnellinen oli se perunanviljelijä, jolla oli talossaan vesipäätä (hydrokefalus) sairastava, koska pään koko oli näillä onnettomilla tautisilla merkittävästi suurempi kuin muilla. Helsingin seudulla kerrotaan, että loppilaiset perunanmyyjät tunnisti torilla koko maaliskuun ja vielä huhtikuussakin siitä, että perunaliemen tärkkelys oli liimannut heidän hiuksensa päänmyötäiseksi kovaksi kypäränkaltaiseksi koppuraksi.

Kuriositeettina mainittakoon myös, että neljäs päivä maaliskuuta oli Lappeenrannan seudulla päivä, jolloin hevoset vietiin "nusulle", so. astutettavaksi. Lappeenrannan seutu ei ollutkaan kuuluisa onnistuneesta hevostenhoidostaan.

5. maaliskuuta

Ala-Lääkkölän kartanon patruuna, tehtailija Carl-Johan Wilhelmsson kertoo muistelmissaan (1944) seuraavaa:

Tjaa... maataloudelle oli oleellista seurata vuodenaikojen kulkua ja vaihtelua. Hyvä sato, suvi ja vuodentulo pyrittiin varmistamaan kaikin mahdollisin keinoin, ja monet viljelykseen liittyvät tavat oli painettu maamiehen kalenteriin aina tietyn vuoden päivän kohdalle. Mekin kasvatimme Ala-Lääkkölän kartanossa kessua työväestön ja rahvaan tarpeisiin, koska eihän sellaiset moukat osanneet antaa arvoa Länsi-Intian saaristosta tuodulle hyvälle tupakalle tai sikaareille, jotka minun mielestäni etenkin päiväkahvin ja konjakin jälkeen maistuivat erinomaisilta. Niin: maaliskuun viides päivä oli se päivä keväästä, jolloin kessusadon varmistamiseksi täytyi tehdä valmistelua. Kessuhan on, kuten tunnettua, kasvi, joka tarvitsee vahvasti lannoitettua maata ja etenkin ureaa. Siksi kaikki talon työväki komennettiin maaliskuun viides päivä tyhjentämään rakkonsa kessumaalle. Yleensä mukaan otettiin suuri tynnyri täynnänsä olutta, että ihmisruumiiseen saatiin riittävästi läpivirtausta. Muistan lapsuudestani, että kirkonkylässä käynti juuri maaliskuun viidentenä päivänä oli erityisen hupaisaa, koska jokaisen kessua viljelevän talon nurkilla näki päihtyneitä renkejä ja piikoja hangessa pyllyilemässä.

6. maaliskuuta

Kuudes päivä maaliskuuta oli Ruunijärvellä Ajurinpäivä. Kirstu (1945) kertoo päivästä seuraavaa:

Pojat valjastivat hevoset heti aamusta auringon noustua. Sen jälkeen alkoi ajo. Hurjimmat ajoivat suoraan koskeen ja jatkoivat siitä kiviä myöten aina lahdelmaan. Ne, jotka selvisivät takaisin jäälle, jäivät henkiin. Muut kuolivat. Koskenpohjalta löytyy vieläkin jäänteitä hevosten valjasten rautaosista, jos pohjaan asti uskaltaa sukeltaa. Vaarana vain on, että Näkki vie.

7. maaliskuuta

Vanhan peräpohjalaisen uskomuksen mukaan mehiläiset ja kimalaiset heräävät talvihorroksestaan seitsemäntenä maaliskuuta. Seudulla vallinneen uskomuksen mukaan ihmiset ja eläimet välttyivät kesällä hyönteiset pistoilta, mikäli mehiläisiä ja kimalaisia ruokki niiden herätessä. Tästä syystä talojen ja navettojen ovenpielet, reen laidat ja pirtin penkit voideltiin hunajalla po. päivänä.

8. maaliskuuta

Maaliskuun kahdeksatta päivää kutsuttiin Pohjois-Pohjanmaalla "kenkänarinapäiväksi", koska tämän nimenomaisen päivän koettiin olevan paras päivä jatsarisaappaiden ja muidenkin jalkineiden käsittelylle siten, että ne eivät narisisi. Aamulla talojen naisväki keitti saunan muuripadassa oluesta, eläinten virtsasta ja pajunkuoresta tehdyn liemen, johon kaikki talon kengät sitten upotettiin. Usean tunnin liottamisen jälkeen kengät nostettiin ylös liemestä ja mönjättiin kuumennetulla hautatervalla. Mikäli kiertelevä suutari oli sattunut taloon juuri kenkänarinapäiväksi, hänen velvollisuutenaan oli juoda illalla kaikki se liemi, joka ei ollut imeytynyt kenkiin liotuksen aikana.

Karjalassa maaliskuun kahdeksannen päivän sanottiin aloittavan lintuviikot, joiden aikana varis kääntää kylkeä viidesti ja vie talven pois. Lintuviikot päättyivät toukokuun puolivälissä.

9. maaliskuuta

Varsin omituinen päivä Perttulan pitäjän Kystäkylässä. Tutkija Nikupeteri (1956, 120) selostaa päivän viettoa seuraavasti:

Päivän aluksi kyläläiset kasasivat männävuotiset hamppurahkeet (paikallinen versio olkipatjoista), kantoivat ne lantapihoille suuriksi kasoiksi ja valelivat näin syntyneet kasat tervalla. Illalla syönnin jälkeen kyläläiset kokoontuivat uudestaan kasojen ympärille, sytyttivät ne tuleen ja sallivat itselleen promiskuiteetin. Tapana oli kruunata kylän suurin astuja ja astuttu lantamotelilla, ja naittaa nämä keskenään tulevan satokauden siunaukseksi.

10. maaliskuuta

Kannonkoskella ja Kouheroisissa kymmenes maaliskuuta oli kevään ensimmäinen päivä. Kevään alkamisen symboliksi vietiin talvisaappaat vinttiin ja talvipomppa ripustettiin naulaan ja ryhdyttiin käyttämään kesävaatteita. Useana keväänä kävi kuitenkin niin, että maaliskuun loppupuolella oli vielä seuduilla kunnon pakkasia ja pyryjä, joten paikallisen väestön pukeutumista ei voinut kutsua kovinkaan asianmukaiseksi. Liimatan ja Kumanderin (1977) mukaan eräskin lähipitäjän asukas muisteli tilannetta seuraavasti:

Ne oli meillä markkinat tapansa mukaan siinä maaliskuun lopulla ja pahat pakkaset sikisi juuri niille päivillen. No, met olimma valmistautuneet säähän ja mikäs meillä oli seistessä markkinakojuissa elikkäs toreilla turkeissa ja koerannahkarukkasissa vaan ne kouheroislaiset kyllä ihmetytti. Net nimittäen kärvistelivät alun neljättäkymmentä olevassa pakkasilmassa liinapaidoissaan ja ohuvissa töppösissään, päätä peittämäti ja käsiä suojelemati. Ihan teki pahaa katella. Tönköks se kovettui se yksikin mies heti iltapäevän puolella.

Siikajärven seudulla oli tapana tehdä vuoden hevoskaupat maaliskuun alussa, viimeistään kuun kymmenentenä päivänä. Traditio on jäänyt elämään siten, että vieläkin asukkailla on tapana vaihtaa autoa maaliskuun alussa. Traditio on todennettavissa autojen myyntitilastoilla: Lohjan seudun autokauppojen myyntitilastoissa maaliskuun alku näkyy poikkeuksellisen vilkkaana kauppakautena. Eräänkin Kukkosen tiedetään "vaihtaneen autoa ihan simona" (Lähde: Autoliikkeiden liiton tilastot 1946-1996).

11. maaliskuuta

Kalervon päivä. Kalervo oli suomalaisessa mytologiassa karvaisuuden kuningas, joka "vaatetti" eläimet, koristeli miehet ja suojasi pakkaselta. Etenkin Kainuussa oli tapana ristiä karvaiset miehet uudestaan Kalervoiksi heidän täyttäessään 30 vuotta. Sukututkimuksen kannalta tapa on aiheuttanut merkittävää hankaluutta.

Koska oravien, jänisten ja piisamien nahat olivat merkittäviä vaihdon välineitä, pyrittiin Kalervo pitämään tyytyväisenä, että hän antaisi riistaeläimille vahvan ja tuuhean turkin. Kalervoa pyrittiin miellyttämään viemällä uhrilahjoja - teurastettujen kanojen siipiä ja puusta koverrettuja tökeröitä tarvekaluja - metsään, pukeutumalla syksyllä kerätystä suovillasta tehtyihin asuihin (ks. Yntäri 1953) ja suorittamalla pakanallisia rituaaleja pensaiden suojissa. Valitettavasti jälkipolville ei ole säästynyt tarkempaa tietoa kyseisten salaisten rituaalien sisällöstä.

12. maaliskuuta

Tätä päivää kutsuttiin itäisellä Uudellamaalla Karvaisen keon -päiväksi. Nimi juontaa juurensa keskiaikaisesta tarinasta, jonka mukaan 1550-luvulla Norrsjövikin edustalla laskeutui maihin alus (lähteet eivät määrittele laskeutumista tarkemmin, josta johtuen on esitetty - Tuunainen 1984 - että kyseessä olisi ollut jopa UFO-havainto). Alus toi mukanaan Pjotr Illusen, joka oli harvasanainen pietarilainen kankurioppilas. Hän oli kääntynyt katoliseen uskoon ja saanut tehtäväkseen lähetystyön Suomenniemellä.

Ikävän sattumuksen vuoksi Pjotr Illunen saapui keväällä rannikolla talviuntaan viettävien karhujen pesäpaikalle ja lyödessään maahan paimenkeppinsä sattui herättämään talviunestaan suuren uroskarhun. Karhu raateli Pjotr Illusen pahoin ja jäljelle jäänyt "karvainen keko" tulkittiin jumalaiseksi merkiksi alueen pakanallisten heimolaisten keskuudessa. Tästä syntyi uhrikultti, jossa tapana oli viedä joka kevät joku pappismies karhujen syötäväksi. Tapa elää vielä muutamassa kalastajakylässä Suomenlahden saaristossa.

13. maaliskuuta

Päivä on ollut ruotsinkielisellä Pohjanmaalla merkittävä: 13. maaliskuuta oli ruotsalaisen suojelupyhimyksen Emilin kuolinpäivä. Emil, (oik. Emil af Lönnberg, s. 1455, k. 1498), on etenkin kiertolaisten ja maattomien suojelupyhimys, jonka merkitys on ollut suurimmillaan juuri Suomessa (Rönnström 1906). Päivää on vietetty "tupakkia poltellen ja vainajia muistellen" (ibid).

Muualla maassa päivä on ollut hyvin tavanomainen, ilman sen merkittävämpiä traditioita.

Kuriositeettina mainittakoon, että edellä mainittu Rönnströmin kirja on tiettävästi ensimmäinen Suomessa painettu kirja, jossa on ollut mainos. Kirjan viimeisellä sivulla on nimittäin Anckaströmin tanssikoulun ilmoitus, jonka mukaan "Synty-peräinen djäss-muusikeri Saksasta opettaa Helsingin kaupungissa uusimmat tanssin rytmit, kuten hotti, djäss-tanssi (jazz, toim. huom.) ja villin viidakon buga-wuga. Opetuksen hinta: neidot 10 p, rouvat ja naineet neidit 15 p, miehenpuolet ilman saappaita 20 p, saappaiden kera 25 p".

14. maaliskuuta

Eräs selkeimpiä kevääntulon merkkejä maaliskuussa on kollikissojen kiima-ajan alkaminen. Itä-Hämeessä, Kymenlaaksossa ja Etelä-Savossa on maaliskuun 14. päivää nimitetty maalispäiväksi. Maalispäivä sattuu ajankohtaan, jolloin kissat eniten kuljeksivat kylillä mouruamassa.

Maalispäivän vieton alun arvellaan juontavan alkunsa nykyisessä merkityksessään fenno-ugrien varhaisimman pysyväisen asutuksen ajoilta. Maalis on yhteinen kantasana vepsien ja mordvien kanssa. Maalis tarkoittaa, että sivellään tai peitetään (tavallisesti puuta) vedellä, vellillä tai muulla nesteellä. Maalis on alun perin liittynyt myös kantaugrilaisiin häämenoihin, joissa morsianta siveltiin vihkivedellä hedelmällisyyttä tuomaan. Morsiuspari siirtyi sitten asumukseen, jonka oven kamanat oli myös sivelty, "maalistettu". Myöhemmin kantaugrien aikaan sivelyveteen ryhdyttiin lisäämään Vähä-Aasian kauppamiehiltä saatua okraa (Aspen 1907). Tämä puolestaan on johtanut nykyiseen maalata -verbiin.

Maalis -sana on liitetty myös kollikissojen tapaan virtsata ja jättää hajujälkiä portinpieliin ja riihen nurkkiin. Maaliskuussa olivat liikkeellä maaliskissat, jotka kellastuttivat muutoin valkeat nietokset. Rinkisessä, entisessä Nuijamaan pitäjässä, kylän nuoret miehet kokoontuivat viettämään maalispäivää. "Pojankollit" kiersivät kylillä sahtia ja paloviinaa ryypäten. "Kollilauma" kokoontui etenkin niiden talojen luona, joissa oli nätteijä naimattomia tyttöjä. Talon tytöille kehuttiin itseä ja mieskuntoa. Nuorukaiset kävivät virtsaamassa pirtin ja tyttöjen aittojen nurkille. Maalispäivänä nuorukaisen tuli käydä virtsallaan merkitsemässä erityisen monet paikat, jos aikomus oli, että helluntaina ja koko kesänä oli tyttöonnea. Tyttöonnelle parhaaksi oli, jos teki tarpeensa ja siveli sen pirtin ovenpieleen ja kamanoihin. Rinkisen Pekanmäen muori muisteli, kuinka nuorena tyttönä oikein odotti, että pojankollit tulevat maalispäivänä kierroksellaan käymään:

Voi miten mie outtelinkaan, oli se soma, kun poijjat seisoivat oven pielessä ja kusivat. Siinä auringossa, kun ovella lorottivat niin teki oikein hyvvää sitä höyrää hengittää. Isältä sallaa piti miun toki kassella. Sitäkin minä kasselin, että kelle minä sitten kesällä annan... (Parkkali 1962)

15. maaliskuuta

Peittolan kylästä on tältä päivältä jäänyt muistiin seuraava emäntä Kataraisen kertoma tarina päivän vietosta:

Oamulla mäntiin petoselkonaan tyttöin kanssa aina jiälle. Siellä sittä laitettiin heikoin alimmaiseks kelkkaan ja muut piälle. No sehän puhku ja puhis siellä niin helevetisti, että heikoimmat ei kestänt sitä ähinöö. No, jolla ensimmäiseksi kirpos siälin sana huulilta niin se jotta laitettiin vuorostaan sinne alimmaiseksi. Olpa muuten hiljasta porukkoo loppupäivästä. Ja joka kevät sama souvi.

16. maaliskuuta

Selittämättömistä syistä maaliskuun 16. päivä on ristitty Etelä-Savossa, eritoten Puumalan ja Hirvensalmen alueella, "saappaanlopsamapäiväksi". On oletettu (esim. Cedercreutz 1889), että nimi viittaa kesähousujen käytön alkamisajankohtaan, jolloin saappaanvarret ohuempien housujen käytön seurauksena tuntuivat väljemmiltä ja "lopsuivat". Tätä selitystä vastaan taistelee kuitenkin tieto, että etenkin Puumalassa karvahatut riisutaan perinteisesti vasta helluntaina, ja sekä välihousut että sarkaiset päällyshousut on vaihdettu kevyempiin juhannussaunan yhteydessä. Onkin todennäköisempää, että saappaanvarret alkoivat lopsua piikojen ja talon tytärten muuttaessa kesäksi aittoihin maaliskuun puolivälissä, jolloin naimattomat nuoret miehet alkoivat aktiivisesti käydä "riiuulla".

Etelä- ja Keski-Pohjanmaalla päivä on ollut perinteisesti "tyhymä". Yleisesti on uskottu, että maaliskuun kuudentenatoista päivänä tehdyt asiat eivät onnistu vaan menevät niin kutsutusti "hateloon" (Etelä-Pohjanmaa) tai "hatelikkoon" (Keski-Pohjanmaa). Tästä syystä asukkaat pyrkivät minimoimaan kaikenlaiset puuhastelut kyseessä olevana päivänä. Pohjanmaalta onkin kirjattu talteen mm. sanonta "kuuestoista päivänä tehty kangas on reikäinen kuin Mietaan isännän perse".

17. maaliskuuta

Varsinais-Suomen ruotsinkielisellä alueella päivä päätti lumbagoksi nimitetyn muutaman viikon kestoisen ajanjakson, jolloin asukkaiden täytyi kulkea kumarassa ja irvistellen. Yleisesti oli tapana, että lumbagon aikana siivottiin pöytien ja sohvien alustat, etsittiin maasta vuoden aikana kadonneita tarvekaluja ja tarkastettiin kenkien kunto. Syytä lumbagon viettämiselle ei tiedetä. Ihmisten omituista kulkutapaa vyötäröltä taittuneena ja pää eteenpäin kutsuttiin torppaamiseksi (ruots. tårpa), ja torpannut henkilö on ollut nimeltään "torped" (torpedo). Sana on 1900-luvulla saanut toisenlaisen merkityksen.

18. maaliskuuta

Egyptinniemellä tätä päivää vietettiin faaraon saapumisen kunniaksi. Hölmö tapa sai alkunsa leikkimielisestä tapauksesta, jossa 1800-luvulla elänyt kylähullu Einari Pitkonen nimesi itsensä faaraoksi. Hän teetätti itselleen ns. vaaraonpuvun vaimollaan ja tätä asua kuvaa Petäjäniemi (1965) seuraavasti:

Hursti oli ylösalaisin käännetty lehmännahka. Sitä Pitkonen kutsui vaaraonviitaksi. Kädessään hänellä oli viikate, joka oli vaaraonsauva ja päässään emännältä lainattu bidé -tarvike, kansankielellä ns. pottu, joka oli nimeltään vaaraonkruunu. Idean pukuunsa hän oli saanut kansakoulun opettajan saksalaisesta historiankirjasta.

Maaliskuun 18. päivänä Einari Pitkonen ilmoitti sitten kyläläisille, että faarao saapuu kylän raitille iltapäivällä. Hän ajatti pojallaan itsensä hevospelillä kylään ja jakeli jumalanviljaa eli heitteli kuivattuja ohrakakkaroita kyläläisten joukkoon. Kylässä ilahduttiin tapauksesta niin, että siitä tuli jatkuva perinne. Vielä tänä päivänäkin Egyptinniemellä vietetään kyseistä päivää. Faaraoksi pukeutuu tosin nykyisin aina virassa kulloinkin oleva kunnansihteeri. Kypäräkin on uusittu.

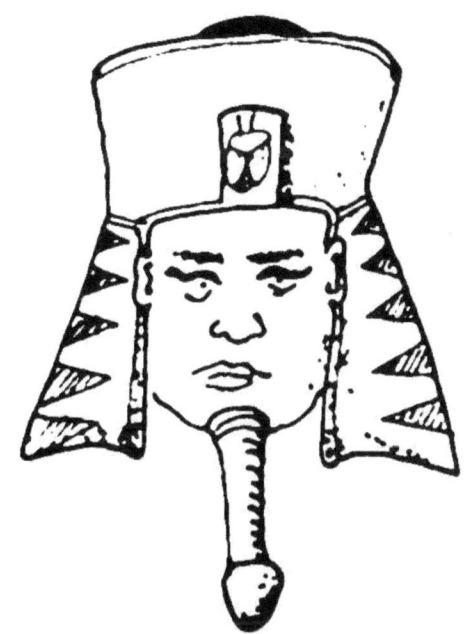

Kunnansihteeri Teppo Läyliäinen pukeutuneena
faaraoksi vuoden 1969 faaraonpäivänä.
Pitäjänlehdessä julkaistu piirros.

19. maaliskuuta

19. maaliskuuta oli erityinen päivä maanviljelystä harjoittavalle väestölle itäisellä Uudellamaalla: tällöin nimittäin keväinen sonnanajo pelloille lopetettiin - riippumatta siitä, miten hyvin työ oli ennätetty suorittaa - ja pidettiin juhlat. Erityisinä ruokina kyseisissä juhlissa olivat nk. kakkarat eli pienet leipätaikinasta

58

paistetut "läjät", kusivelli, eli edellisen kesän rypsisadosta keitetty keltainen vellimäinen ruoka ja pahnat, joka oli viljankorsista, verestä ja ruisjauhosta hauduttamalla uunissa tehty paistos. Edelleenkin monet vanhan kansan ihmiset tällä seudulla muistelevat kuvotuksella juhlaruokia ja ennen kaikkea ruokailun jälkeen pirteissä ja riihissä pidettyjä tansseja. Tansseja varten kerääntyi seudulle hanuristeja kaukaakin, jopa Tyrnävältä saakka. Nämä joutilaat muusikot jäivät sitten juhlien jälkeen maleksimaan seudulle pahimmassa tapauksessa useiksi viikoiksi juopotellen, aiheuttaen levottomuutta ja sekasortoa, huijaten maalaistallukoita korttipelissä ja saattaen kylän tyttäriä tiineiksi.

Luhangalla on päivänä ollut tapana jo 1700-luvulta asti vokotella samansukupuolisia henkilöitä seksuaaliaktiin. Tämä aiheutti naapurikunnassa, jossa alueen papisto majaili, jonkinasteista paheksuntaa. Tämän vuoksi luhankalaiset alkoivat yhtenä joukkona valistaa papistoa ns. luonnonmenetelmällä. Tästä syntyi sittemmin omituinen lahkolaisuus, jossa heräteltiin syntisiä ymmärtämään se, että kaikenlainen yhdessäolo on samaa pyhää coitusta.

20. maaliskuuta

Lahden seudulla uskottiin, että puheena olevana päivänä "närhet ja tilhet paskoo marjat mättäille", s.o. lintujen käyttäytymisestä pystyttiin päättelemään vuoden marjasato. Hyvän sadon varmistamiseksi talojen lapset pyydystivät lintuja pitkin kevättalvea ja säilyttivät niitä aitassa tai liiterissä maaliskuun 20. päivään saakka, jolloin ne päästettiin vapaaksi. Hollolassa oli tapana makuuttaa talon vanhaa emäntää viikon verran lintuaitassa ja päästää hänetkin ulos lintujen mukana. Tällä tavoin emännän uskottiin käyttäytyvän säyseästi loppuvuoden ajan. Tapa on säilynyt muuntuneena siten, että Lahdessa käytetään edelleenkin poikkeuksellisen paljon sulkapäähineitä kevättalvella.

Temmeksessä ja Piippolassa oli vielä 1920-luvulla tapana heittää pirtin pöytä hankeen tänä päivänä. Ele kuvasi symbolisesti sitä, kuinka pöytä puhdistetaan talven aikana kertyneistä muruista ja näin ollen valmistaudutaan tulevan kesän sadon vastaanottoon.

21. maaliskuuta

Tämä päivä on allakkatutkija Simosen mielestä: "Vittumainen ja paska päivä. Tommottis tarvis olla ollenkan."

22. maaliskuuta

Eino Vaittinen kertoo Justenin (1977) mukaan päivän vietosta Etelä-Pohjanmaalla seuraavaa:

Met siinä heti aamusta heräsimmä, söimmä tukevasti aamiaista, otimma ettonet ja sitten lähärettihin töihin. Töitä met teimmä suurukseen saakka, kävimmä syömässä, otimma ettonet, menimmä takaisin töihin, tulimma puoliselle, riisuimma hevosen valjaista, söimmä, otimma ettonet ja illalla sitten kukin toimitteli mitä parhaimmaksi näki. Usen se meinas kynttiläänjalkain sorvaamista pirtissä, länkien paikkaalua tahikka sitten riiastelua talon piikojen kanssa.

Itä-Suomessa ei vastaavia perinteitä päivänvietossa ollut.

23. maaliskuuta

Päivä on Itä-Suomessa varattu hevosten ruunaamiselle ja hukkumalla tai petojen raatelemana kuolleiden henkilöiden muistelulle. Vainajien kunniaksi poltettiin vanhoja olkipatjoja ja kaiveltiin tunkioita. Länsi-Suomessa - etenkin Loimaan seudulla - tänä nimenomaisena päivänä nuoret miehet, rengit yms. illuusioita paremmasta elämästä elättelevät miespuoliset henkilöt karkasivat merille tai Amerikkaan onneaan etsimään. Tämän takia Länsi-Suomessa muodostuikin hyvin yleiseksi menettelytapa miesten sitomisesta kiinni puihin, pylväisiin, sahapukkeihin tai muihin soveliaisiin paikkoihin. Vanha loimaalainen kansanlaulu "On neidolla punapaula" kertoo juuri maaliskuun 23. päivän rituaalista, jossa nainen kiinnittää sulhasensa köydellä johonkin kiinteään esineeseen.

Päivään liittyvä mielenkiintoinen paikallinen traditio on ollut Turengissa, jossa vielä 1950-luvun alussa vietettiin "ähkyjäisiä". Ähkyjäisiä vietettiin istumalla pirtin penkillä, katselemalla synkästi eteenpäin, puristelemalla käsiä nyrkkiin ja huokailemalla raskaasti. Tradition on oletettu syntyneen ryssänvallan aikaisten sotaväen pakko-ottojen takia 1800-luvun alussa.

24. maaliskuuta

Hervannassa on tälle päivälle syntynyt moderni kaupunkiperinne. Siellä kyseisenä päivänä alakoulun pojat ottavat tinnerihumalat ja varastavat muutaman auton, mieluiten Toyota-merkkisiä. Näillä he sitten kaahaavat ympäri Hervantaa ja joskus jopa keskikaupungilla asti. Kaupunkitutkija Vätvätojan (1999) mielestä kyseessä on aivan uudenlainen "sosiosemioottinen spatiaalisen tilan haltuunotto, johon liittyy konevoimaista maskuliinisuuden manifestaatiota." Modernissa muodossa tapaan on liittynyt myös mummojen yliajoa (emt. 25-26).

25. maaliskuuta

Kristinuskon tultua Suomeen ei oppi pysynyt pitkää aikaa puhtaana, vaan vanhat perinteet ja uudet kristilliset perinteet sekoittuivat joillakin paikkakunnilla hyvinkin voimakkaasti. Tällainen synkretistinen usko oli vahvimmillaan etenkin Kainuussa, jossa pakanalliset perinteet olivat säilyneet erittäin voimakkaana ja jossa uuden uskonnon vastustaminen oli paikoitellen hyvinkin ankaraa. Muun muassa Suomussalmelta on kirjattu 1900-luvun alkupuolella maaliskuun lopulla - etenkin 25. maaliskuuta - noudatettavia perinteitä, jossa tyypillisesti parantajan taitoja omaavat henkilöt on kuljetettu porolla tai hevosella kylään kyläläisten heitellessä havuja ratsukon eteen (vrt. pääsiäisen tapahtumat). Kuvatunkaltainen perinne säilyi syrjäkylissä hyvinkin kauan, ja esimerkiksi Juntusrannassa tiedetään tapaa noudatetun vielä 1960-luvun alussa. Kulkuneuvo oli kuitenkin tuolloin jo vaihtunut mopediin ja myöhemmin moottorikelkkaan.

26. maaliskuuta

Skoonen suomalaismetsissä pidettiin tätä päivää itsenäisyyspäivänä. Suomalainen yhteisö eli varsin eristäytynyttä elämää valtaväestön keskuudessa, ja suomalaiset mm. valitsivat joukostaan itselleen kuninkaan. Lisäalueita valloittaneen Matias Finnjävelin (kuninkaana 1788-1821) jälkeen hallinnut Immanuel Finnjävel (kuninkaana 1821-1839) vakiinnutti suomalaisvähemmistön omanarvontuntoisen juhlinnan maaliskuun loppupuolelle ja vanhojen dokumenttien mukaan (esim. Larsen 1886) juhlinta sai välillä raivokkaitakin muotoja suomalaisten ryöstellessä ja tervatessa valtaväestön edustajia, polttaessa latoja ja ulottaessa terrorinsa jopa Tanskaan saakka. Kyseisenä päivänä on Malmössä vieläkin tapana sitoa irtain omaisuus narulla kiinni esimerkiksi lämpöpatterin putkeen tai pihakoivuun, "ettei finni vie". Suomessa päivää vietetään edelleenkin Immanuelin nimipäivänä.

Oulun seudulta Kalajokilaaksoon ulottuneella rannikkokaistaleella päivä oli varattu vanikan eli alkeellisen näkkileivän tekemiseen. Koko vuoden vanikkavarastot leivottiin juuri 26. päivänä maaliskuuta naisväen häärätessä taikinoiden kimpussa usein yömyöhään saakka. Ensimmäiset vanikanpalat oli tapana syöttää talon hampaattomalle vanhalleisännälle. Verenvuoto isännän ikenistä tiesi hyvää viljelyvuotta.

27. maaliskuuta

Putelinnussiman päivä Ryntäisillä. Päivään liittyvät tavat ovat hämärän peitossa, koska tohtori K. Esaias Kopponen poltti oppilaansa ylioppilas Larvannon 1800-luvulla tekemät muistiinpanot vedoten siveellisyyteen ja käsikirjoituksen potentiaaliin tapojen turmelijana. Päivän nimitys viittaa viinapullon anastamiseen viekkaudella, ja se oli tiettävästi syy myös Esaias Kopposen provokatiiviseen tekoon.

Lipistsässä ja jopa Ynkeröisten puolella kumarrellaan kuuta maaliskuun loppupäivinä. Niina Varmasti kertoo kirjassaan (1987) seuraavaa:

Muinaisina aikoina oli Nahka-Topina tunnettu kulkumies, joka liikkui Seitamajoen jokilaakson alueella ja pysähtyi aina sinne, missä talosta löytyi yösija ja jopa vähän työhommia. Nahka-Topi kaivoi ojia, teki polttopuita, auttoi teurastuksissa ja kastroi hevosia. Topia kuitenkin vierastettiin hänen kummien tapojensa takia ja siksi, että hän haisi kammottavan pahalta. Kerran Nahka-Topilla oli majapaikka lipitsäläisessä Rahkeen talossa. Illalla lapset katsoivat, kun Topi laittautui pirtin puolella nukkumaan penkille ja ihmettelivät, miksi Topi teki kumarruksia kaikkiin ilmansuuntiin. Lapset kysyivät Topilta syytä tuohon tapaan, ja Topi totesi kumartelevansa kuuta, "jotta siassa läskiä riittäisi". Lapset omaksuivat nopeasti kyseisen tavan ja pikkuhiljaa tapa levisi myös seudun muihin taloihin maaliskuun lopun rituaalina.

28. maaliskuuta

Nykyisen Suomen valtion alueelta ei ole löydetty maaliskuun 28. päivään liittyviä tapoja, mutta sen sijaan suomalaisten sukulaiskansat ostjakit ja vogulit tunsivat päivän joko nimellä "tseahmo" (ostjakit) tai "otsir-atar" (vogulit). Päivän perinteiden (hevosenlihan syöminen, emäntien pieksäminen ja lasten tervaaminen) uskotaan liittyneen kevätpäiväntasauksen juhlintaan ja jopa alkeelliseen kesäaikaan siirtymiseen. Voguleilta talletetuissa alkeellisissa piirroksissa aurinko kääntää kylkeään juuri 28. maaliskuuta. (Rädskyi 2019). On hämmästyttävää, kuinka hyvin sen aikaisilla menetelmillä - kelopuun oksasta veistetyllä "naavakaattorilla" ja hevosenjouhista ja tuohesta tehdyllä "kepsillä" -

on kyetty ajoittamaan kevätpäiväntasaus: juhlittu ajankohta on noin viikon verran varsinaista päiväntasauksen ajankohtaa jäljessä.

29. maaliskuuta

Maaliskuun lopussa alkoivat Länsi-Suomessa turskaviikot, joiden aikana koko kynnelle kykenevä väestö yritti pyydystää merestä turskaa kuka verkolla, kuka rysällä, kuka puunuijalla hutkien. Turskaviikot aloitettiin Rymättylässä juuri 29. maaliskuuta, joskin viikkojen alku tapahtui Porin seudulla päivää myöhemmin. Turskaviikot aloitettiin hartaalla rituaalilla, jossa parhaimpiinsa pukeutunut väestö kulki hartaasti meren rantaan ja uhrasi turskien kuninkaalle Turskatille vanhan hevosen, joka ajettiin jäältä sulaan. Hevosen vajottua avantoon tarjottiin kaikille mukana olijoille viinaryyppy, jotta "perkuut eivät perään haisisi". Tapaa ei ole kyetty kaikilta osin selittämään. Turskatilta pyydettiin myötämielisyyttä hokemalla "anna sinä Turskatti tuhannen tuhatta turskaa, kahmalollinen kalua, reellinen veden evästä". Hokemasta on muodostunut edelleenkin käytössä oleva manaus "tuhannen tuhatta turskattia".

30. maaliskuuta

Petotutkija Turma kertoo teoksessaan (1987, 65) Ahmatti-päivästä, jota on vietetty Lapissa sijaitsevassa Jänkävaaran kylässä seuraavasti:

Ahma tapettiin, nyljettiin ja syötiin. Sitten miehet villiintyivät, raatelivat kylän naiset ja menivät hakemaan naapurikylästä uudet.

Turma esittää teoksessaan myös vaihtoehtoisen selityksen päivän vietolle. Jänkävaaralaisen tarinan mukaan Nunnukka-Tiina ihastui kylään tulleeseen kulkumieheen Matti Rämsöön, ja Tiinan vanhemmat kuulivat pirttiin saakka, kun Tiina voihki kamarissa "Ah Matti, Ah Matti". Lemmenhetken päätyttyä Nunnukka-Tiina tuli kamarista kaula täynnä puremajälkiä, jolloin vanhemmat nauroivat, että olipa se kulkumies aikamoinen ahmatti.

Antropologian kannalta kylän geneettinen perintö onkin ollut erinomaisen tervettä ja sekoittunutta. Turman mukaan "kyläläiset ovat nokkelia, nopeita oppimaan ja nopeita liikkeissään. Helmat heilahtelevat naisten toimittaessa asioita pirtin ja aitan välillä. Jänkävaaran kläpit eli lapsetkin osaavat taitavasti välttää niin suden kuin karhunkin raatelevat leuat ja hirmuiset kynnet" (sama, 72).

31. maaliskuuta

Maaliskuun viimeisenä päivänä ryhdyttiin Itä-Suomessa valmistautumaan jo huhtikuuhun, jota pidettiin siellä yleisesti maanviljelysvuoden ensimmäisenä kuukautena. Agraariyhteisössä elämä järjestettiinkin huhtikuusta seuraavan vuoden maaliskuuhun eikä kalenterivuoden mukaan. Huhtikuuhun valmistautuminen aloitettiin repimällä almanakasta alkuvuoden sivut irti ja polttamalla ne pihan ensimmäisissä pälvipaikoissa. Länsi-Suomessa uskottiin yleisesti, että itäsuomalaiset ihmiset olivat vähän "ding-dong", so. latvasta lahoja. Tämä uskomus on jäänyt elämään aina meidän päiviimme asti.

Länsi-Suomessa ei päivään ole liittynyt perinteitä tai tapoja.

HUHTIKUU

Huhtikuu nimenä lienee huhta-pesuetta, johon liittyvät mm. huuhtoa, huutaa ja huumori -sanat. Kaikkien alkuperänä on muinaissanskriitin sana huuber tai buuber, joka toisaalta tarkoittaa vettä ja toisaalta virvoittavaa elämystä tai tuulahdusta (vrt. myös hebrean 'belsebuub', so. alapään tuulahdus - termi, jolla juudealaiset kutsuivat heidän mielestään pahalta haisevia pakanakansojen edustajia ja joka myöhemmin vakiintui erääksi paholaisen nimistä). Huhtikuun nimeksi virvoittavuus sopiikin hyvin, koska kuukausi on pohjoisimmassakin Suomessa kevään tuoja. "Huhtikuussa luoja piästää aaringon tallista ja antaa sille tuoretta heinee."

Huhtikuussa, kevään herätessä, suomalaisten heimojen naiset kerääntyivät jo muinaisaikoina järvien suliin salmipaikkoihin ja jokien suille pesemään talven aikana "ryöttääntyneitä" vaatteita, taljoja ja muita käyttötekstiilejä, joita ei ollut pesty koko talvena. Edelleenkin kielessämme esiintyy traditioon liittyviä sanontoja kuten "huhtoo kuni miehimys hameitaan" (Pielisvaara) ja "huhtoo niinko Ryynäsen Alli paskassie jalkarättei" (Hyrynsalmi). Traditio katosi pulsaattoripesukoneiden tullessa myös maaseudulle 1950-luvulla. Kyseisestä aiheesta on valaiseva tutkimus Unto Keräsen (1979) kirjassa.

Lähes kaikkialla Suomessa on tavattavissa sananlaskun "Huhtikuussa hullut juoksoo" variantteja. Päkiälle se kuuluu "Huhtikuu on hölmöin kaus, sillo saap piiatkii pyllistöö", Enontekiöllä "Pitkäkö matka on Enontekiölle, kysy hullu kirkolla huhtikuussa" ja Sepalusvaarassa "Ei ou matoa nokassa, ei pilkkiä persiessä, ko on hullu huhtikuussa ilman akan kattomatta".

Huhtikuuhun liittyy myös ilveilyperinne, joka on Suomeen tullut keskiaikana Ruotsista ja Saksasta. Perinteestä on vielä jäänteenä aprillipäivä eli alkuperäiseltä nimeltään vikurinviikko. Vielä keskiajalla oli tapana suurimmissa kaupungeissa järjestää ns. ilveilijöiden viikko ja Suomen Turussa sitä vietettiin juuri vikurinviikkona. Tapa liittyy karnevalistiseen perinteeseen eurooppalaisessa traditiossa (Vrt. Patti 1987 sekä Väärtö 1956). Kuukauden loppupuolelle ajoittuu etenkin Etelä-Suomessa maanviljelyksen aloittamiseen liittyviä tapoja: "Laita siemen maahan huhtikuussa, niin on pottu Johanneksen suussa."

Länsi-Suomessa, entisen Turun ja Porin läänin alueella vietettiin huhtikuulla mielenkiintoista perinnettä vielä 1880-luvulla: Koko vuoden avioliittoon vihkimiset hoidettiin nimittäin huhtikuussa, siis hyvissä ajoin ennen kevätkylvöjä, ja aika huhtikuun alkupuolelta toukokuun alkupuolelle tunnettiin tuherruskuukautena. Nimi kuvaa sitä, kuinka puritaanisessa yhteiskunnassa sukupuoliasioihin vihkiytymättömät nuoret harjoittelivat vihkimisen jälkeen suvunjatkamisen taitoja. Myöhemmin termi on muuttunut kuherruskuukaudeksi, mutta sisällöllisesti sillä tarkoitetaan jota kuinkin samaa asiaa.

1. huhtikuuta

Huhtikuun ensimmäiseen päivään liittyvä ns. Hullun kuninkaan päivä on Suomessa degeneroitunut muotoon, jota tavataan vielä joillakin maaseutupaikkakunnilla. Päivää kutsutaan mm. Inkeroisilla Hullun isännän päiväksi. Päivän viettoon on liittynyt talon laiskimman rengin kruunaaminen hulluksi isännäksi. Tämä tehtiin siten, että renki sai heti aamulla asettua isännän housuihin, astua tämän vaimon ja juoda kupposen kuumaa puhtaalta pirtin pöydältä. Hullu isäntä on sitten viettänyt päivän oikean isännän toimia matkien. Kerrotaanpa tapauksista, joissa hullu isäntä olisi päivässä kyennyt saattamaan talon selvitystilaan holtittomalla käytöksellään. Tämän vuoksi metsänostajat olivat yleensä liikkeellä tänä päivänä (Kekkonen 1958). Tavan seurauksena paikkakunnalle on alettu valita vain laadukasta maatyöväkeä ja niinpä alueen maatalous on kukoistanut jo pitkän aikaa. Omituista on tosin se, että alueen rengeistä suuri osa on todettu tutkimuksissa (ks. esim. Syltty 1987) eunukeiksi.

2. huhtikuuta

Huhtikuun toisen päivän tienoilla, viimeistään juhannuksena, vietetään Alamälkkylässä torvenvääntökisat. Kisojen luonteeseen kuuluu, että osanottajat ovat jo edellisenä iltana valmistautuneet hyvin päivän koitoksiin "kerronnalla ja siistauksella" (Luderus 1965). Varsinainen torvenväännöt liittyi viime vuosisadalla tapahtuneeseen sattumukseen, jolloin postimieheltä oli kylässä riistetty tämän messinkinen signaalitorvi. On todennäköistä, että tapahtumaan liittyi jonkinlainen rikos, koska postimies oli kuollut riiston seurauksena. Tämä traaginen tapahtuma oli sitten jäänyt elämään paikkakunnalla jokavuotisena riittinä.

Torvenvääntötapahtuman sisältö on seuraavanlainen (emt.):

Kylän vahvimman miehen kaulaan laitetaan postimiehen torvi (ilmeisesti alkuperäinen, toim. huom.) ja sitten sitä yritetään vääntää pois. Jos joku saa väännettyä vahvimman miehen hengiltä, tulee hänestä uusi vahvin mies, muuten sama toistetaan seuraavana vuonna.

Vaikka toisin luulisi, niin vahvin mies vaihtuu vuosittain.

3. huhtikuuta

Huhtikuun kolmas oli Tyrnävän - Piippolan seudulla rotinarinkelien leivontapäivä. Taloissa, joihin oli odotettavissa perheenlisäystä tai jos edes oli ennakoitavissa, että tällainen tapaus saattaa sattua seuraavan vuoden aikana, leivottiin koko vuoden rinkelit. Leipomisella varauduttiin, ei pelkästään emännän, vaan myös tyttärien ja piikojen tiineyteen. Onneton oli se talo, jossa perheenlisäystä saatiin maaliskuussa. Tällöin jouduttiin nimittäin syömään ylivuotista rinkeliä, joka oli ollut kuivumassa leipäorressa lähes vuoden päivät. Kerrotaankin, että rinkeliä jouduttiin joskus järsimään "vesien silmistä valuen".

4. huhtikuuta

Venäjän Karjalassa on huhtikuun neljättä päivää kutsuttu päästäiseksi. Päivän tapoihin onkin liittynyt päästäin katsonta. Etenkin luostareissa tätä tapaa on harrastettu innokkaasti. Kuivittu (1987) kuvaa tapaa teoksessaan seuraavasti:

Munkit asettuivat vastakkain, toinen toisen jalkoväliin. Päällä oleva alkoi harata alemman päätä ja kun löysi tältä täin, huudahti suureen ääneen: - Kost'jumala! ja tappoi elukan lujalla iskulla pöytää vasten.

Nykyisin tietty pohjanmaalainen talotyyppi tunnetaan kaksifooninkisena. Kyseessä on kuitenkin oiva esimerkki termistä, joka on vääristynyt kulttuurisen assimilaation seurauksena. Alun perin puhujia eivät kiinnostaneet talojen kerrokset (ruots. våning) vaan se, kuinka monta naimaikäistä - siis hellutettavaa - tytärtä talossa oli. Termin mukaan kaksiööninkisessä talossa oli kaksi tytärtä, jota "pystyi korealla jalalla panemaan" (Tarttumavaara 2011), kuusiööninkisessä kuusi jne. Ööninkien lukumäärä vaikutti myös talojen arvostukseen ja korotti sosiaalisessa arvoasteikossa myös nuoria miehiä, joista mainittiin esimerkiksi, että "Anttoon Vilho on yönsä kuusiööninkisessä maannu" (sama, s. 297). Esimerkiksi Kurikassa ja Ilmajoella oli talvisotaan saakka tapana, että nuoret miehet kerääntyivät huhtikuun alussa Ukon päivänä (4.4.) kylien raitille ja kävivät "taloja kiertämässä sillä silmällä". Usein talojen ööninkilukumäärä merkittiin lyömällä taloon johtavan tien varressa kasvavaan puuhun "ööninkipilkat", siis puihin kuorittiin paljaat laikut sen lukumäärän perusteella, kuinka monta naimaikäistä tytärtä talossa oli. Tiedetään myös, että esimerkiksi Koskenkorvalla ööninkipilkkoja peitettiin nokeamalla sitä mukaa, kun "flikkoja saatiin hellutettua". Joskus tehtiin myös niin, että myös miessukupuolen genitaalit noettiin, jos hän onnistui ööninkitalossa vierailemaan. Ihailtu oli muiden poikien keskuudessa se poika, jolla oli "muna pimmeenä jo helatorstaina".

5. huhtikuuta

Männäkylässä tämä päivä on vietetty viemällä lampaat kanavaan. Tavan alkuperää ja syytä ei ole vieläkään selvitetty. Ei myöskään sitä, mistä kanavasta on kyse, koska Männäkylässä eikä edes lähiseudulla ole mitään kanavankaltaista. Ainoa tallennettu viittaus kanavaan on vanha männäkyläläinen sanonta "nyt aukes taivaskanavat, sano Rytökorven isäntä, kun kärpässieniä söi".

6. huhtikuuta

Artukaisissa huhtikuun kuudetta päivää juhlistettiin joukkotappeluilla, juopottelulla ja yleisellä säädyttömyydellä. Usein myös kirkon kellotapuli yritettiin polttaa ja hevosilla ajettiin hurjapäisesti pitkin kylänraittia. Syytä perinteeseen ei tiedetä.

Kivikautisista löydöksistä (ks. Koivunen 1961) on voitu päätellä, että Perhojokilaaksossa huhtikuun kuudes päivä on ollut muinaisaikoina myyttisen jumalan "Äijön" juhlapäivä. Äijöä juhlittiin uhraamalla tälle joesta pyydystettyä roskakalaa ja tekemällä kivistä röykkiöitä polkujen laitoihin. Väinö Linna on kirjassaan "Tuntematon sotilas" viitannut perinteeseen kertomalla, miten sotamies Rokkaa komennettiin kiveämään polun laitoja. On oletettu (Riikonen 1977), että komennon antanut upseeri oli kotoisin Perhojokilaaksosta. Näin upseeri halusi vaalia kansallista perinnettämme myös aikoina, jolloin kansallinen kulttuuri-identiteettimme oli uhattuna.

7. huhtikuuta

Jumala nousi tänä päivänä kuolleista Kolkatalla. Paikkakunnan tapoihin on jäänyt tästä ns. kivireen veto. Tapaan on kuulunut vetää suurta kiveä, joka oli jumalan hautaluolan aukolla, pitkin laajaa suoaukeaa. Se, joka on vetänyt kiveä pisimpään, on saanut luojan lykyn loppuvuodeksi. Kivi korvattiin vuonna 1911 valurautaisella sylinterillä, jonka Kolkatan konepaja lahjoitti nimenomaiseen tarkoitukseen juhlallisin menoin. Nykyisin paikkakunnan väki kokoontuu sylinterille juhlimaan esimerkiksi Suomen voittaessa jääkiekon maailmanmestaruuden tai jonkin laulukilpailun. Sylinterille kiipeilyä on yritetty estää monin keinoin, koska ruoste ja raskaat kuormat ovat haurastuttaneet sylinteriä hälyttävissä määrin.

8. huhtikuuta

Tinaajien päivä Ryvättylässä. Tänä päivänä tulivat kuparikattiloiden tinaajat paikkakunnalle, tinasivat emäntien talven aikana kuluneet astiat ja poistuivat etsimään uusia tinattavia. Paikkakunnalle on jäänyt elämään tapa, jossa murrosikäiset pojat vielä nykyäänkin kokoontuvat kyseisenä päivänä juottelemaan sähkökitaroitaan ja vahvistimiaan kuntoon. Täysi-ikäiset viettävät päivänsä myös melkoisessa tinassa.

9. huhtikuuta

Jostakin selittämättömästä syystä Etelä-Savossa juhlittiin huhtikuun yhdeksättä päivää. Runsaasta tutkimustyöstä huolimatta ei ole voitu selittää sitä, miksi jotkut seudun asukkaista juopottelivat ko. päivänä etenkin silloin, jos päivä sattui lauantaiksi. Yleisesti tunnettu on myös perinne, että perheet kokoontuivat kyseisenä päivänä syömään klo 17:n aikoihin.

Rääkkylässä 9. huhtikuuta on ollut päivä, jolloin joku pitäjän asukas putosi jäihin ja monessa tapauksessa myös hukkui. On oletettu (esim. Allen 1988), että ihmisuhrit liittyvät kyseisenä päivänä 1700-luvun alkuvuosina paikkakunnalla järveen pudonneeseen UFOon ja kyseisen tapauksen muisteluun. Tutkimuksissa ei jäänteitä vieraasta esineestä ole seudun järvistä kuitenkaan löydetty.

Päivää vietetään nykyään Mikael Agricolan päivänä. Kuitenkin Mikaelin pikkuveli Hesekiel ansaitsisi myös huomiota, koska Hesekiel Agricola oli ensimmäinen suomenkielisen kirjeen kirjoittaja. Hesekiel riitautui nykyisin unohtuneesta syystä Perniön kappalaisen pojan Johannes Runkvistin kanssa, ja kirjoitti tälle kirjeen vuonna 1550, Johanneksen opiskellessa papiksi Tukholmassa. Kirjeestä on säilynyt vain katkelmia, joista tässä annetaan näytteitä:

"Emosi on tuohen noella cilmiään mustaawa hempukka ja isäsi tulespalawa coirancuonolainen"

...

"Wuodattacon taiwaiset woimat tulta ia tulikiweä pässinkolhimaan päähäs iotta sinusta hengi jättäisi taaksens"

...

*"Minä sanon sinulle kuni kurja muriaani jotta "fakki wuu" elikkäs
koinios itziäns sillein kuni isäis sinuwa siittäes"*

10. huhtikuuta

Huhtikuun alussa ryhdyttiin Vakka-Suomessa jouduttamaan kevääntuloa. Talven jäljiltä ravintotilanne oli huono, joten asukkailla oli erityisen kiire päästä jälleen kalastamaan sulille vesille. Jäiden lähdön ajateltiin nopeutuvan, kun laitetaan "akka aventoa lämmittämään". Akka laitettiin avantoon huhtikuun 10. päivän tienoilla "särkipäivänä". Nimitys tulee ensimmäisenä saaliina saatavan särkikalan houkuttelusta.

Pitäjän kyläkulmat joutuivat vuorottain luovuttamaan akan avantoon laitettavaksi. Kylät kilpailivat, kuka tarjosi yhteiseen yritykseen lihavimman emännän. Mitä lihavampi oli emäntä, sitä joutuisammin ajateltiin akan lämmön jäitä sulattavan. Upotus aloitettiin yleensä jotakin matikkareikää tuuralla laajentamalla. Kun reikä oli hakattu tarpeeksi laajaksi, raahattiin useimmiten vastentahtoisesti potkiskeleva emäntä veden äärelle. Emännälle luettiin lorua samalla kun tätä veden alle työnnettiin:

Liuota liiat lihasi, luovuta lämmöt luistasi. Anna vetten juoksettua, Ahdin antimien asettua.

Emännän työntämiseen käytettiin pitkiä seipäitä, joilla akka saatiin kauas jään alle. Tällä varmistettiin, että akka ei palaa avannon reunalta ylös jäälle ja pilaa vuoden kalaonnea. Mitä kovemmin emäntä vastusti jokeen joutumista, sitä parempana enteenä sitä pidettiin. Akan potkut ja kiemurtelut vastasivat tulevana suvena saatavan kalasaaliin kuhinaa ja tosiasiallisestikin aiheuttivat vedessä virtaumia, jotka herättelivät saalista liikkeelle (Vaaskivi 1967).

Erityisesti Mynämäellä oli hauska tapa laittaa emäntä jäälle odottamaan kevään tuloa ja jäiden lähtöä. Tätä tarkoitusta varten oli jo maaliskuun alussa Mynäjoen jäälle upotettu pystyyn paalu, johon emäntä sidottiin. Akkaa ruokittiin runsaasti, jotta raskas eines lihottaisi myös kalasaaliin. Usein akka kuitenkin heitti henkensä yöpakkasissa ja villieläinten runtelemana. Linnut nokkivat väsyneen akan silmät ja poskista lihat. Ketut yleensä kalvoivat sääriluut ja korpit sekä varikset repivät sisälmykset.

Jäiden lähtö ajoittui normaalivuosina huhtikuun toiselle "kluusa" -viikolle. Pitäjäläiset kokoontuivat tällöin kirkonmäelle odottelemaan, että tulva toisi akan jäiden mukana alavirtaan. Pidot mäellä hautojen välissä jatkuivat useasti monia päiviä. Lämpimänä pysyäkseen väki poltti kokkoja päivät ja yöt. Tulien loisteessa tavattiin tuttuja, juotiin ja pidettiin hauskaa ennen toukotöiden kiireitä. Voi sitä riemua, kun akan jäänteet sitten seilasivat jäätelien päällä kirkon ohi. Tämä oli merkkinä juhlien loppumisesta ja oikeasta ajasta palata taas talojen töihin. (Argillander 1986)

11. huhtikuuta

Masentuneitten päivä Hartviikkilässä. Talven pimeyden jälkeinen depressio on voitettu viettämällä kyseistä päivää, johon liittyy perinteisen syömisen ja juomisen lisäksi lopettajaiset. Lopettajaisissa kaikkein masentuneimpia kyläläisiä autetaan itsensä murhaamisessa. Suosituimmat tavat ovat ampuminen ja kuristaminen. Joskus sattuu niin, että kuristajat masentuvat itsekin vielä niin pahasti, että heidät pitää sitten ampua päivän päätteeksi.

12. huhtikuuta

Huhtikuun puolivälissä talon töihin kuului raaka-aineen kerääminen puulusikoiden ja kapustojen tekoa varten. Ajankohta oli siksi ihanteellinen, että katajapensaat olivat jo sulaneet, mutta katajissa eivät olleet nesteet vielä alkaneet liikkua ja kosteuttaa puuainesta. Niinpä talosta lähetettiin joko vähätöinen renki, vajaamielinen poika tai muu vastaava "vättö" rämpimään metsään katajia noutamaan. Usein parhailla katajapaikoilla oli vielä runsaasti lunta, joten katajanhakureissut olivat raskaita, uuvuttavia ja märkä lumi kasteli vaatteet nopeasti. Kastumisen ja uupumisen seurauksena hakijat helposti sairastuivat ja usein - alkeellisista olosuhteista ja huonosta terveydenhuollosta johtuen - myös kuolivat saamiinsa kylmettymisestä johtuviin tauteihin. On arveltu, että katajien hakutoiminnan yhtenä funktiona olikin pyrkimys saada talojen tuottamatonta väkeä vähennettyä diskreetillä tavalla.

13. huhtikuuta

Koiviston kylässä on tätä päivää vietetty tädin päivänä. Täti on otettu kaapista ja asetettu koko päiväksi kiikkutuoliin. Tädille on tuotu kahvia ja pullaleetan palasia. Ne täti on syönyt innolla ja keinahdellut sitten kaikessa rauhassa. Illalla täti on laulanut muutaman virren ja kääriytynyt saaliin. Paketti on sitten taas kannettu vuodeksi komeroon koipallojen kera. Vanhojen maatalojen vinteiltä ja komeroista saattaa vieläkin löytää hyväkuntoisia tätejä. Ilmeisesti 1860-luvulta peräisin oleva täti myytiin Christien huutokaupassa Lontoossa vuonna 1987 huippuhintaan. Tarina kertoo, että tällaisia tätejä on aseteltu Hampurissa jopa talojen ikkunoihin säikyttelemään vieraita kulkijoita.

14. huhtikuuta

Tutkija Penttilä (1987) kertoo väitöskirjassaan tähän päivään liittyvistä tavoista Merenkurkun Littoisten saarella seuraavasti:

Saarelaisilla on tapana laskea verkot ja laittaa painoksi saunan kiukaat. Tällä tavoin kyläläiset vaihtavat yhdellä tein raskaan talven lämmityksen jäljiltä murentuneet kivet uusiin. Samalla he pääsevät eroon verkoistaankin, jotka yleensä repeävät raskaiden painojen ja kevätmyrskyjen repiessä niitä. Ei olekaan ihme, että kylä on käytännöllisesti katsoen kuollut.

15. huhtikuuta

1600-luvulta lähtien on päivä tunnettu Pyhä- ja Siikajokilaaksoissa "vihiriän perunan syömäpäivänä". Tällöin kellareista kerättiin kaikki muutoin syötäväksi kelpaamattomat perunat ja valmistettiin ruuaksi. Usein seuraavana päivänä ei sitten tehtykään "mitään erityistä", koska perunoissa olevat myrkyt kaatoivat väen sänkyjen pohjalla toipumaan pariksi päiväksi. Ensimmäinen maininta traditiosta on löydetty Joakim Procopen päiväkirjasta (julkaisematon teos, Procopen suvun hallussa). Procope toimi vv. 1622-1657 pappina Siikajoella, ja vuonna 1623 hänen päiväkirjamerkintänsä huhtikuun kuudennentoista päivän kohdalta on seuraava (käännös toimittajan):

Tänä Herran sunnuntaina ei yksikään ihminen tullut kirkkoon kuulemaan Jumalan sanaa. Hämmästyin asiaa ja lähetin suntio Onanisjoen herättelemään rahvasta ja näky, jonka hän kohtasi niin tölleissä, kuin kartanoissakin, oli kammottava: pirtit ja porstuat olivat täynnä inhimillisiä eritteitä ja talojen väki makasi puolitiedottomana aiheuttamassaan sotkussa. Myöhemmin minulle kerrottiin, että edellisenä päivänä oli vietetty "ruohonvärisen maapäärynän päivää" (termi otettu sellaisenaan Procopen päiväkirjasta). Luulenpa vain, että jumala on täten rankaissut ahneuteen ja siveettömyyteen taipuvaista kansaa.

16. huhtikuuta

Kuudestoista huhtikuuta on suomalaisten kuninkaallisten muistopäivä. Alun perin Jalopeuran päivä, mutta nyttemmin lyhentynyt vain Jalon päiväksi. Tänä päivänä vuonna 1908 alempi sivistysneuvos Gunnardottirsson toi mukanaan Abessiniasta ensimmäisen Suomeen rantautuneen leijonan malliksi Suomen kuninkaalliselle vaakunalle. Leijona söi sittemmin Gunnardottirssonin tyttövauvan ja päätyi - syystäkin - takanedusmatoksi sivistysneuvoksen kesähuvilalle. Samalla huvilalla haudattiin myöskin suomalainen kuningasajatus.

Tiedetään myös (esim. Sorsa 1977), että Tahko Pihkala sai idean pesäpallon kunniajuoksusta eli kunnarista juuri sivistysneuvos Gunnardottirsonin kesähuvilalla. Alun perin Pihkala kaavaili kunnarin nimeksi kuninkuusjuoksua tai kuninkaanjuoksua ja suunnitelmissa oli, että kuninkuusjuoksun tehnyt pesäpalloilija kantaisi kruunua päässään loppupelin ajan. Ideasta luovuttiin kuitenkin vähin äänin ja myöhemmin koko ajatus leimattiin juopuneeksi päähänpistoksi.

17. huhtikuuta

Rättänöiden valmistus kuului perinteisesti huhtikuun 17. päivän perinteisiin Puolangan Kiekkilässä. Jo edellisenä päivänä oli aloitettu valmistelut ja pistetty rättänät alkuun. Talon nuorin miniä oli kulkenut koko yön katsomassa, kuinka rättänät kehiytyivät.

Heti aamusta aloitettiin sitten rättänöimään. Koko päivä meni tässä Pertin päivän rättänöiden valmistamisessa niin, että "iltasella tulvehti hiki lattialankuilla kuin rättänäpäivänä Kiekkilässä" (Karmu 1969, 516-603.) Samassa teoksessa Karmu kertoo, että mitään juhlia ei kyseisen rättänöinnin vuoksi järjestetty: "Miehet olivat jo puolilta päivin lamaantuneet rättänöinnin vuoksi ja naisillakin alkoi väsymystä näkyä lypsyajan jälkeen." (Karmu 1969, 734.)

Karhun päivään liittyi koko Pohjois-Karjalassa sekä eteläisessä Kainuussa luunkaatajaiset. Luunkaatajaisten tarkoituksena oli kasata talvella syöty karhu ja näin luoda kesäksi uusi karhu kasvamaan talven varoiksi. Muinaiset metsäläiset veivät syödyn karhun luut, jotka koottiin yhteen kalanluista keitetyistä liimalla ja peitettiin narvuksilla eli karhunnahasta kasaan ommelluilla turkiksilla metsään ja rukoilivat Saapumusta (pyynnin jumalaa), että hän ottaisi luut ja kasaisi uudet lihat niiden ylle. Suuri oli ihmetys, kun uusi karhu nousikin lumen alta poikineen.

Kristinuskon tultua Karjalaan tapa muuntui siten, että karhun päivänä on viety hautausmaille luita, joiden ympärille on sidottu narvatsat eli silkkinauhasta tehty liina. Tapa liittyy kristinuskon ylösnousemusmytologiaan ja sillä varmistetaan kuolleiden sukulaisten siirtyminen taivaan iloihin.

18. huhtikuuta

Turengin seudulla päivään liittyy suhteellisen moderni traditio (alkuaan 1940-luvulta), jossa kylien miesväki kiertää taloissa, jossa on naimattomia neitoja, kolkutellen oviin ja hokien "josko tuota öhö-öhö, josko tuota öhö-öhö". Tämä tökerö traditio on esittävinään riiaamista. Päivä tunnetaan Nakki-Elsan päivänä, koska ko. päivä oli paikallisen, vuonna 1941 kuolleen, tunnetusti löyhämoraalisen Elsa Tuikkarin syntymäpäivä.

Tradition tekee mielenkiintoiseksi se, että vastaavanlainen perinne on elänyt myös suomensukuisten kansojen, ostjakkien ja udmurttien, keskuudessa. Ostjakit kutsuivat päivää "Holaus-Tiinan" päiväksi (käännös toimittajan) ja udmurttien keskuudessa päivä oli tunnettu "Avanto-Varvaran" päivänä. Pietarin vahakabinetissa oli vahanukke, joka esitti Avanto-Varvaraa, mutta Brezhnevin kaudella vahakuva poistettiin näyttelytiloista säädyttömänä. Nuorilla miehillä oli tapana piilotella kopeekan kolikoita vahanuken liiveihin naimaonnen varmistamiseksi.

19. huhtikuuta

Pälvin päivä suomalaisessa kalenterissa. Päivään on Suonenjoella liittynyt tapa, jonka mukaan se, joka ensimmäisenä asettaa paljaan jalkansa sulalle kohdalle pellolla tänä päivänä saa itselleen puolison saman vuoden aikana. Tästä johtuen Suonenjoen virtsaputkitulehdusten esiintymistiheys oli vielä vuosisadan vaihteessa lähes kolminkertainen muuhun maahan verrattuna (Siirti & al 1997).

20. huhtikuuta

Räkylästä on päivään liittyen kerätty seuraava tarina (Empätiijä 1945, 34):

Korvennavalta tulliit minun emoin ja sano, jotta asetuhan siihen. No minä asetuin ja emo sittä sano, jotta kasu poika kasu. Ja tiijättäkö, minä kasuin kahen vaaksan verran sinä yönä. No minä aittelin, notta ei oo totta. Ja eihän se ollutkaa.

Räkylän seudulla lauletaan edelleenkin tapaukseen liittyvää laulua. Laulun opettelu kuuluu myös peruskoulun alaluokkien paikallistuntemuksen opetusohjelmaan:

Räkylän huhtimarkkinoilla näin heilani ensi kerran,
tuo näky sai minut kasvamaan kahen vaaksan verran
eikä nuo vaaksat ilmestyny nilkkaan eikä kulkkuun
vaan tuo pittuus kasvo lissee tämän poojan mulkkuun
sun-frallati-frallati-hei, tämän poojan mulkkuun

21. huhtikuuta

Etelä-Savossa, etenkin Mikkelin seudulla, päivä tunnettiin "tampuurinsiivuupäivänä", jolloin talojen emännät piikojen kanssa siivosivat talojen eteiset perinpohjaisesti. Tämä olikin aiheellista, koska yleensä lämmittämättömät eteiset (kuistit tai vistit, kuten savolaiset niitä myös nimittivät) olivat jääneet vähälle huomiolle kylmänä vuodenaikana ja kevään nk. sonnanajokuukausina sotkeutuivat eteisten lattiat, seinät ja jopa verhotkin perinpohjaisesti. Siivoustapa ei levinnyt torppareiden tai mäkitupalaisten keskuuteen johtuen siitä, että pienemmissä torpissa ei sen aikaisen rakentamistavan mukaisesti ollut eteisiä. Tiedetään, että Pertunmaalla ja Mäntyharjulla köyhä kansa yritti kuitenkin matkia tätä herraskaista tapaa potkiskelemalla pahimpia kokkareita pirtin lattialta lankkujen rakoihin ja penkkien alle (Kuumotin 1969).

Huhtikuun loppupuoli on aina ollut parasta aikaa hevosten nk. ruunaamiselle. Alun perin kivennapalainen tapa syödä huhtikuun 21. päivänä nk. salvuusoppaa levisi 1800-luvun loppupuolella ympäri Suomea vaeltelevien romanien mukana. Sopassa kelluvat "klimpit" (Länsi-Suomi) tai "mykyt" (Itä-Suomi), (ruotsinkielisellä Pohjanmaalla käytettiin myös nimeä "ollon") tehtiin monilla paikkakunnilla vehnäjauhoista, mutta alkuperäisessä reseptissä mykyt olivat kylläkin "sitä ihtiään", so. hevosen kiveksiä.

22. huhtikuuta

Verta huutava yö. Verta huutava yö. Verta huutava yö.

Anita Lutti arvelee kirjassaan (1936), että "verta huutava yö" viittaa tapaukseen, jossa "Näresvuopion Alpo meni heikoille jäille ja me sitä rannalta kivitimme. Alpo veripäänä huusi yön ja vielä koko seuraavan päivän. Oli se niin hauskaa, että met veimmä Alpon seuraavanakin vuonna jäälle kivitettäväksi".

23. huhtikuuta

Teekkariperinteessä on tähän päivään liittynyt nk. yrjäiset jo 1900-luvun alkuvuosista lähtien. Yrjäisissä juodaan pahentunutta kiljua ja oksennetaan. Terveyskeskusten keskusliiton tekemien seurantatilastojen ja aikasarjojen mukaan pahentunut kilju tuhoaa eniten aivosoluja tunnetuista alkoholijuomista. Yksi käyttökerta demobilisoi noin 20 % aivojen synapseista, joten voidaan laskea, että keskimäärin teekkarilla on opintojensa jälkeen noin 20 - 0 % aivokapasiteetistaan käytössä (Ervander & al. 1995, 391-392). Yrjäisten tiedetään levinneen myös muihin kansanosiin etenkin maamme itäosissa.

Muhoksella tänä päivänä on väitetysti laitettu "ankkastukkia tuulensuojaan". Jälleen yksi perinne, joka tuntuu vakavasti tieteeseen ja tutkimukseen suhtautuvasta kansatieteilijästä lähinnä kiusanteolta. Tämän kirjan toimituskunnalla on suuri epäilys siitä, puhuivatko ja toimivatko ihmiset todellakin näin, vai onko tapoja ja terminologiaa kehitetty vain hämäys- ja huvittelutarkoituksessa. Toimituskunta on kuitenkin tarkistanut tässä kirjassa käytetyt lähteet, ja kaikki, mitä tähän teokseen on painettu, pitää paikkaansa.

24. huhtikuuta

Karjalaisen perinteen mukaan 24. päivä huhtikuuta oli niin kutsuttu "kenkäraja", jolloin saappaat laitettiin kaappiin ja ryhdyttiin kulkemaan virsuissa tai paljasjaloin. Tapa oli yleinen vielä 1930-luvulla, ja jäänteitä perinteestä on vieläkin nähtävissä Lappeenrannan seuduilla, jossa paikalliset Lions-klubilaiset kulkevat kyseisenä päivänä ilman kenkiä. Siirtokarjalaiset yrittivät juurruttaa perinnettä myös uusille asuinpaikkakunnilleen, mutta varsin pian heidät leimattiin kyseisen tavan takia paikkakunnasta riippuen "tölpöiksi", "köpsiksi" tai "haapioiksi", joten tapa hävisi karjalaisten keskuudesta hyvin nopeasti heti jatkosodan jälkeen.

Kirkkoniemessä ja Petsamossa kyseiseen päivään liittyi ortodoksisuudesta eronnut kultti, jonka mukaan Kiesus vierailee seudulla aina puheena olevana päivänä. Kiesusta varten talojen portaille laitettiin täysinäinen puurokuppi ja pirtin penkin päähän nostettiin halko, jota Kiesuksen ajateltiin käyttävän päänalusena, mikäli hän päättää poiketa talossa. Usein kävikin niin, että aamulla herättäessä portaalla oleva puurokuppi olikin tyhjä, ja tällaisen "tyhjän kupin talon" uskottiin olevan erityisen onnekas ja viljelystyön uskottiin olevan siunauksellista koko vuoden ajan. Päänalushalkoa käytettiin seuraavaan huhtikuuhun saakka laiskojen renkien ja kovapäisten lasten opettamiseen. Alueen Neuvostoliittoon liittämisen jälkeen kultti hävisi hyvin nopeasti.

Tapa liittyy ortodoksiseen pääsiäisperinteeseen ja on sikäli merkittävä, että siinä on esillä viimeiset jäänteet suomen kielen pääsiäis-sanan etymologiasta. Pääsiäis-sanan synnyn voikin palauttaa tähän pää-pesueeseen. On väitetty (Ruupe 1976, 34), että sanan synty on seuraava. Jeesukselle tarjottu päänalunen ja etenkin kupissa oleva puuro on ajateltu 'päänsisäiseksi' ravinnoksi ja myöhemmin termi on degeneroitunut pääsiäis-sanaksi. Tämän takia etenkin ortodoksisessa perinteessä pääsiäiseen liittyy vieläkin suunnaton syöminen ja mässäys, jolla täytetään pää ja muu ruumis. Ruupen mukaan perinteeseen liittyy tärkeänä osana aterioinnin äänekkyys: "voimallisella mässytyksellä, lopsimisella ja ähkinnällä pyrittiin Kiesus pitämään myötämielisenä seuraajilleen (Ruupe 1976, s. 221).

25. huhtikuuta

Peräseinäjoella on lähdetty tänä päivänä talvikalaan. Isoimmat miehet ovat poranneet kulhulla reiän vetisen jään läpi ja työntäneet avantoon kouransa. Kun kalat ovat alkaneet näykkiä sormia, ovat miehet kipakasti kouraisseet kalat vedestä ylös. Tapana on ollut syödä kalat raakana heti ne pyydystettyä tumman leivän päällä. Hurjimmat ovat juoneet vielä avannosta vettä päälle.

Pohjois-Karjalassa päivä on ollut loitsimispäivä. Mikäli talossa oli lapsettomuutta, liikalapsisuutta, köyhyyttä tai muuta "kiroa", ryhtyivät talon asukkaat loitsimaan. Heimo ja Munattu (1988) ovat kirjanneet pohjoiskarjalaisia loitsimistapoja muistiin, ja tyypillisesti loitsiminen tehtiin yleensä navetan takana olevan loitsukiven päällä. Jo edellisenä iltana on kiven päälle nostettu ruokaa, ja mikäli ruoka on kadonnut yön aikana, on sitä pidetty hyvänä merkkinä. Varsinainen loitsinta on tehty polttamalla kiven päällä tuohenkäppyröitä ja eläinten luita, joihin on "saatettu väkeä" (s.o. loitsuvoimaa) työntämällä ne puunsilmän läpi. Puunsilmällä tarkoitetaan kasvavaa puuta, jossa on reikä esimerkiksi oksien yhteenkasvamisen seurauksena. Tulen palaessa on huudettu mahdollisimman kovalla äänellä "kiroa" karkottavia loitsuja, esimerkiksi "maho piru pois miniän pillusta", "kukkaro täyteen seteliä ja sarvi täyteen kultaa" tai "seiso muna jäökkänä mutta elä lissiinny". Pohjois-Karjalassa loitsimisperinne elää vieläkin vahvana. Koska kaupunkitaloissa ei ole navettoja eikä loitsukiviä, on loitsimista helpotettu Joensuussa tuomalla yleisessä käytössä oleva loitsukivi paikallisliikenteen linja-autoasemalle. Linja-autoaseman vieressä sijaitsevasta kioskista voi ostaa oikealla tavalla käsiteltyjä tuohia ja luita.

Joensuun loitsukivi, joka on tuotu paikalle Juuan Nunnanlahdesta.

26. huhtikuuta

Huhtikuun 26. päivää vietettiin Joentolassa lepatuspäivänä. Päivän tapoihin kuului kuljeskelu kylän lävitse virtaavan joen rannalla siten, että aikamiespojat jättivät paitansa lepattamaan housujen ulkopuolelle, takapuolen päälle. Kylän vanhemmat naiset vihasivat tätä tapaa ja päivään liittyikin varsin pian pilkkalauluperinne, jossa "ämmiä riäkyttiin" (Tosola 1876, 23). Esimerkki pilkkalaulusta:

Joen ämmät miekuttaa
ko kulen paita persien piällä.
Turpajouhet pitkällä
niillon nenänvarressa
ja miehen tarve mielessä
kulkiissaan aitotiellä.

78

Vuan ei ne akat muuta saa
ko räkäst kokkelpiimää
ja sittäi niille annetaan
vuan kerran viikossa.
Sun fralilalilalilei kerran viikossa.

Miehillä oli tapana laulaa näitä pilkkalauluja kuljeskellessaan.

27. huhtikuuta

Arvid Petikko muistelee huhtikuun 27. päivän viettotapoja Töyryällä seuraavasti (Keräsen 1977 mukaan):

Met siellä Töyryällä olimme jo pikkukläppeinä mukana sen päivän vietossa, kun otimme joka talosta kärrynpyörän elikkä myllynkiven ja läksimmä Töyryänvuoren päälle niitä lasettamaan. Rengit ja isännät olliit siinä yhteistuumin, kun vieritimmä sitä kiveä elikkä pyörää sinne mäjellen ja kun siinä on se jyrkkä ja pitkä pohjoisrintuus siinä mäjessä, niin siitä heivautimme yksissätuumin ne alas vierimään. Se oli yleinen uskomus, jotta jos kivi elikkä pyörä vieri pitkälle, niin siinä talossa oli sittä hyvä se vuodentulo.

Keränen kertoo myös, kuinka kyseisenä päivänä vietettiin vielä 1950-luvulla Toivalan akkain muilutuspäivää. Kylän akat ja naimattomat neidot kokoontuivat Toivalan manttaalikunnantalon pihalle heti aamusta noutajaa odottelemaan. Kohta alkoikin liikenne vilkastua oman kylän ja naapurikylien miesten ajellessa hevospeleillä, polkupyörillä ja myöhempinä aikoina myös mopedeilla akkoja katselemaan. Vähäväkisimmät miehet saapuivat apostolinkyydillä jopa kolmenkymmenen kilometrin takaa. Siinä sitten kehkeytyi eräänlaisia kosiomenoja akkaparven ja miesten välille ja pian, parinmuodostuksen tapahduttua, hajaantuivat parit kukin omalle taholleen päivää viettämään. Iltahämärissä akat tulivat sitten vähin äänin kotiin jatkamaan talon töitä mutta sattuipa joskus niinkin, että piika tai talon tytär jäi sille tielleen ja muutti esimerkiksi naapuripitäjään talon emännäksi. Tehtyjen tutkimusten mukaan geneettisen perimän sekoittuminen on Toivalan seudulla poikkeuksellisen voimakasta. Myös perinnöllisten tautien vähyyden on arveltu johtuvan juuri akkain muilutuspäivän vietosta.

28. huhtikuuta

Huhtikuun loppuun liittyy Novajoella uskomus, jonka mukaan toukokuu ei ala, jollei kollikissat kuole. Tämä uskomus on vaikuttanut suuresti alueen rottakantoihin ja siten myös hygienian tasoon seudulla.

Kuten on todistettu (esim. Allen 1988), on Suomi ollut hyvin aktiivinen UFOjen ja humanoidien esiintymispaikka kautta vuosisatojen. Tätä todistaa myös Sosialistisen kansan päivälehdessä 28.4.1931 julkaistu Aune Rakokiven haastattelu:

Jormualla oli sellainen pieni torppa jonne vanhemmat kielsi menemästä. Kerrottiin, että siellä asuu kummallisia ihmisiä, jotka pystyvät kävelemään seinien lävitte ja lentämään. Kerran meiltä lehmä karkasi ja minä menin siitä Jormuan torpasta kysymään, onko siellä näkynyt minun lehmää. Siellähän se lehmä istui pirtissä ja toisella penkillä oli kaksi vihreänaamaista, mutta muuten ihan ihmisen näköistä hahmoa. No, lehmä lähti kotio, mutta jälkikäteen sen sittakin hehkui pimeässä sellaista outoa valoa.

Yllä kerrotun tapauksen jälkeen Jormuan seudulla on aina jätetty täysinäinen vellikuppi talon porraspieleen 28. huhtikuuta outojen kulkijoiden lepyttämiseksi. Aikaisemmin velli on tyypillisesti ollut piimävelliä, mutta humanoidien kerrottua saavansa vatsanväänteitä piimävellistä, on velli vaihdettu mannavelliin tai jopa makaronivelliin talon varallisuudesta riippuen.

29. huhtikuuta

Huhtikuun vaihteen loppupuolen siirtymäjuhlista merkillisin on Entolan kylässä vietetty melkein-päivä. Päivän syntyyn liittyy seuraava tarina (Nussi 1965, 45):

Soli meirän vaari ko kertto jot meiol koskaan olt silakkaa tohon aikkan vuorest. Ja niittä koko suku eli kylä oli läksit sittä sitä kalastaan ja noli palannu illal ilman kalan kiperettä ja sanoneet sitte akoil jot melkke saati kalaa ko vaari putus järveen. Ja siitä sitte tuli se tapa et jokaikine kevät vietetti melkke päivää. Mukuloit aina kiusatti, et ostin teil kakun tai muuta hyvää, melkke. Ja sitte ko ne rupes riehumaa, nii kastettii ne heittämällä ne meree. Ja veneellä souvettiin jotta! Vaan ol se meirän vaari kova soutamaan eekä sille saunassakkaan mikkään lööly riittäny.

30. huhtikuuta

Huhtikuun viimeisen päivän nykytraditioihin liittyvä raju juhlinta on peräisin jo 1400-luvun lopulta, jolloin päivää juhlistettiin Itä-Suomessa tuohuspäivänä. Luonnollisestikaan keskiajan ihmisillä ei ollut tarkkaa tietoa vuodenkulusta, mutta juhlinta sijoitettiin aina kevätpäivän seisauksesta kuusi viikkoa (so. puolitoista kuunkiertoa) eteenpäin. Syytä siihen, miksi juhla oli alunperin sijoitettu kyseiseen ajankohtaan, ei tiedetä.

Tuohuspäivä toi iloa nälän ja murheiden rasittamaan arkiseen harmauteen. Kyseisenä päivänä ihmisillä oli lupa olla riehakkaita ja vallattomia. Usein päivän viettoon liittyi voimakasta juopumishakuista käyttäytymistä ja muutoin raskasta elämää piristettiin käyttämällä huvittavia käävästä tai pihkasta muotoiltuja tekoneniä ja naavasta tehtyjä peruukkeja. Oleellista on myös ollut se, että nuoriso on pukeutunut hyvin kevyeen kesävaatetukseen säästä välittämättä. On oletettu, että käyttäytymällä brutaalisti, unohtamalla perinteiset ja hyväksytyt sosiaalisen kanssakäymisen muodot sekä naamioitumalla luonnosta kerättyihin materiaaleihin, ihmiset halusivat kuvata luopumista elämälle vieraista kruunun tai kirkon opettamista tavoista ja siirtymistä takaisin luontoon. Tämä alunperin suomalainen perinne levisi myöhemmin myös idemmäksi ja väitetäänpä jopa bolshevikkivallankumouksen saaneen alkunsa juuri tuohuspäivän vietosta (esim. Platanov 1971). Venäjällä käytössä ollut poikkeava ajanlasku oli kuitenkin siirtänyt juhlapäivän myöhäissyksyyn.

Nurmeksessa ja Kuhmon eteläosissa Tuohuspäivän viettoon on liittynyt "ennustajaiset". Tekoneniin ja peruukkeihin pukeutuneet "näkijät" ovat tulkinneet "siman", eli lievästi alkoholipitoisen juhlajuoman pinnalle nousseiden rusinoiden asennosta tulevan vuoden tapahtumia. "Simassa näin, jotta navetta pallaa" on sanonta edelleen Nurmeksen seudulla. Kuhmossa taas tulkittiin, että "siinä ne kaks rusinaa niin sievästi vierekkäin ui ja naimisiinhan myö sitten syksymmällä hujjautettiin". Siman katsontaa on tehty jopa Lieksan seudulla, josta on kirjattu ylös perimätieto "vuan se yks rusina ol ihan käppyräinen ja ryppynen ja siitä myös aateltiin jotta kyllä siitä mummosta aika suattaapi lähiaikoina jättää ja niinhän se jättikin: ennen joulua ol jo mummolla kynnet pehmeenä ja mummo ol kuollessaan ihan yhtä ryppynen ko se rusina" (Päärynä 1976.)

TOUKOKUU

Sanan "toukokuu" merkityksestä on kiistelty ja vielä nykyäänkin on vallalla virheellinen käsitys touko-sanan alkuperästä. Sana ei nimittäin viittaa lainkaan maanviljelykseen vaan samasta kantasanasta "toffel" (saks.) tai "toffé" (ransk.) johdettuja sanoja ovat mm. touhuilu, tohina ja tollo. Edelleenkin Vantaanjoen varressa puhutaan toukohousuista, eli vilkasta cityelämää viettävistä nuorista, hyvin toimeentulevista henkilöistä. Termi on läheistä sukua termille "yup" eli juppi, jota ei pidä sekoittaa kuitenkaan juippiin. On myös selvitetty, että kantasana toffel viittaa hiljaisuuteen ja hitauteen sekä toffé tarkoittaa pitkäpiimäisyyttä (vrt. toffeen venyvyys). Toukokuu oli siis yhtäältä hyörimisen aikaa, mutta toisaalta viljan itämisen tarkkailu ja kesän tulon odotus oli hidasta ja pitkäpiimäistä puuhaa.

Suomalaisessa kulttuurissa toukokuuhun on jo vuosisatojen ajan liittynyt useita hedelmällisyysriittejä, joista edelleenkin - tosin muuntuneessa muodossa - yleisesti noudatetaan "kymeämistä", eli viljansiementen kylvämistä muinaisen koiranaamaisen jumalan Hallin kunniaksi. Mikäli Hallia ei saatu pidettyä tyytyväisenä, niin pakkanen tuhosi kylvetyn viljan, jolloin sanottiin Hallin vieneen sadon. Länsi-Suomessa "Halli" on myöhemmin muuttunut muotoon "halla", ja ihmiset ovat keksineet sanalle alkuperäisestä hieman poikkeavan merkityksen. Edelleenkin tunnetaan laajasti sanonta "halli housutonta haukkaa" jolla ihmisiä muistutettiin siitä, että talvivaatteet ja karvahatut kannatti pitää päällä vähintään helluntaihin saakka paleltumavammojen ehkäisemiseksi.

Toukokuu on myös ollut hyvin otollinen "riiaamiskuukausi" ja toukokuun lopulle, usein helluntain aikaan, sijoittuva hedelmällisyysjuhla edellytti kaikilla riiasteluun kykenevillä olevan heilan, jota ei sitten saanut vaihtaa koko kesänä. Vasta syyskuussa, ensimmäisten syyssateiden aikaan, sai sitten kesäheilan potkaista ulos ja ryhtyä käyttäytymään pilkallisesti kyseistä henkilöä kohtaan.

1. toukokuuta

Toukokuun 1. päivänä vuonna 1794 isojokelaiset maanviljelijät Tuomas Eerikinpoika ja Eeli Namaskarinpoika tekivät nykyisen Isojoen kirkonkylän kaakkoispuolella sijaitsevalta Puuttomansuolta merkillisen löydön. Miesten ojittaessa vetistä suota alkoi pintasammalen alta löytyä tummia karkeita karvoja. Miesten kaivaessa syvemmälle todettiin, että suohon oli hautautunut suunnattoman suuri, tummakarvainen, torahampainen ja pitkäkärsäinen eläin. Paikalle kutsuttiin kylän väkeä ja alkeellisilla taljoilla ja muilla nostolaitteilla tuo kummallisen eläimen ruho saatiin maan pinnalle. Kyseessä on maamme ainoa mammuttilöytö. Tieto kummallisen eläimen löytymisestä levisi kulovalkean tavoin ja noin viikon päästä löydön suorittamisesta paikalle saapui myös Oulun piispa Manasse Getzelius, joka tuomitsi löydön olevan itse perkeleestä ja määräsi eläimen hävitettäväksi polttamalla. Löydetty ruho hävitettiinkin, mutta vuonna 1922 Isojokelaisen Kotolan talon vintiltä löydettiin mammutin selkänikama, joka sai kunniapaikan vastaperustetussa Suomen kansallismuseossa.

Isojoen mammuttilöydöstä on löydettävissä hyvin vähän kirjallisia merkintöjä eivätkä esimerkiksi kirkonkirjat mainitse tapauksesta sanallakaan, vaikka yleensä niihin merkittiin kaikki vähänkin tavallisuudesta poikkeavat tapahtumat. Edellä kerrottu tarina on voitu rekonstruoida piispa Manasse Getzeliuksen päiväkirjamerkinnöistä (julkaisematon, Getzeliuksen suvun hallussa oleva dokumentti) sekä Oulun hiippakunnassa säilytetyistä piispojen virkamatkakalentereista (salaiseksi julistettuja asiakirjoja).

Isojoella vietetään jokaisen toukokuun ensimmäisenä päivänä nk. suuren lehmän päivää, joka huipentuu lehmännahan polttoon juhlinnan päätteeksi. Kulttuurintutkijat eivät ole aikaisemmin voineet selittää tavan alkuperää, mutta yhteys mammuttilöydökseen on ilmeinen.

2. toukokuuta

Puuksuvaarassa vietettiin toukokuun alussa perkuupäivää. Päivän aikana siivottiin piha ja saatettiin pellot kyntökuntoon. Illalla oli tapana juoda tuoppi sahtia ja mennä aikaisin nukkumaan. Yleisesti ottaen kyläläisiä pidettiin kunniallisina ja ahkerina ihmisinä. Myöhemmässä, nk. tiedostavassa kulttuurintutkimuksessa (ks. esim. Keränen 1977 sekä Liimatta & Kumander 1977) on todettu, että luulo kyläläisten kunniallisuudesta ei pidä lainkaan paikkaansa.

Rutakon herätyskalenterissa päivä tunnetaan Sekulinpäivänä. Sekuli on jumalolento, joka on "kaiken epäonnistuneen, huonon ja epäkurantin emä". Sekulinpäivää vietettiin Ylä-Savossa käytellen kehnoja tarvekaluja, putoillen tikkailta ja jahdaten lehmiä, jotka karkasivat lahojen liekanarujen petettyä. Sekulinpäivän vietossa oivallinen apuväline oli myös pohjastaan mätä soutuvene, jolla käytiin kokemassa rikkinäisiä katiskoita (Rutakon herätyskalenteri 1914). Nykyisin uskotaan, että Sekulin palvonta on muistuttanut ihmisiä maallisen elämän epävarmuudesta ja sattumanvaraisuudesta. Sekulinpäivän vietto on nykyisin laajentunut koko maahan ympärivuotiseksi tapahtumaksi, johon valmistaudutaan tilaamalla nettikaupoista edullisia, epäkurantteja tavaroita.

3. toukokuuta

Toukokuun alussa, luonnon herättyä ja mahlan alkaessa virrata puissa, oli paras aika ryhtyä keräämään pajunvitsoja eli vitsaksia. Nuoret pajut olivat tänä nimenomaisena aikana notkeimmillaan ja sitkeimmillään, ja niistä oli helppo ryhtyä muokkaamaan sidoksia tarvekaluihin. Pajuvitsoista tehtyjä punoksia käytettiin mm. airojen hankaimissa, korien kahvoina, valjaiden siteinä ja tiedetäänpä Pohjanmaalla "häjyjä" pidätetyn käyttämällä pajusta punottuja alkeellisia "käsirautoja".

Kuopiossa päivään liittyy omituinen kultti. Hurmoshenkinen uskovien on uskonut "Kaappisen Topin" toiseen tulemiseen jo ainakin sadankahdenkymmenen vuoden ajan. Kaappisen Topi oli Kuopiossa vaikuttanut legendaarinen vossikkakuski, joka huolehti myös alkoholin myymisestä ja toimittamisesta janoisille. Viinan kotipoltto kiellettiin Suomessa vuonna 1866, ja tämä vaikutti merkittävästi alkoholin saatavuuteen ja kohonneeseen kysyntään. Hevosmiehet olivat liikkuvan ammattinsa puolesta sopivia viinakauppiaita, ja niinpä Kaappisen Topikin ryhtyi pimeän viinan myyntiin jo nuorena. Kuopiolaiset oppivat tuntemaan Topin tavat siitä, että jos Topin ajaessa vossikkaa lakin lippa osoitti eteenpäin, oli viinaa tarjolla, ja jos taaksepäin, oli myynnissä vain kiljua (Nykänen 2006). Topin kuolema aiheutti merkittävän saatavuusongelman Kuopion viinamarkkinoille, ja pieni joukko Topia suosineista asiakkaista alkoi toivoa ja uskoa Topin toiseen tulemiseen, kun maan päälle tulee paratiisi ja viina vapautuu. Nykyisin kultti on kutistunut muutaman kymmenen kannattajan kokoiseksi. tyypillisesti kannattajat ovat eläkeikäisiä miehiä, jotka pitävät kultin merkkinä päässään vanhaa lippalakkia, eli "lätsää". Tätä nykyä kultin kannattajat kokoontuvat aamuisin Kuopion kauppahallin kahvioon niin kutsuttuun toriparlamenttiin, odottamaan viinalla lastatun vossikan saapumista.

4. toukokuuta

Varsinais-Suomessa päivä on tunnettu Suolapäivänä. Naantalin markkinat on järjestetty vuosittain toukokuun neljäntenä päivänä jo 1800-luvun alkuvuosista lähtien, ja ennen vanhaan suolalaivat saapuivat maamme rannikolle juuri toukokuun alussa. Siksi Varsinais-Suomessa muodostuikin traditioksi se, että aina Saloa ja Koski TL:ää myöten ihmiset matkustivat Naantalin markkinoille suolaa ostamaan. Naantalissa suolapäivän merkitys näkyy edelleenkin siinä, että paikalliset osuuskaupat myyvät suolaa tarjoushinnoin toukokuun ensimmäisen viikon ajan. Suolan merkitys keskeisenä kauppatavarana on kuitenkin vähentynyt vuosien saatossa.

Itä-Suomessa, etenkin Parikkalan seudulla, on po. päivänä käyty työntämässä sirppi riihenseinän hirsien väliin. Tavan alkuperää ja tarkoitusta ei tiedetä.

5. toukokuuta

Keravan uusnatsit ovat viettäneet tätä päivää Jeesuksen uuden tulemisen päivänä. Tapoihin on liittynyt "Palavan ristin saatto" ja "Vedenheitto". Edellä mainittu tapa on yhdelmä Jeesuksen ristisaatosta ja Ku-Klux-Klaanin tavasta polttaa ristejä puuvillapelloilla. Jälkimmäinen liittynee, kuten tutkija Ala-Pelkola (1987) esittää, runsaaseen oluen kulutukseen. Mielenkiintoista on se, että tavat seuraavat toisiaan: vettä heittämällä sammutellaan poltettujen ristien kytevät hiillokset. On myös oletettu (esim. Väärtö 1956), että palavan ristin saatto on tapana läheisessä yhteydessä Pohjanmaalla poltettuihin pääsiäiskokkoihin. Pääsiäiskokot myös sammutettiin edellä kuvatulla tavalla.

Itäisellä Uudellamaalla ilmestynyt Porvoon Päivälehti julkaisi mielenkiintoisen uutisen 5.5.1877. Uutisen mukaan "pappi Johan Ludvig Runeberg oli tarjonnut kotonaan ihmeellisiä etelän hedelmiä rosinia (rusinoita, toim. huom.) joita Suomemme kamaralle on harwoin kantautunut". Uutisen mukaan myös Runebergin piika Alma Köyry oli saanut maistaa rusinaa, mutta "heittänyt sen sontaruumaan" ja miettinyt, pitääkö palveluspaikkaa vaihtaa, "kun jumalaa pelkääwäiselle ihmiselle tehdään moisia koiruuksia". Mielenkiintoiseksi uutisen tekee se, että Runeberg kuoli 6.5.1877. Anja Ikäritsa epäileekin teoksessaan (1976), että Runeberg tukehtui rusinaan tai kurkkuun juuttuneen rusinan aiheuttamaan kohtaukseen.

Ikäritsa kertoo kirjassaan varsinaisen rusinavillityksen alkaneen Suomessa välittömästi kansalaissodan jälkeen. Rusinoiden käyttö aloitettiin vuosittain huhtikuun lopussa käytön saavuttaessa huippunsa toukokuussa. Rusinoita syötiin kuitenkin etenkin Kaakkois-Suomessa vielä kesäkuussakin (Ikäritsa 1976). Se tiedetään, että Neuvostojoukkojen vallattua Viipurin 20.6.1944 neuvostosotilaat olivat hämmentyneitä löydettyään muutoin tyhjästä kaupungista tonneittain rusinoita. Asiasta tyrmistyneet Neuvostoliiton rauhanneuvottelijat pakottivat Suomen hakemaan rusinat pois kaupungista rauhanteon yhteydessä. Rusinoiden myyttisestä merkityksestä ennustamisessa on kerrottu huhtikuun 30. päivän kohdalla.

6. toukokuuta

Turengissa on jo kauan aikaa esiintynyt toukokuun kuudenteen päivään liittyvä kummallinen traditio, josta ensimmäiset muistiinmerkinnät ovat jo vuodelta 1632 (Rehbinder 1632). Toukokuun kuudentena päivänä pitäjän vanhat miehet, "äijät" tai "äijöt", kokoontuivat kirkon luokse esittelemään talven pitkinä ja pimeinä iltoina veistelemiään piipunkoppia. Häpeään joutui se talo, jonka vanhaisäntä oli tehnyt tökeröimmät piiput ja tiedetäänpä vanhuksia jopa mukiloidun tämän nimenomaisen syyn takia. Kilpailu piippujen valmistamisesta oli niin kova, että myös kouluikäisiä poikia värvättiin auttamaan piippujen tekemisessä. Tätä nykyä itsekin ikämies, maanviljelijä Perttu Ronkainen muistelee asiaa Keränderin (1987) mukaan seuraavasti:

> *Ihanhan minäkin olin kläppi siinä 1920-luvun alussa ja koulussa piti käyvä. Keväällä kuitenkin meidän äijä aina potki minut hereille jo neljättä käyvessä, että ennätin höyläillä ja hioskella sille piipunkoppien aiheita. Kyllä se raskasta oli, kon sitten vielä täytyi lähtä kahdentoista kilometrin koulumatkalle ja koulupäivän jälkeen kotiin tultua täytyi mennä sontaa luomaan navettaan ja puunsahuuseen ja vedenkantoon ja katiskoita katsomaan ja astumaan lampaita. Mutta ei me valitettu.*

Turenkilaiset piiput ovat tätä nykyä hyvin haluttuja ja arvokkaita keräilyesineitä, joita joskus saattaa löytää kaupattavan arvostetuissa huutokaupoissa.

7. toukokuuta

Päivään liittyy runsaasti uskomuksia Pohjois-Suomessa ja Kainuussa. Syynä uskomusten liittymisestä juuri tähän päivään lienee se, että napapiirillä aurinko siirtyy 7. toukokuuta ekvivalenssista askendanttiin. Yleisesti on uskottu, että varsinaisen kasvukausi pääsee tällöin käyntiin. Toukokuun 7:nteen päivään liittyviä sanontoja ovat mm. seuraavat: "Viikko touon alusta ja kaikki alkaa kasvaa kalua myöten" (Sodankylä). "Seittemännen jälkeen alkaa vilja kasvaa ja piiat tuloo helposti tiineiksi" (Posio). "Seittemäs tuo sadolle voiman ja häiriköt lavatansseihin" (Kuhmo). "Touon seittemäs poika tuopi taian pelloille" (Rovaniemi). "Kun seitsemännen jälkeen aloittaa kylvön, niin syksyllä saattaapi saada sadon" (Kittilä). "Poikkinainti seittemännen päivän jälkeen pitää heilat hehkeinä helluntaihin saakka" (Pello).

8. *toukokuuta*

Viistovankylässä, Perängässä on toukokuun 8. päivä ollut rukiin esikylvön päivä. Kyseisenä päivänä talojen isännät ovat kokoontuneet peltojensa laitamille ja alkaneet esikylvää ruista. Tapana on ollut herraseurassa mennä saunomaan kovan työpäivän jälkeen ja juoda monta tuopillista sahtia. Tutkija Kutale (1978, 45) on yrittänyt selvittää sitä, mitä tuo esikylväminen varsinaisesti on ollut. Hänen mukaansa tapaan liittyy jossakin muodossa ainakin kolme seikkaa, jotka ovat 1) kannunvalanta, 2) poliittiset heimoristiriidat ja 3) seisovan veden problematiikka. Teoksensa tulevassa, toisessa osassa, tutkija on luvannut tarkentaa tutkimustuloksiaan. Teoksen toista osaa saataneen vielä odottaa, koska tutkija Kutale hukkui vuonna 1981 tutkiessaan seisovan veden problematiikkaa.

9. *toukokuuta*

Kivennavalta Artukaisiin ulottuvalla kapealla vyöhykkeellä toukokuun yhdeksäs päivä oli varattu "päkiäisten" tekemiselle. Päkiäiset olivat ruisjauhopohjaisesta taikinasta ja risuista tehtyjä kuppeja, joita käytettiin lautasten sijasta kesäaikana. Päkiäisten käytöllä vältettiin hellan turhaa lämmittämistä, koska päkiäistä ei tarvinnut pestä lämpimällä - eikä tosin kylmälläkään - vedellä. Myös usein kesäaikana kuivuvat kaivot olisivat aiheuttaneet vaikeuksia astioiden pesulle. Käytetyt päkiäiset syötettiin eläimille ja joissakin tapauksissa myös talossa asuville vanhuksille: hyvän keiton jälkeen päkiäinen olikin maukas ruoka rasvan ja liemen imeydyttyä muutoin niin kovaan taikinaan. Risutkin olivat päkiäisten paistamisessa pehmenneet makoisiksi.

10. *toukokuuta*

Hämeessä on 1700-luvun alkupuolelta peräisin oleva perinne, jonka mukaisesti puheena olevana päivänä aloitettiin rakkopallokausi. Rakkopalloa voitaneen pitää jalka- ja koripalloilun alkumuotona: pelivälineenä oli pässin rakosta tehty pallo, jota yritettiin jaloilla siirtelemällä ja potkimalla saada pajunvitsaksesta taivutetun renkaan, nk. härjänsilmän läpi. Jokaisesta kylästä koottiin rakkopallojoukkue, ja kamppailut kylien välisestä paremmuudesta olivat usein ankaria ja väkivaltaisia. Rakkopallokausi päätettiin syyspäivän tasauksen aikoihin ja elonkorjuun aikaan pelikaudessa pidettiin noin kahden viikon mittainen tauko. Mielenkiintoista on se, että jalkapallon väitetään olevan peräisin Englannista, vaikka rakkopalloa on pelattu Suomessa jo noin sata vuotta aikaisemminkin. Tehelmän kirjassa (1982) on valaiseva artikkeli rakkopallon historiasta ja pelaamisesta sekä rakkopallokultturista.

Tosola (1876) kertoo Pylppölän seudulla toukokuun kymmenenteen päivään liittyneestä tavasta, jonka mukaan Pylppölän seudun naiset kävivät yhdessä katsastamassa sopivia helluntain riiauspaikkoja. Paikat jaettiin tasan niin, että helluntaina päästiin "riiaamaan" häiriöittä. Paikkojen jako oli usein riitaista, eikä tappeluiltakaan voitu välttyä etenkään parhaita paikkoja jaettaessa. Tosola kertookin, että "Suurnampan Aunella oli monena vuonna paras riiauspaikka, ja sen hän oli onnistunut voittamaan muun muassa talikkoa ja vesuria käyttäen. Aunen riiausonni oli kuitenkin vaatimatonta, koska kosiomiehet karsastivat takkuista, risamekkoista ja veristä neitoa".

11. toukokuuta

Osmon päivä koko Kanta-Suomessa. Osmo oli suomalaisessa mytologiassa Ahdin ja Ohdon veli, myyttisen kolmiluvun täydentäjä. Tutkimuksessa ei ole täysin voitu selvittää Osmon personifikaatiota, esimerkiksi eläinsymbolia, mutta se on kuitenkin varmaa (ks. esim. Kenkola 1987), että Osmon valtakuntana on ollut ilma. Hänen veljilleenhän ovat kuuluneet vesi (Ahti) ja metsä (Otso). Todennäköistä onkin, että Osmon toteemieläimenä on ollut lintu, esimerkiksi joku kotkista.

Ilma liittyy Osmon päivään myös joissakin tavoissa, etenkin niissä, joissa päivään ovat liittyneet kylvötyöt. "Osmo siittää pellot", on sanottu ainakin Väynävällä. Osmon päivänä on suoritettu myös uhrilahjoja, jopa ihmisuhreista on muistumia joissakin kansanrunoissa. Väitteeseen ihmisuhreista tulee kuitenkin suhtautua hyvin kriittisesti.

Juvalla on sanottu päivänä pihalle tulleista variksista: "Nyt tulliit Osmo omiasa hakemaan."

12. toukokuuta

Päivä on Tyrnävän seudulla juhlapäivä, jota vietetään Tyrnävällä vv. 1744-1777 vaikuttaneen kirkkoherra Efraim (Epra) Kullaeuksien muistoksi. Kirkkoherra Kullaeusta pidetään henkilönä, joka tutustutti tyrnäväliset polkan tanssimiseen, hevosvarkauksiin ja tappeluihin. Edelleenkin Tyrnävällä sanotaan, että Kullaeusta hurjempaa miestä ei ole kylillä näkynyt.

Tetrivaarassa ja lähipitäjissä toukokuun kahdestoista on puolestaan ollut päiväläisten päivä, jolloin torpparilaitoksen aikaan nk. päiväläiset, jotka tekivät viljelysmaansa ja asuntonsa vastikkeeksi sovitun määrän työpäivä isäntätaloon, pääsivät huvittelemaan. Päiväläisten juhlinta oli pääasiallisesti rajua ja Tetrivaarassa tunnetaan edelleenkin sanonta "riivaa niinko piru päiväläistä".

Toukokuun 12:tta päivää vietetään laajasti Snellmanin päivänä ja suomalaisuuden päivänä. Kyseessä on väärinkäsitykseen perustuva traditio: päivä on kylläkin Snellmanin syntymäpäivä, mutta suomalaisuuden kanssa asialla ei ole mitään tekemistä: Snellmanhan on itsekin syntynyt Tukholmassa, Ruotsissa. J.V. Snellman oli kuuluisa omituisista tavoistaan, ja hän hoiti suomutautista ihoaan (suomutauti tunnetaan nykyisin atooppisena ihottumana) makailemalla kesäkaudet aktiivisesti suossa, jonka humuspitoinen vesi ja emäksinen turve vaikuttivat myönteisesti ihon kuntoon. Suossa makailun Snellman aloitti vuosittain syntymäpäivänään. Suomalaisuuden päivä onkin tosiasiassa suomaanalaisuuden eli suossamakailun päivä. Kirkkonummella, Snellmanin kuolinpitäjässä, ryyhkäisimmät, kesivänahkaisimmat ja hilseisimmät ihmiset poljetaan edelleenkin suohon Snellmanin kunniaksi. 1950-luvulla Kirkkonummen säästöpankki lahjoitti "Snellmanin" eli 10 000 markan setelin sileäihoisimmalle kirkkonummelaiselle neidolle aina 12.5. pidetyssä "hipiäjuhlassa". Vuonna 1957 setelin sai kirkkonummelainen nuorukainen Verner Koskenparras, jonka sileään ihoon hipiäjuhlan tuomarit ihastuivat. Kun kysyttiin, millä Verner ajelee sileät poskensa, Verner vastasi "ajelen vain mopolla".

13. toukokuuta

Lampaanvillan karstaamispävä Karvialla. Tyypillisestä suomalaisesta tavasta poiketen Karvialla villoja ei alettu käsitellä heti keritsemisen jälkeen, vaan niitä säilytettiin talven yli kuivassa varastossa, nk. "levolla". Tavan uskottiin poistavan villasta "remun" jonka oletettiin johtavan väkivaltaiseen käyttäytymiseen: kokemus oli osoittanut pohjalaisten, jussipaitaisten miesten olevan usein riidanhaluisia puukkojunkkareita.

14. toukokuuta

Koirannevalla liittyy tähän päivään omituinen tapa, jossa "tuppea kulutettiin". Parhaimman kuvan tavasta saa Lunkioisen (1967) teoksesta, josta seuraava katkelma:

Äite kerto notta kyläl oli heän lapsuuvessa kulutettua tuppea. Lapset oli pantu maate ja sanottu, ettei saa tulla huoneeseen ei vaikka mikä rytinä eli paiske

89

*olis sieltä käyny. Ja sittä oli kulutettu tuppea. Äite sano, notta senkin tuppi
oli ollu useasti ihan nilellä seuraavana päivänä.*

15. toukokuuta

Ketmu ja Padamov kertovat kirjassaan (1994) seuraavaa:

*Lääsiössä toukokuun puoliväliä juhlittiin valmistamalla ruokaa koko
alkuvuoden ajan ruokailuista yli jääneistä "tähteistä". Usein pidot olivat
runsaita ja pöydät notkuivat huolella säästetyistä leivänkannikoista,
silakanruodoista, perunankuorista sekä jäniksenjänteistä tehdyistä
ruokalajeista. Aina ei voitu edes välttyä kinastelulta siitä, kuka sai syödä
viimeiset, padan pohjalle jääneet paleltuneista kaaleista tehdyt "möttöset"
tai joulukinkun nahkasta valmistetun "rullaatin". Ruokajuoman virkaa
toimitti yleensä väkevä, kuukausia käynyt sahti, jota oli pidetty "elossa"
sokeria säännöllisin väliajoin lisäämällä. Jopa joulun vietto jäi
merkitykseltään tämän hartaasti odotetun juhlan varjoon.*

16. toukokuuta

Tessun päivä muinaisessa suomalaisessa kalenterissa. Suomalaisessa
mytologiassa Tessu oli myyttinen hahmo, joka paimensi karjan kotiin, piti varkaat
loitolla ja kuseksi talojen nurkille. Tessu pyrittiin pitämään myötämielisenä
säästämällä hänelle riistaeläinten luut. Vanhoissa piirroksissa Tessu on kuvattu
kellertäväksi, koirankaltaiseksi, kippurahäntäiseksi ja pystykorvaiseksi olennoksi.
Tessunkuvia löytyy useiden vanhojen rakennusten seinä- tai kattomaalauksista.
Tessunkuvia ei pidä kuitenkaan sekoittaa Tussunkuviin, joita myös esiintyy
useissa julkaisuissa.

Tessunkuva Utajärveltä ja Tussunkuva Keiteleeltä.

17. toukokuuta

Toukolan kylässä päivä, jolloin veljekset vietiin metsään. Englantilainen tutkija Stone (1867) teki tavasta muistiinpanoja jo viime vuosisadalla. Seuraavassa ote hänen teoksestaan (suomennos toimittajien):

> *Kyläläiset kertoivat minulle suurperheen veljeksistä, jotka oli jo kymmenen vuoden ajan ajettu metsänpeittoon näin keväällä. Siinä piippua poltellessani kuuntelin rouva Aino Mettiäistä, joka eläväisellä tavallaan esitti kutakin veljestä ja näytti havainnollisesti, kuinka veljekset oli huijattu kaskeamaan koko synkkä metsä, joka aukeni kylän reunamilla. Nuorinta veljeksistä oli käärmekin kerran purrut kaskihommissa. Ilta jo alkoi hämärtyä, kun rouva Mettiäinen vasta oli pääsemässä tarinan lakipisteeseen, jossa yksi pojista otti nassakasta kulauksen vettä, mutta vedessä olikin muurahainen.*

18. toukokuuta

Muinaisen Jouppilan suuripitäjän alueella toukokuun kahdeksastoista päivä oli nk. nipsuamispäivä. Paikallisella murteella sanottiinkin, että päivänä "käydään nipsulle" tai "nipsalle". Nipsuamisessa ei aina voitu välttyä riidoilta eikä edes traagisilta onnettomuuksilta lähes transsinkaltaisessa olotilassa olevien kyläläisten nipsutessa auringonnoususta sen laskuun saakka. Agraarikulttuurin murros

91

vaikutti myös tämän tradition elinkaareen hävittäen koko tavan 1900-luvun alkuvuosikymmeninä.

19. toukokuuta

Raja-Karjalassa ja Kannaksella päivää vietettiin talvisotaan saakka nk. "yhdentoista tsasounan siunauspäivänä". Päivän vietto sai alkunsa vuonna 1798, jolloin ortodoksinen käännytystyö oli voimakkaimmillaan Karjalassa. Tiina Sorsa kuvaa kirjassaan (1977) siunauspäivän viettoa seuraavasti:

Eksploitatiivisen ortodoksisuuden symboliikka saavutti huippunsa tribaalissa rituaalissa, jota kutsuttiin yhdentoista tsasounan siunaukseksi. Vuonna 1798 Venäjän ortodoksisessa perinteessä hegemonis-administratiiviselta statukseltaan korkealla olevat henkilöt, nk. piispat, suorittivat fyysistä siirtymistä Suojärven ja Kivennavan välillä käyttäen kulkuneuvonaan natiiveja kavioeläimiä ja pysähtyen alkeellisin taajamiin, joissa populaation tiheys oli ympäröiviä alueita merkittävästi korkeampi. Näihin taajamiin oli Pietarin Patriarkka Fileimon antanut mahtikäskyn kokoushuoneiden rakentamiseksi edellisen vuoden syksyllä. Fileimonin ajatuksena oli, että näissä kokoushuoneissa eli tsasounoissa hoidettaisiin ihmisen esteettisiä ja regionaalisia rituaalis-spirituaalisia tarpeita ja samalla tuettaisiin heidän myyttiseen okkulttisuuteen taipuvaista henkiruumistaan.
Edellä mainitut piispa-henkilöt kiersivät katsastamassa näitä rakennuksia samalla suorittaen rituaalimenoja rakennusten sanktuoimiseksi. Kyseessä ei siis ollut spatiaaliselta ulottuvuudeltaan suhteellisen laajalle alueelle ulottuva "kiertäminen", vaan uusia rakennuksia kierrettiin eksteriöörissä sekä myötä-, että vastapäivään samalla heiluttaen palavia, hyväntuoksuista substansseja sisältäviä kontainereita ja lukien myyttisiä loitsuja. Natiiville populaatiolle metodit olivat vieraita eikä niiden symbolimerkitystä ymmärretty. Tästä syystä natiivit alkoivat kopioida rituaalia lisäten siihen omia pakanallisia elementtejään, nauttien hallusinogeenisiä sieniä (ks. Pentikäinen 1968) ja suorittaen teurasuhreja (ks. Kutu 1976). Tämä synkretistinen juhlinta, joka järjestettiin jokaisen vuoden toukokuun 19:ntenä päivänä, koki loppunsa Suomen jouduttua sille diplomatian asteelle itäisen naapurivaltion kanssa, jossa tarvittiin drastisia ja osin jopa violentteja toimenpiteitä negotiaatioiden ajauduttua maiden välillä umpikujaan vuonna 1939.

20. toukokuuta

Peruskartoituksen valmistumispäivä Tervolassa. Päivän juhlintaan kuuluu "uhraaminen metsän valkoisille risteille". Uskontotieteilijä Perseinen (1987) pitää tapaa muinaissuomalaisen kantauskon ja kristinuskon yhdelmänä.

Puheena oleva päivä on siinäkin mielessä historiallinen, että kyseisenä päivänä vuonna 1855 on Turussa tehty merkintä ensimmäisen banaanin tulosta Suomeen. Banaani tuotiin rahtilaivalla, mutta ei suinkaan osana rahtia: Laulikki-kuunarilla puosuna työskennellyt Nuutti Esikoinen oli ostanut ihmeellisen hedelmän jostakin espanjalaisesta satamasta, ja kuljetti banaania kotiinsa maisteltavaksi. Välttääkseen tullitarkastuksen Nuutti piilotti banaanin housuihinsa, ja laivaa vastaanottamassa ollut karanteenilääkäri Sigismund Frostelius kiinnitti huomionsa Nuutin oudosti ponkottaviin pöksyihin. Tarkastuksessa löydetty mustunut ja ryppyinen banaani aiheutti karanteenihälytyksen, jonka takia koko laiva asetettiin karanteeniin kahdeksi viikoksi. Lastia ei purettu eivätkä merimiehet päässeet tuona aikana maihin. Frostelius tulkitsi banaanin olevan jonkinlaisen ankaran sukupuolitaudin aiheuttama itseamputaatio Nuutti Esikoisen genitaaleissa. Kun vastaavaa tautia ei ilmennyt muilla merimiehillä, karanteeni poistettiin ja vain Nuutti kuljetettiin Helsingin Välskärinkadun kuppaklinikalle, jossa hän vietti useamman kuukauden. Frostelius hämmästeli, miten pudonneen elimen tilalle kasvoi nopeasti uusi elin, joka oli aivan terveen oloinen. Frosteliuksen selostus aiheesta (1856) on edelleenkin suomalaisen lääketieteen klassikoita. Banaania säilytetään toistaiseksi Helsingin yliopiston lääketieteen laitoksella.

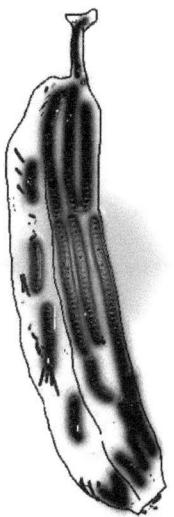

Nuutti Esikoisen banaani Helsingin yliopiston museossa. Kuva vuodelta 2019.

21. toukokuuta

Ennen sotia itäisessä Suomessa toukokuun kolmas viikko oli juhlaviikko, joka huipentui raattamapäivän viettoon. On otaksuttu, että traditio peräytyy udmurteilta, jotka kävivät kauppaa karjalaisten kanssa jo 1300-luvulla (Ganander 1866). Juhlaviikon runsaat traditiot ovat tähdänneet tulevien vuosien riistakantojen varmistamiseen uhrauksin, loitsuin ja manauksin. Toukokuun 21:nnen päivän aikaan juhlinta huipentui karsimalla ja kuorimalla elävä petäjä siten, että paljasta runkoa koristivat tyngiksi leikatut oksat. Oksiin ripustettiin sitten eläinten kalloja ja luita sekä rungon ympärille kiedottiin eläinten nahkoista ja jänteistä tehtyjä nauhoja. Seutukunnan väki kokoontui tanssimaan ja manaamaan hyviä henkiä uhripuun, nk. raattaman, ympärille. Monet lankesivat loveen tanssin ja huumaavan rummutuksen saattelemana. Kotimatkalla, juhlien loputtua, pyrittiin tarkkailemaan ympäristöä mahdollisimman tarkasti sillä oravan, riistalinnun tms. näkeminen tiesi hyvää riistakantaa tulevalle vuodelle. Ei ole tietoa siitä, millä tavoin traditio on jäänyt elämään sotien jälkeen, Suomen menetettyä alueet silloiselle Neuvostoliitolle.

94

22. *toukokuuta*

Päivää on vietetty Hemmon päivänä jo 1820-luvulta lähtien. Päivää on juhlistettu ympäri Suomea hemmottelemalla itseä ja kanssaihmisiä. Hemmottelu on usein konkretisoitunut Länsi-Suomessa ruuanlaittona, kun taas Itä-Suomessa hemmottelu on pääasiassa ollut rapsuttelua ja halimista. Pohjois-Suomessa tiedetään päivänä jopa pussaillun, joskin tavan voidaan olettaa olevan vain paikallinen variaatio. Keski-Suomessa, etenkin Pihtiputaan ja Viitasaaren seudulla miehet ovat perinteisesti hemmotelleet vaimojaan ja lapsiaan pidättäytymällä po. päivänä heidän pahoinpitelyltään.

23. *toukokuuta*

Muinaissuomalaisessa kalenterissa 23. päivä oli kevään päivä. Tällöin juhlittiin Ainon, ainoan suomalaisen feminiinisen jumalan syntymän päivää. Ainon alkuperäisen tarun mukaan hän oli Otson ja Penteleen äpäräpoika, joka kuitenkin halusi olla tyttö. Aino tuli tämän vuoksi hylätyksi ja joutui muuttamaan pois jumalten asuinsijoilta, Metsistä.

Kuljettuaan vuosia yksinäisenä, Aino repäisi eräänä päivänä kalunsa irti ja kaivoi kuopan sisälleen. Suomalaisen mytologian mukaan tästä alkoi naisen osa synnyttäjänä ja toisen sisällään kantajana. Päivän tapoihin on kuulunut uhrata kevään ensimmäinen lapsi tai kylän viriileimmän miehen kalu Ainolle. Ainosta on sittemmin muodostunut suojeluspyhimys transhenkilöille.

24. *toukokuuta*

Käsivarren Lapissa vietettiin po. päivänä "rajainrikkomapäivää" eli "tsahlua" (saam.). 1700-luvulla. Kyllästyneenä Kruunun alituiseen valvontaan ja määräyksiin, poromiehet ajoivat tokat Norjan puolelle kesäkuun loppuun saakka. On myös arveltu, että tapa liittyy verottajien veronkantomatkoihin, jotka suuntautuivat pohjoisimpaan Suomeen juuri touko-kesäkuun vaihteessa.

25. *toukokuuta*

Satakunta ja Pirkanmaa ovat jääneet tässä teoksessa hyvin vähälle huomiolle johtuen pääasiassa siitä, että kyseisissä maakunnissa ei ole ollut merkittävästi tapoja ja uskomuksia. Mm. Heimo ja Munattu mainitsevat kirjassaan (1988), että

"Pirkanmaa ja Satakunta ovat perinteeltään köyhiä ja ihmiset ovat kautta vuosisatojen olleet haluttomia omaksumaan traditioita". Vastaavan suuntaisen tulkinnan tarjoavat mm. Keränen (1977) ja Kenttärauta (1958).

Kenttäraudan (1958) mukaan "Satakuntalaiset ovat olleet pääasiassa kiinnostuneita hevosella ajelusta eivätkä he ole vaalineet perinnettä", ja Keränen (1977) puolestaan toteaa Tampereen ympäristön olevan "kauhistus kansatieteelle tapojen köyhyydessä ja vättöilyssä". Satakunnasta on kuitenkin kirjattu ylös toukokuun 25. päivään liittyvä seikka, josta kertoo Bonsdorff-Siikala (1988) näin:

Matriarkaaliset elementit ovat olleet leimaa-antava piirre satakuntalaisessa kulttuurissa, ja feminiini ajatustapa kulminoitui toukokuun 25:nnen päivän juhlintaan. Tuolloin valittiin naisten joukosta heimon johtaja, joka johti heimon niin metsästysmaille kuin kehdonkin ääreen ja taisteluun vainolaisia vastaan. Osoittaakseen uskollisuuttaan heimon johtajalle sekä miehet, että naiset kantoivat korvissaan koruja sekä vyöllään tai hevosen satulalaukussa puusta tehtyä nk. kännökkää tai kännöä, jonka tehtävänä oli viestittää ympäristöön tietoa kantajansa sosiaalisesta statuksesta ja alkuperästä sekä siitä, kenen johtamassa yhteisössä henkilö eli. Niinpä 25. toukokuuta on satakuntalaisuuden tärkein päivä ja samalla suomalaisen feminiinisyyden manifesti. Päivää juhlistettiin tanssein, ruokapidoin ja hartain uhrimenoin. Suomen itsenäistyttyä kännökät koettiin epätasa-arvoisuuden osoittajiksi, ja niinpä kännököitä tuhottiin kasoittain itsenäisen, demokraattisen valtion syntymäriittinä.

Kännö Nakkilasta. Erityiseksi tämän mallin tekee tuohesta punottu kotelo ja pirtanauhasta tehty rannehihna. Piirros Bonsdorff-Siikalan (1988) kirjasta.

26. toukokuuta

Kapteeni Suomalaisen (1567) muistiinpanoja:

Eräänä päivänä astui maailma valloilleen ja satutti kaikkia kulkijoita. Vastuulliset väistyivät omille pursilleen ja matkasivat muualle, toiset jäivät, kuluttivat maata ja satuttivat siskojaan. Jonkin ajan kuluttua meillä ei ollut muuta mahdollisuutta kuin juhlistaa tätä.

Puolangalla päivää on vietetty myyttisenä Rytkösen muistopäivänä. Tarinan mukaan torppari Rytkönen oli mennyt kaatamaan tulevan talven polttopuita Huitsinsuolle vielä toukokuun lopussa, vaikka lumien sulaminen oli jo hyvässä vauhdissa ja jäät olivat hauraita. Niinpä Rytkönen putosi suohon ja katosi. Kaikkien yllätykseksi Rytkönen ilmestyi takaisin kylälle kaksi vuotta myöhemmin tarkalleen 26.5. suohirviön hahmossa, ja "pelotteli kylän akat ja kakarat pahanpäiväisesti öristen ja hoippuen, alastonna, sammalet tukasta roikkuen" (Tepula, 1969). Väitteiden mukaan Rytkönen varasti osuuskaupasta piipputupakkaa ja vei mennessään kauhistuneen mummon pudottaman maitopäälärin. Ennen kuin Rytköstä päästiin juttuttamaan, hän katosi yhtä selittämättömästi kuin oli tullutkin. Tästä sanonta: "hävisi huitsin nevadaan". Paljaita jalanjälkiä seuraamalla pystyttiin kuitenkin päättelemään, että Rytkönen oli noussut suosta ja palannut sinne takaisin. Sittemmin Rytkönen on ilmestynyt Puolangalla satunnaisin väliajoin. Legenda on alkanut elää omaa elämäänsä ja saanut uuden hahmon mm. vulgaareina suohomo-vitseinä.

**Rytkönen puolankalaisen taiteilija Erno
Kemppaisen kuvaamana. Kemppainen on jättänyt
huomiotta vahvistamattomat tiedot Rytkösen
torahampaista ja kalanpyrstöstä.**

27. toukokuuta

Elmo Ventiö muistelee tositapahtumiin pohjautuvassa romaanissaan "Suomusjärven kaamea Saana" (1967) Vääksy-Lohja -suurpitäjästä peräisin olevaa päivään liittyvää tapaa, joka oli tunnettu Suomusjärvellä vielä 1960-luvun alussa. Ventiön omin sanoin kuvaama traditio on seuraavanlainen (toimittajain lyhentämä):

Inkku heräsi aamulla vintiltä. Siellä oli kesähuone. Sahanpuru haisi, aurinko oli lämmittänyt huopakattoa jo monta tuntia. Inkku pukeutui ja meni alas ja

*joi maitoa suoraan pääläristä. Muita ei ollut tuvassa. Inkku muisti, että nyt
on se päivä.*

...

*Inkku meni navetalle ja muut olivat jo siellä. Inkku sai oman seipään; joku
kylän naisista sen hänelle ojensi vakavin kasvoin. Sitten lähdettiin. Matka
kesti jalkapelissä monta tuntia ja Inkku ennätti ajatella moneen kertaan, että
olisi pitänyt juoda pääläristä toinenkin kauhallinen.*

...

*Vasta illalla väki palasi kotiin. Inkku oli väsynyt. Hän kiipesi vinttiin
peseytymättä, riisuutui, heittäysi vuoteelle ja nukkui unia näkemättä.*

28. toukokuuta

Päivä on yleensä kulunut jahkailuun ja maleksimiseen. Satunnaisesti heränneet
hyvät ajatukset tai aloitteet on poikkeuksetta tyrmätty ja hukutettu jaaritteluun ja
jossitteluun. Kun Suomi itsenäistyi, tämän tavan vaaliminen annettiin
kansanedustuslaitoksen tehtäväksi, ja tutkimusten mukaan traditio on edelleenkin
harvinaisen elinvoimainen. Tosin jotkut tutkijat ovat sitä mieltä, että siihen on
vuosituhannen alussa sulautunut mukaan perinteinen suomalainen älytön mölinä.

29. toukokuuta

Pietarin päivä. Pekko Pietarin poika oli suomalaisessa tarustossa kiertävä
kauppuri. Niinpä tästä päivästä tuli etenkin rajakarjalaisissa pitäjissä kauppiaitten
ja kulkumiesten päivä.

Erijoella päivän viettoon liittyi ns. vaeltaminen. Kylän nuorilla miehillä oli
tapana heti aamusta lähteä kiertämää aittojen ovilla, joissa nuoret naiset sitten
kaupittelivat tavaroitaan. Illalla keräännyttiin kylän mäellä sijaitsevalle kiikulle ja
kiikutettiin "kläpit helvettiin". Tohtori Revä (1989) onkin kirjoittanut teoksessaan,
että "tapa oli ensimmäinen suomalainen yritys säädellä syntyvyyttä.
Sentrifugaaliseen voimaan perustuva järjestelmä on myöhemmin todettu hyväksi
tavaksi. Tutkimuksissa onkin todistettu, että esim. karusellinhoitajilla syntyvyys
on hyvin alhainen verrattuna muihin tivolityöntekijöihin."

30. toukokuuta

Vielä välirauhan aikaan valmistettiin Kehvolla kaikissa taloissa pieniä puisia lippaita, joita sitten kyläläiset ojensivat toisilleen lahjaksi 31. toukokuuta. Lippaat olivat sen verran pieniä, että minkäänlaiseen säilyttämiseen tai yleensäkään hyötykäyttöön ne eivät kelvanneet. Vaikka tämä traditio katosi jatkosodan aikana, jäi perinne silti elämään variaationa: Kehvolla koulut päättyvät toukokuun lopussa, ja kaikille oppilaille jaetaan päättöjuhlassa paperipussi, jossa on omena ja karamelli. Pusseissa saattoi olla sisällä myös appelsiini ja karamelli, päärynä ja karamelli tai porkkana ja karamelli. Heikkolahjaisimmat ja opettajien suosikit joutuvat lisäksi esittämään juhlassa laulua ja tököröitä kuvaelmia. Erityisen suosittuja ovat nk. Jeesus-laulut, joihin tiedetään liittyneen myös rahalahjoja. Tapa elää Kehvolla edelleen, joskin juhlan ajankohta vaihtelee hieman vuosittain.

31. toukokuuta

Ruotsinkielisellä Pohjanmaalla, Juorungin (Skvallerby) kylässä, päivää on vietetty sivelemällä kotitalouskalusteet ja -koneet vastapyydystetyllä kampelalla. Tapa juontanee juurensa juorunkilaisen shamaanin Ludde Jönssonin (1774-1812) unesta, joka hän näki ollessaan 14-vuotias. Unessa ruotsinsuomalaisten veden jumala Neshabur ilmestyi Jönssonille ja "Neshaburin kosketus oli kampelankaltainen" (Törnudd 1977).

Pohjois-Suomessa toukokuun viimeinen päivä on lopettanut kevään. Kevään loppumisen symboliksi on aittojen avaimet ripustettu naulaan, eikä niihin ole koskettu ennen syyskuun alkua. Tiedetäänpä talonväkeä jopa rangaistun, mikäli joku heistä on mennyt lukittuun aittaan kesäkuukausina. Mm. Rutakon herätyskalenterissa (1914) on varoitus aittoihin menosta, josta seuraamuksena uhataan päähän putoavalla hirrellä tai tulikivellä. On oletettu (mm. Alakotila 1977), että kiellon tausta on rationaalinen: tupajumien tuhoamat aitat sortuivat helposti juuri kesällä, joten kiellon merkitys oli lähinnä kansan elinvoimaisuuden ja terveyden säilyttäminen. Merkitykseltään vastaavia kieltoja löytyy mm. Vanhan Testamentin Mooseksen kirjoista.

KESÄKUU

Useista virheellisistä luuloista ja väitteistä huolimatta kesäkuun nimi ei lainkaan liity vuodenaikaan. Sana "kesä" juontaa juurensa taka-moldovian murteesta, ja sanan suomenkielinen vastine on verbi "kesiä". Samasta kantasanasta on johdettu myös sanat kessu ja kepuli, jotka edelleenkin liittyvät läheisesti toisiinsa. Vuoden lämpimintä aikaa kuvaava sana on suomen kielessä ollut "suvi". On otaksuttu, että ajankohtaa on alettu nimittää kesimisajankohdaksi (=> kesäkuuksi) siksi, että talven jäljiltä iho on ollut herkkä palamaan auringonpaisteessa, jolloin iho on helposti kesinyt. Tähän viittaa myös itäkarjalainen kesäkuun nimitys "luomakuu", joka viittaa nahan luomiseen ja on jäänyt elämään luomien nimenä. Kessu-sana on jäänyt kieleemme elämään merkillisellä tavalla: sotilasslangissa puhutaan edelleen kesäkessuista, jotka ovat kesän ajaksi armeijan palvelukseen palkattuja aliupseereita. Koska armeija vietti aikaansa paljon ulkosalla oli luonnollista, että kessujen nahka kesi pahiten.

Kesäkuun alku on ollut suomalaisessa tapaperinteessä hyvin rikasta aikaa. Suomen laajuudesta johtuen kuun alkuun on liittynyt vielä pohjoisessa osassa maatamme paljon kylvämiseen ja kevääntulon varmistamiseen liittyneitä tapoja. Inarin seudulla on jatkunut vielä talviongintakausi. Eteläisessä Suomessa puolestaan kesäkuuhun liittyy jo elonkorjuuseen ja tulevan talven varalle valmistautumiseen liittyviä tapoja. Kesäkuuhun sijoittuu myös yksi suomalaisten suurimmista juhlista, juhannus.

Kesäkuuhun liittyville tavoille on myös ominaista veden suuri osuus tapojen toteuttamisessa. Veden merkitys kasvaa kesällä sekä sadon turvaamisessa, että jokapäiväisen elämän ylläpitämisessä.

1. kesäkuuta

Kesän alkuun liittyneistä tavoista mielenkiintoisin on Pertunmaalla pidetyt sulattajaiset. Sulattajaisissa oli tapana levittää talven aikana kerätyt jääkimpaleet pelloille ja näin kastella taimet ja varmistaa hyvä vuodentulo. Kuten tavasta saattaa arvata, ei maatalous oikein koskaan menestynyt Pertunmaalla. Kunta on edelleen Etelä-Savon köyhin ja vähäväkisin. "Pertunmaalla pienimmät miehet ja kitukasvuiset kakarat", sanotaan Etelä-Savossa edelleen.

101

Isäntä Kalevi Nummi levittää jäätä pellolle 1930-luvun alussa.

2. kesäkuuta

Vuonna 1982 haitilainen antropologi Bar B. Q. Chicken teki Suomen kannalta merkittävän havainnon: tutkiessaan zombie-kulttia hän törmäsi useiden lähteiden kautta Haitilla käyneeseen laivaan nimeltä Helmi, jonka kotipaikaksi oli merkitty Abo. Käydessään luentomatkalla Suomessa vuonna 1984 hän pääsi tutustumaan myös Turun merihistoriallisen seuran kokoelmiin, joihin oli tallennettu myös Helmin lokikirja vuodelta 1796. Seuranneissa tutkimuksissa paljastui Chickenin (1986) mukaan seuraavaa:

Lokikirjan merkintöjen mukaan Helmi oli terva- ja puutavaralastissa matkalla Länsi-Intian saaristossa. Pitkän ja vaivalloisen Atlantin ylityksen aikana ruoka kävi hyvin vähiin, ja merimiehet hankkivat lisäelantoa kalastamalla. Laivalla jungmanneina työskennelleet Sompion veljekset onnistuivat 2. kesäkuuta 1796 pyydystämään useita kummallisia piikikkäitä kaloja, jotka pystyivät pullistamaan itsensä lähes pyöreiksi palloiksi. Kalojen epäilyttävän ulkonäön takia muu miehistö ei suostunut koskemaan kaloihin, mutta Sompion veljekset tekivät niistä ruokaa. Pian ruokailun jälkeen molemmat veljekset kuolivat ilmeisesti kalojen aiheuttamaan myrkytykseen. Koska laiva oli hyvin lähellä Haitin rannikkoa, päätettiin, että miehiä ei haudata mereen, vaan he saavat kunnialliset hautajaiset maalla. Hautajaisten alkaessa todettiinkin, että kuolleiksi luullut Sompion veljekset olivatkin elossa ja niinpä laiva jatkoi matkaa Sompion veljekset mukanaan. Tapaus herätti suunnatonta huomiota Haitissa, ja legenda elävistä kuolleista sai alkunsa. Tällaisia kuolleista heränneitä henkilöitä alettiin kutsua sompioiksi, ja nimitys muuttui vuosikymmenien ja -satojen aikana muotoon Zombie. Lokikirjan mukaan Sompion veljekset palasivat matkalta takaisin Suomeen, joskin heidän työkykynsä oli suurelta osin kadonnut ja he "haahuilivat harmaina haamuina" laivassa. Muun miehistön keskuudessa Sompion veljekset joutuivat epäsuosioon syötyään paluumatkalla laivakissan aivot. On otaksuttu, että Sompiot palasivat laivamatkan jälkeen kotiinsa Raumalle.

3. kesäkuuta

Lieppaan Väyrylänkylässä on perinteisesti kesäkuun 3. päivänä saapunut taloon neljä jumalattoman isoa miestä. Pihalla he ovat puhutelleet ensin maitoastioita kantavaa piikaa, joka keskustelun lopuksi on hävinnyt maitokamariin vihasta puhisten.

Sen jälkeen miehet ovat astuneet pirttiin ja kysyneet talon tyhmimmältä aikamiespojalta jotakin. Aikamiespoika yleensä epämääräisesti nurkissa lymyten pyöreää pyllyään piiloitellen on hokenut heille mantraa: "Äitee tietää, kysykee emannukselta. Äitee tietää... kyysyykee emannukselta..." Tätä hokemaa on toistettu noin viisi minuuttia, ja neljä jumalattoman isoa miestä on keskenään rukoillut omia loitsujaan.

Lopuksi nämä neljä jumalattoman isoa miestä on kääntynyt emännän puoleen ja rumin heistä on kysynyt: "Mihinkään nuo 50 kuutioo halakoja veivataan, kun teillä ei näytä olevan kuin yksi ovi?" Emäntä on tavannut ottaa tässä vaiheessa risun käteen ja ripsiä sillä näitä neljää jumalattoman isoa miestä persuuksiin, hätistellä vastentahoiset ulos ovesta ja osoittaa isoa liiterin ovea ja sanoa: "Kattokee jumalattomat rantteelle!"

Yhä edelleen tänä päivänä jättävät kaikki Väyrylänkylän emännät liiterin oven valmiiksi auki siltä varalta, että nuo neljä jumalattoman isoa miestä ilmestyvät. Näin kertoo Lipanteri liiterihistoriallisessa tutkimuksessaan. (Lipanteri 1967, 47.)

4. kesäkuuta

Toisen maailmansodan eli ylevän isänmaallisen sodan jälkeen ylipäällikkö, tuolloinen presidentti Mannergeim julisti kyseisen päivän Suomen Puolustusvoimien lippujuhlaksi. (Päiväkäskystä on säilynyt vain sen venäjännös, joka löytyi Stalinin henkilökohtaisista arkistoista viime vuonna toimittajien ollessa vierailulla Pietarissa. Tämän vuoksi ylipäällikön nimestä on jouduttu käyttämään venäläistä kirjoitusasua. Joidenkin lähteiden mukaan oikea translitterointi on Manner-Gay. On myös esitetty, että päiväkäsky olisi sotapropagandaa.) Ohessa katkelma päiväkäskystä (Mannergeim 1946):

Suomen kansa ja sen urhoolliset sotilaat!

Tällä päiväkäskyllä määrään 4. päivän kesäkuuta Suomen Puolustusvoimien lippujuhlaksi. Lippumme, suomalaisuuden symboli, palveli meitä hyvin raskaiden sotiemme aikana. Siihen kääriytyi monen mies, veli ja sisko viimeiselle matkalleen. Sitä käytettiin telttatarpeina, siihen sidottiin haavat ja sen viimeiset riekaleet käärittiin rakkoisten jalkojen ympärille suojaa antamaan. Ja lopuksi ryssä polki sen suohon. Suomalainen soturi, ole ylpeä lipustasi.

Mannergeim,
Suomen tasavallan presidentti

5. kesäkuuta

Nikupeterin ja Velttiön (1968) mukaan päivä oli Rymättylän seudulla "veenviljelmäpäivä":

Muinaissuomalainen jumala Ahvo hallitsi uskomuksen mukaan troikkana Ynsäksen ja Tuumorin kanssa veden viljaa. Ahvon, Ynsäksen ja Tuumorin suosion varmistamiseksi Rymättylän seudun asukkaat pukivat yhden heimon kaksivuotiaista poikalapsista rohtimiseen paitaan ja pellavaan, sitoivat hänet nuorilla pajunvitsaksilla, asettivat veneeseen, nostivat vartavasten kudotun palttinaisen purjeen ja tyrkkäsivät veneen vesille nykyisen Rymättylästä pohjoiskoilliseen johtavan syväväylän tienoolla. Seudun asukkaat aloittivat ankaran juhlinnan veneen kadotessa saarten taakse, sillä uskottiin, että mitä runsaskätisemmin juhlittiin ja levitettiin siementä, sen suosiollisempi veden jumaltroikka oli seuraavan vuoden ajan. Tarina on tullut tunnetuksi myös kansainvälisesti, joskin muuntuneena: Sen mukaan kaksivuotias poikalapsi laitettiin niinikoriin ja lähetettiin virtaa alas. Tarina on joskus sijoitettu virheellisesti myös Lähi-Itään.

Perinteen uskottiin kadonneen 1900-luvun alkupuolella, mutta kesällä 1998 perinne herätettiin paikallisen sanomalehden mukaan uudestaan henkiin: Mökkinaapurit olivat sitoneet kesälomaansa Rymättylässä viettävän turkulaisen ekonomin vesiskootterinsa selkään ja lähettäneet merelle, joskin merivartiosto sai miehen pelastettua Iniön pohjoispuoliselta vesialueelta pahoin kylmettyneenä.

6. kesäkuuta

Bobackan rannikkokylässä tätä päivää vietetään suuren Kustaan päivänä. Tarina kertoo nimittäin seuraavaa (Jörnicksson 1987, 43):

Kuninkaallisen hovihistorioitsija von Döftassonin päiväkirjan mukaan Kustaa Vaasa lähti kesäkuun alussa vuonna 1550 aamukalalle Tukholman edustalle ruuhessaan. Vaikka yliluutnantti, kuninkaan adjutantti, Rudolfsson olisi halunnut päästä mukaan, oli kuningas kieltänyt tätä. Tämän jälkeen kuningas oli hävinnyt viikoksi. Hovissa asiasta nousi suuri hätä, mutta asiantilaa ei kerrottu kansalle. Myöhemmin paljastui, että kuningas oli torkahtanut ja ajelehtinut kohti Suomea rantautuen Bobackan kylään. Täällä nuori Maria neito oli ottanut kuninkaan huostaansa. Maria oli kuninkaan puheista ymmärtänyt tämän olleen suuren herran. Maria antoi herran tulla vuoteeseensa yöksi ja saatteli tämän sitten seuraavana päivänä veneeseensä ja lähetti kohti Ruotsia. Yhdeksän kuukauden kuluttua Maria synnytti poikalapsen herralle ja antoi tälle nimen Jösses Kustaanpoika, koska oli kuullut herran usean kerran maininneen tämän sanan hänen luonaan vieraillessaan. Kun tarina myöhemmin paljastui, alettiin kylällä viettää kesäkuun 6. päivää suuren Kustaan päivänä.

7. kesäkuuta

Tutkija Armas Aika kertoo teoksessaan (1997, 23) Suven päivän vietosta seuraavaa:

Suvi, ikuinen neitsyt suomalaisessa mytologiassa, on saanut osakseen palvovia menoja moniaalla suloisessa Suomessamme. Perskeikkulan kylässä Suven päivän viettoon on kuulunut ns. Neitsyiden saatto. Saatossa kylän nuoret immet ovat kantaneet kukkia läheiseen lehtoon, jossa he ovat uhranneet kukat Suvelle ja vannoneet ikuista siveyttä.

Omituista on, että kylän syntyvyys on huipussaan helmi-maaliskuussa. Suomalaisessa mytologiassa Suvi oli Hallan sisko. Halla, isoveli ja kaiken tuhoaja muistuttaa intialaisen mytologian Sivaa, jota ei pidä sekoittaa Siwaan, kaupan jumalaan. Suvi puolestaan on Feniks-linnun kaltainen. Suvi kasvatti kaiken uudeksi, antoi voimaa tulevan talven varalle ja kantoi pitoja aittoihin. Syksyllä Halla tappoi siskonsa, joka syntyi seuraavana kesänä uudelleen. Suven syntyyn liittyvä tarina kertoo hänen kuoriutuvan kesäisellä niityllä koiheinän (Artemisia absinthium) kukista. Koiruoho olikin tärkeä mauste jo kantasuomalaisena aikana. Sitä on käytetty mm. riistan ja merilintujen maustamiseen. Koiruoho on ollut myös tärkeä alkoholijuomien ainesosa ja perinteisesti on uskottu, että koiruohoviina on erinomainen afrodisiaka. Koiruohoa ei käytetä pelkästään maustevaikutuksensa vuoksi, vaan myös tujonin huumaavan vaikutuksen takia. Psyykkiset ja fyysiset sivuvaikutukset ovat kuitenkin niin voimakkaat, että mm. absintin valmistaminen on kielletty monissa maissa 1900-luvulla. Nykytietämyksen valossa on syytä karttaa koiruohoa ruokapöydässä. Suven palvontaan liittyviin menoihin onkin kuulunut koiruohon ylettömään nauttimiseen liittyviä näkyjä ja kerrotaanpa näissä kekkereissä monen ylensyöjän menehtyneenkin.

8. kesäkuuta

Päivä on ollut merkittävä koko maassa, sillä viimeistään tänä päivänä on sahti yms. käymistuotteet laitettu valmistumaan keskikesän juhlaa varten. Samaisen päivän perinteisiin on Länsi-Suomessa kuulunut naapurin veneen varastaminen kokkotarvikkeiksi. Perinteisiin on myös kuulunut perunapenkkien rikki potkiskelu, ja siemenperunoiden ja perunan alkujen heittely näreikköön korppien syötäväksi.

9. kesäkuuta

Vermulannin pitäjässä Kukka-Maria Aholainen kuoli 9. kesäkuuta. Niin se käy.

10. kesäkuuta

Sepon päivä. Seppo oli suomalaisessa mytologiassa teknologian ja työnteon jumala, mies, joka kesytti tulen ja taltutti sen avulla raudan ihmisten palvelukseen. Sepon velipuoli oli laiskuuden ja juoppouden jumala Vättö. Kuunioisilla on tätä päivää vietetty Sepon ja Vätön päivänä. Tapana on kylässä ollut valita päivän aikana sekä Seppo - kylän ahkerin mies, että Vättö - kylän laiskin mies. Sitten valittu Vättö saa koko päivän ajan mollata ja pilkata Seppoa, työhullua raukkaa. Päivä loppuu siihen, että Vättö leikkaa Sepon takomalla viikatteella tämän pään irti ruumiista, potkii sitä pitkin metsäteitä ja hautaa sen sitten suurimpaan kusiaispesään, jonka löytää. Kylän taloudellinen asema ja kehitys on heikentynyt huomattavasti tämän tavan johdosta.

11. kesäkuuta

Tornionjokilaaksossa 11. päivä kesäkuuta on perinteisesti pyhitetty Lekuumille, joka on pohjoisissa legendoissa usein mainittu kauppamies. Tepula (1969) kuvaa Lekuumin "homppelisuuntautuneeksi, vasenta jalkaansa liikkaavaksi, reppuselkäiseksi ja pussihousuiseksi hahmoksi, jonka näkee hämärinä kesäiltoina vilahtavan riihennurkan taakse". Lekuuminpäivän juhla oli tyypillisesti miesten juhla, jolloin Tornionjokilaakson miehet pukeutuivat kuin Lekuumi ja muutoinkin käyttäytyivät Lekuumin kaltaisesti. Legendat Lekuumista elävät vieläkin Tornionjokilaakson runsaassa kansanperinteessä, ja muun muassa sanonnat "vemppasoo kuin Lekuumi" ja "hetkuttaa kuni Lekuumi riihessä" ovat laajalti tunnettuja pohjoisessa Suomessa. Kulttuurivaihdon seurauksena tarinat Lekuumista ovat levinneet myös Etelä-Suomeen, ja juuri Lekuuminpäivän läheisyyden takia Ahvenanmaan itsehallintopäivä sijoitettiin kesäkuun 9:nteen päivään.

12. kesäkuuta

Suomungan kylässä, Terghu-tunturin juurella tänä päivänä ajettiin porot suolle. Niiden kaulaan ripusti kylän samaani ropsakaisen, joka sisälsi kuivattua sammalta, tuohenkappaleita ja ylivuotista menstruaatioverta. Ropsakaisen ajateltiin suojelevan poroja metsän pedoilta. Mielenkiintoinen piirre tavassa ja sen siirtymisessä nykyaikaan on, että kylän lapsille annetaan vielä tänä päivänäkin ropsakaiset mukaan heidän lähtiessään kouluun. Ropsakaisten katsotaan suojelevan heitä pedofiileiltä ja lestadiolaisopettajilta. Kolehmaisen Aaponkin kerrotaan todenneen, että "kun opettaja ropsakaista haistoi, niin jalat kävi niinko rumpupäristin ko se jänkhälle katos".

13. kesäkuuta

Etenkehainen olo. Millään ei ole mitään merkitystä. Muut menivät viettämään Korvootusta. Minä jäin kotiin. Menen sängyn alle, liu'un siitä hitaasti kohti nurkkia ja kuuntelen jysähdyksiä, jotka saapuvat joen rannalta. Heillä on siellä hauskaa, minulla täällä - vain paha olo. En jaksa enää, lopetan juhlimisen lyhyeen.

14. kesäkuuta

Vielä 1930-luvulla kesäkuun 14. päivä oli Kongikankaalla omistettu helpeiden ja törköttimien liparoinnille. Yleensä talon naisväki liparoi helpeet ja miehet vastasivat törköttimien liparoinnista. Joskus kierrettiin isolla porukalla talosta taloon auttamassa etenkin vähäväkisiä ja muutoin saamattomia liparointityössä. Luukkosen (1948) mukaan vauraammissa taloissa saatettiin jopa valjastaa hevonen liparointimatkoille. Konginkankaan Maholan kylässä tiedetään käytetyn tervaa törköttimien liparointiin ainakin vuosisadan vaihteen tienoilla, joskin tapa lienee ollut poikkeuksellinen: yleensähän liparoinnissa liukasteena käytettiin vaseliinia tai vernissaa.

15. kesäkuuta

Koko itäisessä Suomessa tätä päivää on vietetty kesän puolittajana. Iivantiirassa tätä kuvaa sanonta "Kesä halaki ja kita risaks" ja Souhtualla "Helevetin helevetti, kesä on puolessa ja akka eikun makkaa mahallaan". Nääskoskella on puolestaan todettu "kesä keskellä ja voita villasen piällä". Tapana on ollut varsin yleisesti lämmittää sauna ja hakata alkukesän pirut nahkasta tuoreilla vastoilla. Tierevässä tätä kuvaa sanonta: "Hakkoo akkoo ja ukkoo, nakkoo vettä kiville ja vasto pirut helevettiin". Mikäli koivuvastoja ei ollut saatavilla, kelpasivat toimitukseen myös katajavastat ja ylivuotiset halot. Hurjimmat kylpijäiset päättyivät saunan palamiseen, josta muistumana on seuraava Sukevalta oleva sanonta: "Sauna palo ko tuli tavin persiissä".

16. kesäkuuta

Muinaissuomalaisessa pakanuuden ajanlaskussa kesäkuun 16. päivän tienoolle sijoittui Päivön päivä. Päivö ja hänen vaimonsa Päivi olivat kesän eli valoisan ajan jumaluuspuolisot. Heidän päivänään alkoivat keskikesän Päivittäjäiset, jolle pohjalle kristinuskon loi oman juhannuksensa. Päivittäjäiset olivat muinaissuomalaisen kulttuurin suurin juhla. Kesä oli kukkeimmillaan, kevättalven puutostaudit voitettu ja seksuaalienergia pursui heimojen jäsenissä. Päivittäjäisiin kuului päihtymyksen ja promiskuiteetin ohella myös vakavampia tapoja, joiden tarkoituksena oli ylläpitää kosmista järjestystä. Eräs näistä oli nykyisen Tenavan tienoilla vietetyt Tähtijäiset. Tähtijäisissä manattiin Päivöä ja Päiviä palauttamaan syömänsä taivaan tähdet (tähteet) takaisin. Tapana oli, että kylän samaani nautti väkeviä kääpiä ja muita sieniä ja humaltuneessa tilassa oksensi symbolisesti tähdet taivaalle. Mitä kokkareisempaa oksennus oli, sitä parempi oli vuodentulo ja varautuminen tulevan talven varalle.

17. kesäkuuta

Perinteisen suomalaisen kalenterin mukaan Urhon päivä. Päivää on juhlittu kaikkialla Suomessa yhteisöllis-poliittisen diktatuurin päivänä. Luonnollisestikaan suomalaisessa kulttuurissa ei ole tunnettu yhteisöllisen politiikan käsitettä ennenkuin 1970-luvun suuren murroksen jälkeen, mutta sitä ennen Karjalassa ja itäisessä Suomessa samaa asiaa tarkoittava sana oli "tsaari" ja Länsi-Suomessa, joskin ulottuen aina Savoon saakka, "restentti". Perinteen mukaan yhteisöllis-poliittisen diktatuurin symboliksi valittiin kuuden vuoden välein Urho tai muu vastaava otus ja tutkimuksissa on selvinnyt, että kultti jatkui joissakin osissa Suomea jopa vuoteen 1982 saakka. Ko. vuoden jälkeen kultti on pahoin rappeutunut ja esimerkiksi Rantasen (1997) mukaan yritykset valita uusi Urho ovat tuloksiltaan olleet lähinnä "vesipäiden tuppien nyhjäämistä".

18. kesäkuuta

Tapion päivä suomalaisessa kalenterissa. Tapio oli metsän kuningas suomalaisessa mytologiassa ja siten metsäsuomalaisten suurin jumala. Tapion päivänä tunnelma oli pelokkaan harras. Pelättiin, että Tapio, so. luonto, valtaa takaisin sen alueen, jonka ihmisen kulttuurityö on hänelle itselleen raivannut. Tämän estämiseksi oli tapana viettää Tapion tappajaiset. Kuhtualla niitä vietettiin seuraavasti (Perä 1878, 34):

Kyläläiset toivat Tapion aukiolle. Se oli heinäkuhilas, jonka ylle oli ommeltu karhunnahka. Aluksi Tapiota lepyteltiin uhreilla. Saatettiinpa hänelle viedä jokunen nuori neitsytkin. Sitten Tapio sokaistiin heittämällä hänen silmilleen palavaa tuhkaa. Lopuksi Tapio murhattiin ja silvottiin ja vietettiin peijaiset.

19. kesäkuuta

Vermlannissa kesäkuun alun suurin juhlapäivä oli Veneiden allelaskun törsäys. Tästä päivästä kerrotaan seuraavaa (Kerppu 1987, 23):

Kylässä oli tervattu veneitä koko kevät. Yleensä tämä tervaus saatiin hyvään aikaan valmiiksi, mutta perinteiden mukaan viimeinen päivä, jolloin kylän kaikkien veneiden tuli olla tervattuna oli kesäkuun 19. Jos jonkun vene oli vielä puolivalmis, sanottiin, että kokkopuu palamaan ja ryhdyttiin sanoista tekoihin. Onkin hyvin vahvaa näyttöä siitä, että tapa levisi pikkuhiljaa koko maahan ja siirtyi juhannukseksi, jolloin erilaisten kokkojen poltto on kautta koko Suomen yleistä. Soutuveneiden poltto juhannuskokoissa on samaa perua. Tervaamattomien veneiden polttamisen lisäksi tämän päivän tapoihin kuului veneiden uittaminen. Jo aamusta koko kylän venekanta laski merelle ja ajoi Jumalniemen ympäri kilpaa. Jos viimeinenkin vene oli kylässä ennen iltakellon soittoa, oli vedenviljantulo taattu koko kesäksi.

20. kesäkuuta

20. päivä kesäkuuta on ollut poikkeuksellisen merkityksellinen Savossa ja Pohjois-Karjalassa. Merkitys perustuu lukujen magiaan ja myyttisyyteen: esimerkiksi Sonkajärvellä ja Outokummussa on sanottu, että "kun näen luvun 20 muistan, että se on tasan kaksi vähemmän kuin on päiviä reilussa kolmessa viikossa".

Savon ja Pohjois-Karjalan alueella laajalle levinnyt synkretistinen kultti (nk. Rautavaara-kultti) juhlistaa puheena olevaa päivää siten, että kultin jäsenet menevät kirkkoon, levittävät kirkon penkille korttipakan, alkavat tutkia korttien numeroarvoja ja muistella asioita, joita numerot tuovat mieleen. Aikaisemmin - johtuen juuri pelikorttien logiikasta - Rautavaara-kultin kannattajat käyttivät kalentereita, joissa jokaisessa kuukaudessa oli 14 päivää, mutta sodan jälkeen 14-päiväisen kalenterin käyttäjien määrä on vähentynyt merkittävästi. Ainoastaan joissakin paikoissa Rutakolla ja Kuusijärvellä noudatetaan vielä ko. kalentereita. Kalenterien mukaan kuukaudet ovat kaksiviikkoisia, joka on johtanut siihen, että sekä normaalina uutenavuotena, että viikon 24 lopulla eli kesäkuun 20:nnen päivän tienoilla, juhlitaan vuoden vaihtumista eli yhtenä normaalina kalenterivuonna kuluu kaksi Rautavaara-kultin vuotta. Rautavaara-kultin käyttämän Rutakon herätyskalenterin (1914) mukaan nyt eletään suunnilleen vuotta 219. Ajanlasku on aloitettu arvioidusta Tapio Rautavaaran syntymäajankohdasta.

21. kesäkuuta

Ahdin päivä suomalaisessa kalenterissa. Ahti oli suomalaisessa mytologiassa veden jumala. Ahdin valtaan joutuneiden katsottiin muuttuvan näkeiksi. Näkit olivat pelottavia olentoja, jotka halusivat sukulaisensa takaisin ja niinpä kukaan, jolta oli hukkunut joku sukulainen ei uskaltautunut veden varaan, ettei häntä olisi vedetty veden valtakuntaan. Hukkuneiden omaiset pyrkivät usein karttamaan myös peseytymistä. Ahdin juhlintaan ovat kuuluneet rantatulet ja kalastukseen liittyneet uhrit sekä peijaiset, eli kuten Vakka-Suomessa sanotaan, ahtiaiset. Ahtiaisissa tyypillisesti kylän väki ahtautui pieneen veneeseen tai ruuheen, joka sitten ylilastissa upposi rantaveteen. Housunsa kastelleita pilkattiin sitten pitkin vuotta.

22. kesäkuuta

Muinaissuomalaiset viettivät kesäpäivän seisauksen jälkeistä päivää Syksyisen kuoleman päivänä. Tästä voidaan päätellä, että muinaissuomalaisten astronomiset kyvyt olivat vähintäänkin yhtä hyvät kuin sumerilaisten ja arabien. Tavoille oli ominaista voivottelu ja marmattaminen sekä tulevan syksyn ja talven pelko. Syksyn jumala Marmatus tuli perinteen mukaan ulos maaäidin kohdusta juuri tänä päivänä ja alkoi kantaa valoa pois Luonnon suuresta talosta. Marmatuksen valtaa jatkui sitten aina talvipäivän seisaukseen asti, jolloin Joulu-Ukko - Ukko Ylijumalan eräs personifikaatio - tappoi Marmatuksen. Tasalukuisten aikojen vaihtuessa Marmatuksen tappamisen merkitys kasvoi suureksi, koska silloin katsottiin maailman eli Luonnon olevan suuressa vaarassa. Vuosituhannen vaihtuessa järjestettävät millenium-juhlallisuudet voidaankin palauttaa tähän Marmatuksen ja Joulu-Ukon taisteluun valon herruudesta.

23. kesäkuuta

Päivää on vietetty Tervolan seudulla Kertuupin eli Vatvotuksen päivänä. Seremoniat - ja koko kultin sisältö - vaihtelivat voimakkaasti vuosittain ja alueellisesti. On otaksuttu, että juhlapäivä ja siihen liittyvä löyhä tapakulttuuri ovat transformaatioita Ostjakkien tsahtsinn-päivästä, jota vietettiin satunnaiseen aikaan vuodesta epämääräisin rituaalein ja menoin. Vastaavantyyppinen juhlapäivä on ollut myös Ravannissa, jossa 23. päivänä kesäkuuta "meuhkattiin ja painittiin, elettiin levveesti, moikutettiin ja langettiin" (Vekara 1949). Ravantilaista juhlapäivää vietettiin paimenpoikien muistoksi.

24. kesäkuuta

Tätä päivää on Suomessa vietetty Kasteen päivänä. Tapa on syntynyt jo ennen jääkautta. Tällöin muinaissuomalaiset kunnioittivat suunnattomasti luontoa ja sen ihmeitä. Eräänä kunnioituksen kohteen oli jumalainen Kaste, joka ratsasti aamuyöllä ja kasteli kasvien lehdet virvoittavalla nesteellään. Kristinuskon tulon myötä päivään liitettiin Johannes Kastajan nimi, mutta se ei ole onnistunut peittämään alleen päivän alkuperäistä luonnetta.

Kesäkuun 24:een päivään on liitetty seuraava tarina Hauholta. Vaikka tarina ei suoranaisesti liity tapoihin ja traditioihin, kerrottakoon se tässä:

Juhannuksena Jalmari lähti pyörällä yrittämään yöjalkaan kylän toisella laidalla sijaitsevan Kivistön talon tyttären aittaan. Jalmari ei huomannut, mutta pyörän tarakalle istui jo lähtiessä Kuolema. Jalmari aikansa koputteli Kivistön Aunen aittaan, mutta sisäänpääsy aukenikin vain mukana kulkeneelle Kuolemalle. Kuolema asettui Aunen viereen kapeaan sänkyyn, mutta Kuoleman kauhtana oli pyöräreissun aikana törskiintynyt pahasti pyöränketjujen vaseliiniin, ja se vaseliini sitten sotki Aunen puhtaat lakanat. Tuostapa Aune tomerana tyttönä suuttui ja hääti Kuoleman ulos aitastansa. Siinä metakassa Kuolema unohti viikatteensakin aitan nurkalle. Kuolema yritti aikansa pestä kauhtanaansa Kivistön saunan lipeäpadassa, mutta vahva lipeä pilasi loputkin kauhtanasta. Niinpä sinä juhannuksena nähtiin Kuolema kulkemassa tiellä ilkialasti ilman viikatetta ja kiroilemassa voimallisesti. Jalmari ja Aune saivat myöhemmin toisensa ja elivät yhdessä vanhoiksi.

25. kesäkuuta

Sydänkesän jumalan Juh Anuksen päivä muinaissuomalaisessa mytologiassa. Juh Anus oli laiskuuden ja runsauden jumala, joka tarinan mukaan ulosti itsestään kesän lämmön ja sadon tulevan talven varalle. Myöhemmin päivä on muuttunut suomalaisessa perinteessä juhannukseksi. Ulostaminen on tässä kehityksessä muuttunut oksentamiseksi ja kesän lämmön juhliminen erityyppisten kokkojen polttamiseksi. Rannikolla suomenruotsalaisessa perinteessä olevat ns. juhannustangot liittyvät miehisyyden ja hedelmällisyyden symboliikkaan, joka oli myös ominaista Juh Anukseen liittyvälle maskuliinisuuden symboliikalle.

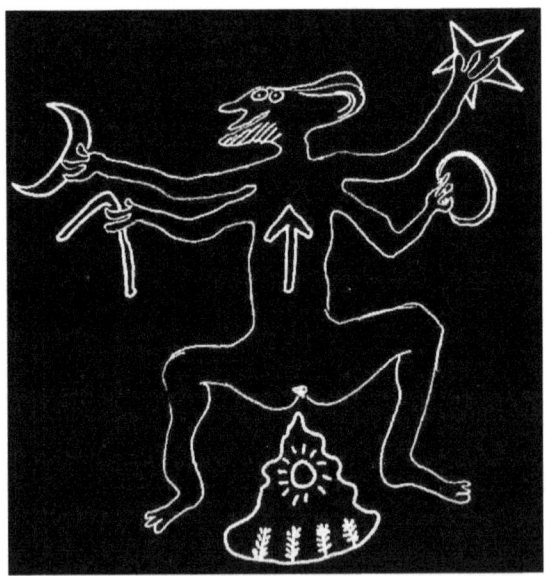

Muinainen kuva Juh Anuksesta, joka on juuri ulostanut auringon ja viljasadon. Harjavallan muinaiskalmistosta löydetty piirros. Merkille pantavaa on Juh Anukselle piirretyt "välikädet".

26. kesäkuuta

Pohjois-Pohjanmaalla päivä päätti riekkumaviikot, jotka olivat alkaneet Eenokinpäivästä. Sattumalta myös juhannus sattui samaan ajankohtaan.

113

Riekkumaviikkoina etenkin talojen aikamiespojat ajelivat hevosilla, tekivät töitä, riekkuivat iltamyöhään ulkona painien, raahasivat kylän heikompia ja vähämielisiä asukkaita kusiaispesiin ja syljeskelivät minne sattuu. Uskomuksena oli, että mitä kovemmin riekuttiin, sen paremmat heinäpoudat saatiin. Riekkumaviikkojen päätteeksi ripustettiin viikatteen terä talon oven päälle, joten heinänkorjuu hidastui merkittävästi etenkin köyhissä taloissa tämän tavan takia. Siksi pitkiä poutia tarvittiinkin heinäaikaan.

27. kesäkuuta

Topi toi minulle kukan joka päivä. Vaan koskaan 27. kesäkuuta se ei tuonut. Minä siltä kerran kysyin, jotta miksi et tänä päivänä. Niin se sano, että siks, kun minä oon niin ylpee. Minua niin korpesi se Topin sana notta minä sitä kartulla hivautin ja kuljin koko loppuvuoden nokka pystyssä enkä antanna, vaikka se monesti vonkas.

28. kesäkuuta

Kesän loppuun liittynyt tapa juhlia kaiken katoavaisuutta ja kuolemista on Kinnulan kylässä säilynyt aina meidän päiviimme asti. Kylässä on tapana ollut väheksyä ja turpailla koko päivä ja valittaa kaiken turhuutta. Tyypillisesti kaikki tavarat ja tarvekalut ovat kadoksissa, ja niitä sitten haeskellaan lähipitäjistä koko loppukesä. Varsinkin lapset, vanhukset ja vähämieliset laitetaan näille hakumatkoille. Vieläkin Kinnulassa nauretaan tarinaa, jossa poika haki veneen tappia kolmatta viikkoa eikä löytänyt.

29. kesäkuuta

Tyrvännön kylässä päivään liittyi rituaali, jossa vastamunitulla kananmunalla katsottiin se, minne päin kuu kääntää syksyn savotassa kaadettavat puut. Rituaalissa mentiin pellon reunaan ja pyöritettiin munaa tuohesta tehdyn alustan päällä. Mikäli muna osoitti pyörityksen päättyessä kotiinpäin, uskottiin, että savotta on tuottoisa. Savottapuiden mittaa koetettiin sillä, miten kauas muna saatiin heitettyä siten, että se vielä saatiin ehjänä siepattua käsiin. Onneton oli se raukka, jolla ei munanviskuu (paikallinen termi rituaalille) onnistunut: pahimmillaan epäonnisimpien savottamiesten tiedetään joutuneen kaatamaan muun rääseikön ohessa kuivia katajia ja tiheikköisiä vadelmapuskia.

30. kesäkuuta

Perinteisesti kesäkuun viimeiseen päivään on päättynyt vastantekoaika, joka alkoi toukokuun puolivälissä. Muljannon kylässä pyrittiin varmistamaan lehtien pysyminen talven varalle kuivattavissa vastoissa siten, että vastakset kerättiin alasti: kylän nuoret naimattomat rippikoulun käyneet pojat ja tytöt menivät "karvasillaan" vastaksia taittelemaan. Erityisen hyvin vastan uskottiin pysyvän lehdessä ("karvassa") silloin, mikäli tehdyllä vastalla pääsi lyömään vastakkaisen sukupuolen edustajaa paljaalle pyllylle.

HEINÄKUU

Heinäkuu-nimityksen etymologia on - yllättävää kyllä - yhteydessä hikeen, ja nykymuodossaan kuukauden nimen pitäisikin olla hikikuu. Muinaisina aikoina Suomessa pukeutumissäännöt velvoittivat ihmiset pitämään turkispäähinettä ympäri vuoden ja luonnollisesti, heinäkuun ollessa keskilämpötilaltaan vuoden lämpimin kuukausi, olo oli usein hikistä ja tuskallista. Hikeen viittaavat myös monet heinäkuuhun liittyvät sanonnat, joita ovat mm. "peä märkänä, kuni hiihtäjällä heinäkuussa" (Pertteli), "hiessä päntiönään, niinko Pentikäisen Akusti" (Kuhmo) ja "huokoset levällään niinkuin entisellä tytöllä heiniä polkiessa" (Rantsila).

Heinäkuussa on tyypillisesti syötetty edellisvuoden jäljellä olevat viljavarat eläimille ja valmistauduttu elonkorjuuseen. Vesannon suunnalla oli tapana kerätä viimeiset jauhot - nk. persvilja - talon vanhan emännän käytössä olleeseen kusisoikkoon, joka oli puhdistettu käyttämällä seitsemästä kukasta tehtyä sutia. Tästä viljasta leivottiin leivät talkooväelle. Viljalyhteille ja -kuhilaille katseltiin heinäkuun aikana säilytyspaikat (läänit tai leänit) ja iltaisin vahvat nuoret miehet kävivät harjoittelemassa puimista paikallisissa riihissä. Puintiin - ja yleensäkin elonkorjuuseen - käytetyt välineet kuten varstat, rusikat, nassakat, tiinut, rohelimet, väntit, muksottimet, taasvaikkurit, kartut ja päälärit korjattiin ja puhdistettiin, ja naiset alkoivat kuljeksia ylöskäärityissä hameissa jo heinäkuun puolivälissä.

1. heinäkuuta

Uusiseelantilaisten suomalaisten siirtolaisten joukossa heinäkuun alku oli yleisen masennuksen päivä. Tämä johtui siitä, että maanosan keskitalvi sattui keskelle kesää. Kaiken lisäksi luonnonolosuhteet eivät korvanneet tätä menetystä vaan kasvattivat paikallisten asukkaiden tuskaa sadekauden muodossa. Kento-uskonlahdon edustajat, jotka perustivat utooppisen yhteisönsä Uuden Seelannin Hurunuin kaupungin seutuville aloittivatkin adventtinsa synkissä merkeissä, kuten seuraava katkelma lahkon johtajan (Päätön 1878, 45) päiväkirjasta osoittaa - teos lienee ensimmäinen Uudessa Seelannissa painettu suomenkielinen kirja:

1.7.1875 aloimme Herran odottamisen juhlan helvetillisessä vesisateessa. Aloin jo ajatella, että muutto tänne olisi ollut erhe, kuin rikos synneistä, joita en ollut tehnyt. Yritin sytyttää tuohuksen valaisemaan seimen kuvaa, mutta tulukseni olivat kastuneet läpimäriksi. Lisäksi seimen olkiin oli jo muodostunut vihreä homeinen ketto. Yritykset lämmittää ja kuivattaa asumuksiamme ovat olleet turhat - puut ovat täällä kauttaaltaan vettyneitä ja telttamaisten asumustemme seinät, katot ja maalattiat läpimärkiä. Jumala koettelee, mutta ei hylkää.

2. heinäkuuta

Värttölässä uskottiin, että mikäli puheena olevana päivänä katiskoissa oli paljon ahvenia, niin talvesta tuli riiastelun kannalta heikko. Uskomusta kuvaa värttöläläisen mytologian veden jumalattareen Annikkiin liittyvä hokema "Annikilla ahaven persiessä".

Temmeksessä nuoret miehet puolestaan "katsoivat kartulla" tulevan morsiamen kuvan juuri heinäkuun toisena päivänä. Kosiohaluinen nuorimies istutettiin pirtissä penkin päähän ja joku poikaporukasta löi nuorukaista kartulla päähän. Uskomuksen mukaan huumauksen (tai hummauksen) aikana näki kultansa kuvan. Ei ihme, että Temmes on tunnettu omituisista naimakaupoista: nuorten miesten tiedetään naineen vanhoja silmäpuolia eukkoja, lehmiä sekä kanoja ja tiedetäänpä tapaus, jossa temmesläinen nuorukainen vihittiin karhun kanssa. Saattoipa käydä niinkin, että kartulla lyötiin morsiamen katsojaa liian kovaa, jolloin hummauksen sijasta näkyi pelkkää pimeää eli "hämyä". Hämyä nähnyt joutui olemaan naimattomana eli "kuivilla" seuraavan vuoden heinäkuuhun saakka.

117

"Hyrsöön Anttoni morsianta katsomassa".
Temmeksestä tallennettu tuntemattoman tekijän
piirros.

3. heinäkuuta

Savolaisessa perinteessä heinäkuun alkupuolella vietettiin Louhen päivää. Louhi oli suomalainen jumalatar, joka kylvi joka talvi pellot täyteen kiviä. Louhikkoiset pellot aiheuttivat sen, että Louhi oli eräs vihatuimpia suomalaisista jumalista ja samalla myös pelätyimpiä. Louhesta muita käytettyjä nimiä olivat Rakka ja Suppa. Suvantolassa Louhen päivänä on ollut tapana raivata aallot, so. vaihtaa saunan kiukaaseen uudet, rannalta noudetut kivet. Samalla vanhat kivet on heitetty järveen, Louhelle vastukseksi, ettei tämä toisi kiviä pelloille. Kivien heittelyyn on liittynyt myös rannalla heittelyn aikana huudettu hokema "louskuta Louhi littanoita, järsi Rakka koppuroita"

4. heinäkuuta

Värttölän kylän historiikissa löytyy maininta Tempuuttajaisista, joita kylässä vielä viime vuosisadan puolella vietettiin po. päivänä. Seuraavassa suora lainaus mainitusta teoksesta, jossa Paavo Väyry kertoo isoisoisänsä Eemeli Väyryn tarinan (Peuhu 1976, 123):

Meidän Eemeli oli pitkä mies ja sillä oli uusi taskunauris. Se veti kelloa aina perässään markkinoille, kun se oli kuullut, että kelloa pitää vetää. No siitä olivat kylän ämmät saaneet päähänsä jekuttaa Eemeliä ja herran vuona 1867 äitini mukaan ne olivat lähteneet Eemelin perään ja vaihtaneet kellon nyöreihin lampaan metsäpolulla Eemelin tuota huomaamatta. No Eemeli oli kulkenut koko pitkän matkan markkinoille ja perille tultuaan huomannut, että kello oli vaihdettu lampaaksi. Mutta sitten siihen sattui niin, että torilla oli ollut Ameriikasta takaisin muuttajia ja joku niistä oli halunnut vaihtaa kultanauriinsa Eemelin lampaaseen ja Eemeli oli tietysti tehnyt kaupat. Kotiin palattuaan ämmät olivat olleet odottamassa Eemeliä kylän raitilla ja pettyneet pahan kerran, kun mies ei ollut tullutkaan masentuneella mielellä vaan iloissaan. Ja hänen ilonsa eikun kasvoi, kun hän oli saanut ämmiltä takaisin oman kellonsa. Nyt Eemelillä oli kaksi kelloa ja hän oli kuulemma

huutanut: 'Että tulipahan temput tempuutettua.' Tästä oli syntynyt kylälle
perinne viettää joka kesän keskivaiheilla Tempuuttajaiset.

5. heinäkuuta

Viides päivä heinäkuuta päätti Turtolan seudulla niin kutsutut nileviikot, jotka alkoivat kesäkuun alkupuolella. Uskomuksen mukaan "koinurin nahka menee nilelle" ko. viikkojen aikana, jolloin avionrikkojat on helppo paljastaa. Ravantin (1955) mukaan kuudennen käskyn rikkojia piestiin kepakoilla ja jopa kivitettiin, ja arpisimmat miehet ja naiset nousivat erittäin korkealle kylän sosioekonomisessa statuksessa.

Vähikkälästä Oittiin ulottuvalla akselilla nostettiin ja syötiin kesän ensimmäiset perunat po. päivänä. Oletettavasti tästä syystä naapuripitäjä Loppi sai merkittävän markkinaosuuden Suomen varhaisperunamarkkinoista.

6. heinäkuuta

Ypäjällä heinäkuun kuudes päivä on vietetty nauramalla. Seuraavassa kuvaus päivän vietosta vuodelta 1965 (Kerppu 1976, 65):

Useat jatkoivat nauramista vielä kymmeniä minuutteja hihityksen loputtua.
Pirtin etuosan lattia täyttyi ihmisistä, jotka eivät päässeet pystyyn, vaan
makasivat lattialla, joko kouristellen ähkien tai nauraen. Kaikkien ilme oli
todella omituinen. Ei ollut ketään, joka olisi jäänyt paitsi. Eräs henkilö, joka
oli juuri tullut ulkoa, näki jonkun ystävänsä. Kun he halasivat toisiaan, alkoi
halattavakin nauraa ja kumpikin kaatui lattialle. Kaatuessaan he koskettivat
erästä vanhaa naista, joka alkoi myös heti nauraa. Tätä jatkui myöhäiseen
yöhön saakka.

Kun imatralaisen talollisen poika Aapo Kuumotti palasi kotiin Krimin sodasta vuonna 1856, hänellä oli mukanaan suuri nyssäkällinen kuivattuja esinahkoja. Kuumotti ei kertonut mistä oli nahat saanut, eikä myöhempi tutkimuskaan ole tätä kyennyt selittämään. Esinahat levitettiin esille Kuumotin talon leivintuvan penkeille ja orsille, ja tämä aiheutti suoranaisen kansainvaelluksen: seudun nuoret naiset ja myöhemmin myös miehet saapuivat tutkimaan esinahkoja hyvän naimaonnen toivossa. Tiedetään, että jotkut saapuivat paikalle kävellen Viipurista saakka. Esinahkojen äärellä tapahtui myös merkittävää parinmuodostusta ja suotuisaa geenien sekoittumista nuorten löytäessä kumppaninsa naapurikylää kauempaa (Lutti 1936). Muistinvarainen perimätieto ei kerro, mitä esinahoille lopulta tapahtui, mutta seudulla vietetään edelleenkin Esan tai Nahka-Esan päivää juuri 6.7.

7. heinäkuuta

Syvänmaalla kyseisenä päivänä tapettiin ensin kaikki lapset ja sitten kaikki naiset. Naisten ruumiit poljettiin läheiseen suohon ja lapsista keitettiin lihasoppaa. Tätä syötiin niin pitkään kuin sitä riitti. Lopuksi koettiin yleistä synnintuntoa ja alettiin juoda viinaa. (Varmasti 1987, 23.)

Putroisissa päivän vietto poikkeaa merkittävästi kaikesta muusta suomalaisperinteestä, eikä moderni tiede ole vieläkään kyennyt selittämään, mistä putroislainen tapa on saanut alkunsa: päivä on niin kutsuttu hempeilypäivä eli lällykkä, jolloin lapsia ja puolisoita ei ole hakattu eikä kanssaihmisistä - etenkään naapureista - ole ajateltu pahoja ajatuksia. Päivän vieton tyypillisiä tapoja on kutsua kumppania "höpönöpsykäksi" tai "nöpönassuksi", tuoda hänelle kukkia ja viettää kahdenkeskistä aikaa "julmalta maailmalta paossa". Seuraavana aamuna on onneksi järkiinnytty ja palattu takaisin arkiseen raadantaan. Lällykkäperinteestä kertovat mm. Putroisista löytyneet, tuohelle kirjoitetut rakkausrunot, joita tätä nykyä säilytetään Kansallisarkistossa. Esimerkkinä näistä runoista olkoon runo "rakas", jonka on signeerannut ja oletettavasti myös kirjoittanut Putroisissa 1884-1934 elänyt Tommi Taapermaa:

Lempesi kostea silmä
vilkuttaa minulle pimeässä
houkutellen
tuhannen ja taas tuhannen kosketuksen jälkeen
voin vain huokaista ääneen
rakas!

8. heinäkuuta

Revä mainitsee kirjassaan (1989, 97-98) seuraavaa:

Vepastossa nuoret naimattomat naiset suorittivat 8. heinäkuuta nk. tehelmän,
joka oli alkeellinen riitti raskaaksitulon ja aviottomien lasten syntymisen

120

estämiseksi. Illalla neidot menivät aittoihin alasti nukkumaan varattuaan ensin sänkynsä alle kirveen tai vesurin. Köyhimmissä taloissa myös puukkoja käytettiin tähän tarkoitukseen. Mikäli aitan ovelle tuli innokkaita kosiomiehiä, heitä hutkittiin tarkoitusta varten varatuilla lyömäaseilla haaroväliin, ja tällä tavoin saatiin ejakulaatio estettyä. Lääketiede ei ole vieläkään pystynyt selittämään tämän tehokkaan ehkäisymenetelmän medisiinistä syytä.

Vielä 1940-luvulla Homppelan kylässä Etelä-Pohjanmaalla hevoset valjastettiin po. päivänä takaperin kärryjen eteen Piispa Gebhardin muistoksi. Piispan kerrotaan saapuneen Homppelaan peruuttamalla, ja siksi kristinuskon väitetään juurtuneen heikosti kyläläisten mieliin.

9. heinäkuuta

Varusmiesten parissa on heinäkuun yhdeksättä päivää jo pitkään vietetty Konalassa Perään antamattomuuden -päivänä. Tapana on ollut kutsua ruotsalaisia alokkaita Sundsvallin maajääkärikoulusta yhteisiin juhliin. Juhlapäivä on saanut alkunsa Suuren isänmaallisen sodan toiseksi viimeisestä taistelusta, joka käytiin Lapissa 9. heinäkuuta 1946. Historioitsija Cunnus (1967, 23-56) kuvaa tätä unohdettua tapahtumaa seuraavasti:

Heinäkuun 9. päivän aamuna vuonna 1946 prikaatinkenraali Jästi antoi joukoilleen käskyn kokoontua yöpymispaikan läheisyydellä sijaitsevalle louhikolle Saanan etelärinteelle. Paikalle oli eksynyt myös joitakin ruotsalaisia maajääkäreitä ja heidät otettiin mukaan yhteiseen suunnitelmaan. Tarkoituksena oli hyökätä Norjaan ja valloittaa se Suomelle. Kenraali Jästi oli päättänyt, että hänen sotansa päättyisi voitokkaasti. Hyökkäys Norjan puolelle toteutettiin puolelta päivin ja se onnistui loistavasti. Norjan puolella ryhmän hyökkäystä vastusti vain yksi poro ja se ammuttiin välittömästi. Poro nautittiin myöhemmin voitonjuhlissa.

Huomautettakoon, että nykyperinteeseenkin kuuluu nauttia poronlihaa päivän juhlallisuuksissa.

10. heinäkuuta

Erronnan kylässä, Ketelissä voidaan vieläkin muistaa tähän päivään liittyvä, ns. vilkkuvan jalan tapaus. Se sattui kylän lähellä olevalla kesäniityllä. Aamulla, noin kello 6.35 kylän paras lypsäjä, Irma Nuutinen kulki niityn ohi ja pysähtyi kovan äänen kuullessaan. Kun hän katsoi ylös taivaalle, huomaisi hän siellä vilkkuvan ihmisjalan noin parin kilometrin korkeudessa. Jalka hävisi yhtä nopeasti kuin oli ilmestynytkin. Kyläläiset eivät ensin uskoneet Nuutisen kertomusta, mutta heidän mielensä muuttui, kun niityltä löydettiin viisi vuotta kuolleena olleen kyläsuutarin saapas, jossa oli uuden uutuuttaan hohkava jalkarätti.

11. heinäkuuta

Olli Turvottu muistelee päivän viettoa Alakotilan (1977) mukaan seuraavasti:

Vaan olihan se, he heh, mukavoo kun myö aina silleen, heh heh, siellä. Tuliit naapurikylistäi katsomaa, kun myö, vaikka jotkut sitä kattokin pahalla niin. Sillonhan myö aina porukalla mentiin ja oli meillä hauskaa. Aarettikin aina sitä samaa jankutti mutta myö muut olimma kyllä nohevia, heh heh. Oli niitä kyllä semmottiakin taloja, joissa eivät meitä edes sissään päästäneet, mutta myö mentiinkin ikkunasta. Kerrankin yksi vanha emäntä löi Tuunalan Pampsaa kapustalla ja kyllä myö naurettiin, heh heh. Siitä sitten riitti juttua nimittäin siitä päivän vietosta pitkälle talveen ja muisteltiin sitä varsinkin silloin, kun aisoja tuvassa veistettiin iltaisin. Heh heh!

12. heinäkuuta

Laa-Laa & al. (1998) ovat osoittaneet tutkimuksessaan suomalaisten geeniperimässä olevan muu-alleelin, joka on tyyppiä G1.2. Tämän perusteella tutkijat ovat tulleet siihen lopputulokseen, että ensimmäinen suomalainen syntyi maailmaan heinäkuun 12. päivä 35000 vuotta sitten. Siksi heidän mukaansa tätä päivää tulee viettää Ensimmäisen suomalaisen päivänä. Ehdotus päivän julistamisesta viralliseksi vapaapäiväksi on jo eduskunnan käsiteltävänä. Lisäksi perusteilla on Ensimmäisen suomalaisen kannatusyhdistys. Kotikulta-lehti järjesti vuonna 1977 lukijaäänestyksen siitä, mikä olisi sopiva nimi ensimmäiselle suomalaiselle. Äänestyksen voitti nimi "Hjördis". Äänestystulosta on kuitenkin epäilty manipuloiduksi, ja siksi valittu nimi ei ole saanut enempää julkisuutta.

13. heinäkuuta

Turvennavalla liittyy tähän päivään uskomus, jota kuvaa seuraava sanonta: "Jos kolomantenatoistapäivänä sylet haataisissa känsnilles ja pruutajat perrään, niin hävijäät nuo ryöhkät käsistäs tyyten." Koska känsät olivat etenkin maatyöväestön keskuudessa yleinen vitsaus, alettiin hautajaiset ajoittaa juuri heinäkuun kolmanteentoista päivään. Ruumiita säilytettiin porstuassa, liiterissä tai kuistilla jopa pari kuukautta. Tiedetään jopa käyneen niin, että jotkut aiemmin haudatut vainajat kaivettiin ylös ja haudattiin uudestaan 13.7. Sopivien haudattavien puuttuessa Turvennavalla on haudattu jopa eläviä henkilöitä ja Räätseppi (2020) kertoo myös tapauksesta, jossa lasten löytämä kuollut orava nimettiin sukulaismiehen (Kettusen Onni) mukaan ja haudattiin juhlallisin menoin perheen yhteiseen hautaan.

14. heinäkuuta

Heinäkuun puoliväli oli paras aika kerätä torajyvät talteen. Jyvät olivat jo saavuttaneet täyden kokonsa, eikä elonkorjuu tai muut talon tehtävät vielä pitäneet talonväkeä kiireisenä. Tehtävää varten lähetettiin vähätöiset rengit ja piiat sekä talon lapset pelloille torajyviä etsimään. Tervolan seuduilla oli oleellista, että torajyvien kerääjät eivät olleet käyneet rippikoulua. Talteen kerättyjä torajyviä kuivattiin kaksi kuunkiertoa, jonka jälkeen kylän tai talon vanhimpien naisten (nk. tora-ämmien) tehtävänä oli valmistaa jyvistä huumaavaa eliksiiriä, jota sitten nautittiin talven pitkinä iltoina. Tämä huume onkin ollut syynä monenlaisiin kansankertomuksiin ja näkyihin.

Rymättylässä torajyviä ja torajyväuutetta säilytettiin Pentikäisen (1968) mukaan siian uimarakosta tehdyssä pussukassa, kun taas Pohjois-Pohjanmaalla ja Lapissa säilytysastiana oli tyypillisesti pässin rakosta tehty kukkaro.

15. heinäkuuta

Pivotissa heinäkuun puoliväliä on juhlittu vertaantumisen vuoksi. Tapana on ollut kölehtiä koko päivä ja illalla on vietetty kröpsäjäiset. Niissä on tarjottu lipsikoita ja kanttupörriä sekä juomaksi tislappia. Lopuksi on vielä röhelletty yhdessä.

16. heinäkuuta

Rievän päivä Uutejoella. Tänä päivänä tuli talossa kuin talossa leipoa uusista nisuista ensimmäinen rievä, oli se sitten kuinka pieni tahansa. Perinteenä oli myös lisätä juustoa ja tomaatteja, köyhemmissä talossa lantun tai nauriin kappaleita, rievän päälle leivottaessa. Täten on todistettavasti osoitettu (Huhu 1987, 34), että nk. pitsan alkukoti on Uutejoella. Etymologisesti nimi pitsa on johdettavista lausumasta "Pittää saaha rievee", joka on sittemmin muuttunut lausumaksi "Pittaa saaha". Tätä ei pidä kuitenkaan sekoittaa lausumaan "On suatava". Samaa kantaa on pita-leipä, se on vain riisuttu malli pitsasta ilman päällysteitä. Tosin Uutejoen länsipuolella on pita-leivän tyyppistä leipomusta kutsuttu pitaseksi tai jopa pitkikseksi.

17. heinäkuuta

Vielä selittämättömästä syystä Ranuan pohjoispuolella päivää on vietetty jo vuosisatojen ajan turajaispäivänä, ja päivän viettoon kuului oleellisesti naamankakeiton syönti, "vellominen" ja "otteet". Ensimmäiset merkinnät turajaispäivästä on löydetty Gananderin almanakasta v. 1525 ja Ranuan koillispuolelta löydetyistä luolamaalauksista. Timo V. Jyystö on pohjalaisia ja lappalaisia tapoja käsittelevässä kirjassaan (1992) otaksunut perinteen kuuluvan nk. etäperäisten traditioiden piiriin, eli perinne on omaksuttu Suomeen jostakin muualta, oletettavasti siperialaisten kansojen keskuudesta. Oletusta tukee se, että myös hantit ja komsit viettävät Siperiassa vastaavaa juhlaa sydänkesällä.

Läntisellä Uudellamaalla on uskottu, että päivänä tehdyt rikokset kostautuvat tekijälleen tulipaloina ja kaivojen kuivumisena seuraavien seitsemän vuoden ajan. Kirkkonummelta aina Saloon saakka onkin päivänä vietetty "snygisti", tekemättä "kaikkii dorkii juttui".

18. heinäkuuta

Nurghannissa, Pohjois-Lapissa heinäkuun 18. päivä on merkittävä päivä kylän suuren surun vuoksi. Kyläläiset asettuvat tänä päivänä asemalle ja katsovat maahan kaivettuja ratapölkkyjä. Sitten he huokaisevat ja sanovat: "Ei tulhu rathaa tänne, tuli van pölkhyjä."

19. heinäkuuta

Päivä, jolloin Saara nauroi Hehkuassa. Perimätieto kertoo, että se johtui siitä, että talon herra kompastui lehmänjätökseen ja kaatui päistikkaa sikolättiin. Tämän vuoksi Hehkuassa järjestetään vuosittaiset naurajaiset, joissa valitaan kuluvaksi vuodeksi Saara ja Herra. Herraksi valittu henkilö puetaan hienoksi ja häntä heitellään kuivilla lehmän "kikkareilla". Herra pyrkii puolestaan "ihokosketukseen" Saaraksi valitun kanssa. Saaran tehtävänä on puolestaan olla iloinen koko vuoden ajan. Hehkuassa kiertääkin arvoitus, "miksi Saara nauroi?". Vastaus on "Koska herra koetteli häntä".

20. heinäkuuta

Päivä aloitti Karjalassa tulusviikon, jolloin kerättiin piikiveä ja kääpiä talven tarpeisiin. Paikallisia kääpien keräämiseen ja kuivaamiseen liittyviä riittejä on tallennettu runsaasti: esimerkiksi Huohvanassa Laatokan pohjoispuolella kääpämetsässä ei saanut puhua lainkaan. Suojärven seudulla käävänkerääjien käsivarsiin poltettiin "leimat" tuliterällä, so. ahjossa punaiseksi kuumennetulla puukolla, kääpäonnen varmistamiseksi. Kääpämetsät eli tulikot olivat talokohtaisia, ja niitä vartioitiin mustasukkaisesti. Terijoen käräjien pöytäkirjassa (1931) mainitaan vielä vuonna 1931 Simana Pahkeisen ja Petter Tsutsoin tuomitun kahteenkymmeneen raipaniskuun kääpien varastamisesta naapurin metsästä. Lisäksi Pahkeinen velvoitettiin syömään kerralla julkisesti varastamansa käävät.

Vastaavaa tulentekovälineiden keräämiseen liittyvää tapaa ei ole tunnettu Länsi-Suomessa, koska siellä tuli on sytytetty tyypillisesti tuohisella "ronsolla" (Varsinais-Suomi) tai pajun juurakosta tehdyllä "sytkällä eli sipposella" (Häme).

21. heinäkuuta

Ventin päivä suomalaisessa mytologiassa. Ventti, kiertolaisjumala Suomen panthenonissa, on suomalaisessa kantauskonnossa ollut pelureiden ja vikurien suojeluspyhimys. Ventin päivää on yleisesti vietetty korttia pelaamalla ja kaljaa litkimällä. Viimeisten löydösten mukaan pelikortit keksittiin Suomessa jo ennen jääkautta. Ne oli laadittu tuohelle ja kuvakortteina ovat olleet Ukko, Akka ja Kläppi, jotka ovat myöhemmin eurooppalaisissa korteissa muuttuneet kuninkaallisiksi. Saattaa olla, että korttien pelaamiseen on liittynyt jokin maaginen taka-ajatus, esimerkiksi ennustaminen (vrt. Flatus 1997).

125

Tänä nimenomaisena päivänä vuonna 1904 sattui Eurajoella Lörmän talon riihessä perin omituinen tapaus: talon lapset olivat riihessä varstoja tervaamassa, kun riihen ylisille ilmestyi äkillisesti "saatanan iso telekkä" joka ilmoitti lapsille "selevällä suomen kielellä, notta Ryssän Niku (tsaari Nikolai) saapi turpaansa jaappanilaisilta ja pitkän tuppipuukon keuhkoon" (Naamanka 1922). Eurajoella siis tiedettiin Venäjän-Japanin sodan lopputulos jo puoli vuotta ennen sodan päätöstaisteluita. Tapaus herätti paikkakunnalla merkittävästi huomiota ja telkkä kuvattiin myös Eurajoen vaakunaan, kunnes TPSL:n (Työväen ja pienviljelijäin sosialidemokraattinen liitto) kunnanvaltuutetut vaihdattivat kuvan purjelaivan kuvaksi vuonna 1961.

22. heinäkuuta

Seuraavassa tohtori Ruiskun (1956, 23) käännös ja tulkinta koivuntuohelle kirjoitetusta (poltetusta) ns. Naantalin koodeksista, joka löydettiin Ähvön kaatopaikalta kesän 1955 kaivauksissa heinäkuun 22. päivänä. Tuohi on hiilimenetelmällä ajoitettu n. 10 000 vuotta vanhaksi ja lienee niin ollen vanhin suomalainen kirjallinen dokumentti:

Valittiin uhri. Riisuttiin vaatteet. Sidottiin tervaiseen mäntyyn. Kaadettiin. Kannettiin kusiaispesälle. Valeltiin hunajalla ja tahdaksella. Lyötiin paalu pesän keskelle. Katsottiin. Muurahaiset söivät luurangoksi. Alettiin hymistä. Hiljaa. Nousevalla äänellä. Huudettiin. Hypittiin. Loppu. Ei jaksettu.

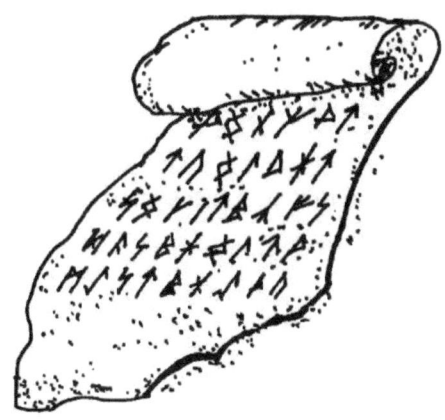

Naantalin koodeksi tohtori Ruiskun piirtämänä.
Ihmetystä on herättänyt koodeksissa käytetty
riimukirjoitus, jonka tiedetään olleen käytössä paljon
myöhemmin.

23. heinäkuuta

Päivään ei liity merkittäviä traditioita eikä myöskään paikallisperinnettä ole tallennettu kuin yksittäistapauksia. Laajimmalle levinnyt heinäkuun 23. päivään liittyvä tapa on ollut Kinnulassa ja Pihtiputaalla tehty "sikoinportti": Talojen pihoille rakennettiin edellisvuoden teurastuksessa kertyneistä luista ja hiilikoukuista matalia portteja, joista talon siat sitten juoksutettiin läpi. Jos sika sai selkäänsä nokiviirun juostessaan portista, uskottiin, että karja kasvoi hyvin seuraavana talvena. Mikäli portti taas rikkoutui sian rynnistäessä siitä läpi, uskottiin karjan pian sairastuvan ja lehmien menevän ummelle. Sikoinporttien rakentaminen oli uskottu tarkoin valituille henkilöille, usein kylän vanhimmille miehille.

24. heinäkuuta

Kyseisen päivän viettoon on Lapinlahdella kuulunut jo vuosikymmeniä kannunvalanta. Paikallinen valimomestari on heti aamusta ottanut hiekkamuotin esille olkikasasta ja laittanut metallin sulamaan. Päivemmällä kannu on valettu ja asetettu jäähtymään. Illalla siihen on lypsetty lehmät ja maito on syöty mansikoiden tai mustikoiden kera. Päivä on ollut mukava ja antoisa ja niinpä sen viettoa odotetaan kylällä jo lumien sulettua. Lapinlahdella päivää on joskus odotettu niin innokkaasti, että muut työt, esimerkiksi kylvö, ovat jääneet tyystin tekemättä koko keväänä. Lapinlahdelta onkin merkitty muistiin sanonnat "paskooko tässä, kun valanta alakaa, sano Holopaisen renki kyntämistä" ja "Voe tokkiisa nyt ei jouva sano Ruuskasen Aune, kun synnytyksen aeka olj käsillä"

25. heinäkuuta

Seuraava tarina on ote Tuomilaisen vuonna 1956 (s. 23) toimittamasta Kansakoulun lukukirjasta, osa 1:

127

Jaakko heräsi aamulla ja huomasi auringon jääneen pilven taakse. Alkoi olla viileää, ikään kuin syksyä ilmassa. Jaakko nousi, jätti vuoteensa ja kävi kipakasti järven rannalle. Hän aikoi mennä suoraan veteen, kuten oli tehnyt kesän jokaisena aamuna heti makeista yöunistaan herättyään. Mutta voi, vesi oli muuttunut kylmäksi. Suuttuneena Jaakko otti kiven rannalta, heitti sen järveen ja huusi raivoissaan: -Perkeleen perkele, että on vitun kylmää vettä!

26. heinäkuuta

Petroffin (1931) mukaan heinäkuun 26. päivä oli erityisen tärkeä monille Siperiassa asusteleville suomensukuisille heimoille, kuten komuuteille ja ohranoille. Tänä ajankohtana Siperian kesä oli lämpimimmillään ja sammal kuivaa, joten heimot ryhtyivät keräämään sammalta jalkineidensa ja jurtankaltaisten pömpeliensä lämmikkeeksi talven varalle. Keräämistyö huipentui 26. heinäkuuta pidettävään juhlaan (geaghtsshöi - komuutit, juenhuss - ohranat {vrt. suomen kielen sanaa "juhannus"}), jolloin heimojen samaanit pukeutuivat tuohesta tehtyihin lippalakkeihin ja sammalesta tehtyihin viittoihin, nauttivat pyhiä yrttejä ja puhuivat sekavia. Heimolaiset pääsivät juhlinnasta osallisiksi syömällä tiettyä myrkylliseksi luokiteltua rahkasammallajia (Hybernicus Siberii), joka sopivasti annosteltuna on voimakkaasti huumaavaa. Tyypillisin juhla-asu oli vaivaiskoivun tuohesta punottu nilkkarengas. Juhlaa vietettiin Petroffin mukaan lämmön varastoimiseksi talvea varten. Juuri tästä lämmön juhlasta johtuen Venäjän ja myöhemmin Neuvostoliiton salaista poliisia alettiin kutsua ohranaksi: poliisin tiedetään järjestäneen kuumia paikkoja monille aikalaisilleen.

27. heinäkuuta

Pyörtyällä tätä päivää on vietetty joka päivä. Tällä paikkakunnalla on muutettu todeksi laulun toive: "Oi jospa ihmisellä ois kesä ainainen". Tapa on vaikuttanut voimakkaasti paikkakunnan talouselämään: koululaitos ja Pyörtyän kalenteriteollisuus ovat pahoin rapistuneita, kun taas kesäleiritoiminta on poikkeuksellisen vilkasta ja samalla ympärivuotista.

28. heinäkuuta

Perkkulassa, Suomenniemellä tätä päivää on vietetty väripäivänä. Tapana on ollut, että perheen nuorin poikalapsi on ristitty Atsoksi ja hänen tehtävänään on ollut nimipäivänään tuoda muille perheenjäsenille juomaa heinäniitylle. Tästä on syntynyt paikkakunnalle puheenparsi: "Väriseep kuni pelto helteellä Atson juomaa tuuvessa."

29. heinäkuuta

Olavin päivä. Päivää on Suomessa vietetty Pyhän Olavi Nasarealaisen muistoksi jo 1500-luvun lopulta lähtien (ks. Anuskin 1956 ja Ganander 1866). Juhlinta on yleensä ollut Länsi-Suomessa varsin hillittyä, joskin paikallisia ylilyöntejä on tapahtunut vuosittain. Pyhä Olavi Nasarealainen on ollut Länsi-Suomessa riistan suojelupyhimys, joka ilmestyi usein metsästäjille huuhkajan hahmossa. Huuhkajien oksennuspalloista pyrittiin ennustamaan tulevaa riistaonnea ja eläinten liikkeitä, koska oksennuspallojen uskottiin olevan pyhimyksen viestejä ihmisille. Olavi Nasarealaisen merkitys on ollut Itä-Suomessa perinteisesti vähäisempi ja Pohjois-Suomessa kyseisestä pyhimyksestä ei ole piitattu vähääkään. Näillä alueilla järjestettiin kuitenkin Olavinpäiväjuhlia, koska ajankohdan katsottiin olevan sopiva juopotteluun, pahaan elämään ja mellastamiseen.

30. heinäkuuta

Viimeisen hien päivä Utsjokilaakson Pierran kylässä. Kyläläiset uskovat vahvasti, että heinäkuuhun loppuu kesä. Niinpä kyläläiset kaivavat tänä päivänä esille sukset, lumikengät ja porojen kelkat. Lapset villiintyvät tästä niin, että heidät pitää usein kantaa lähteeseen jäähtymään. Pahiten villiintyneitä rauhoitellaan puunuijilla ja kartuilla.

Taivalkoskella on heinäkuun lopussa vietetty Kyörkkelin juhlaa jo satojen vuosien ajan. Paikakkunnan useat aiheeseen liittyvät sanonnat, kuten "Kyörkki karjan kaunistaa", "Kurkeli heinissä huilaa" ja "Körkkö pyys päästä peiton alle ja piika pillua villaatti" viittaavat mystiseen Kyörkkel-hahmoon, jonka uskotaan tuovan seudulle vaurautta ja hyvää sadonkorjuusyksyä. Kyörkkeliä on kunnioitettu ja hyvitetty uhrilahjoin, eli tuomalla paikallisen Räättimäjärven rannassa olevalle uhrikivelle naurispuuroa eli "hyvettiä" tai "mässyä". Paikkakunnan naimattomat neidot ovat lisäksi tanssineet öisin uhrikiven ympärillä samalla hutkien toisiaan kuusenhavuilla. Tanssiin on kuulunut laulu "Körkkö Körkkö Kössinpoika, anna meille vähän voita, ja lehemäin tissistä kermaa". Uudemmassa tutkimuksessa (esim. Janhunen 2003) on näytetty toteen, että paikkakunnalla 1600-luvulla useita talvia viettänyt saksalainen luonnontieteilijä

Goergel on toiminut Kyörkkel-kultin innoittajana: toihan Goergel paikalle "rahhoo ja tavaroo".

Kyörkkeliä ei pidä kuitenkaan sekoittaa Köppeliin, jonka palvonta on saavuttanut myyttisiä mittasuhteita joissakin piireissä. Köppelin taustalla on seudulla 1940-luvun alussa vaikuttanut toinen saksalainen eli Josef Göbbels (usein käytetään kirjoitusasua Goebbels), joka toi seudulle "suklaatia, silkkisukkia ja kommeita poikia ja vei Tervaskankaan Ellin laivalla pois" (sama). Köppeli-myyttiin liittyy myös käsitys kyöpelistä ja kyöpelinvuoresta (Kemppaisen suvun kartano Siikavaaran laella), jossa Köppelin tiedetään asuneen ollessaan paikkakunnalla. Väitetään, että aikuiset, naimattomat naiset menivät Kyöpeliin etsimään miesseuraa Göbbelsiä vartioineista saksalaissotilaista. Siksi alettiin laajasti uskoa, että vanhojen piikojen paikka oli Kyöpelinvuorella. Tarinoiden mukaan miehennälkäiset naiset suorastaan tungeksivat Kyöpelissä 1940-luvun alkuvuosina. Uskoa tälle väitteelle tuovat Taivalkoskella edelleenkin tunnetut sanonnat "Meltiöisistä saakka piti vauhtia hakkee, että Kyöpeliin mahtui" ja "Hurskaisen muorikin pillunsa vasiten tervasi, jotta ois Kyöpeliin piässy". Nykyisin Kyöpeliin liittyvä tarinaperinne on tyypillisesti naamioitu huomattavasti vanhemmaksi. Syyt olivat YYA-sopimuksen voimassaolon aikana ulkopoliittisia.

31. heinäkuuta

Heinäkuun lopun ja elokuun alun taitteeseen liittyy usealla paikalla siirtymäriittejä, joilla kesä lopetetaan ja aletaan valmistautua syksyyn. Tapoihin liittyy runsaasti ruokaperinnettä, alkaahan suomalainen laari täyttyä jo tähän aikaan vuodesta uusilla tuoreilla elintarvikkeilla ja niin ollen ihmisille on jäänyt sekä aikaa että tarpeita nauttia luonnon antimista. Syöjäiset ynnä muut pidot ovatkin olleet ominaisia kuun viimeiselle päivälle. Syöminkeihin ovat yleensä liittyneet eläinuhrit, joiden sisälmyksistä on myös ennustettu tulevaa syksyä ja talvea sekä niiden ankaruutta. Kuusistolla on sanonta, jonka mukaan: "Jos rapamaha rallattaa, on syksyllä pirulliset ilmat." Empiössä puolestaan sanotaan seuraavasti: "Jos porsahan persiest valuu vertaa teuraal, nii talvel kuoloo vanhuksia kovil pakkasil."

ELOKUU

Suomalaisen kesän virallinen loppu. Tästä syystä etenkin kuun loppuun kuuluvat sadonkorjuuseen ja syksyyn valmistautumiseen liittyvät tavat. Eteläisemmässä Suomessa nämä ovat alkaneet jo usein heinäkuun lopulla. Elokuun tavoille on myös ominaista niiden katkeran suloinen värimaailma. Lähes kaikki suomalainen elokuuhun liittyvä tapaperinne kantaakin mukanaan syyskesäisen värimaailman ja siihen liittyvät sanonnat. Kervolassa kuului sanoa elokuun puolessa välissä: "Kaunis on morsian keväällä, keltainen elon aikana." Pertiössä puolestaan sanottiin pellon väristä seuraavasti: "Vuan se on perkele, miten kellertää tuo sänki."

Elokuun nimestä on olemassa kaksi yhtä todennäköistä teoriaa. Toisen mukaan (Skyrben 1987) kuun nimen kantana on saamen kielen juuri <khualo, joka on tarkoittanut maakuoppaa, jossa on hapatettu kaloja talven varoille. Samaa pesuetta on nykysuomalaisista paikannimistä mm. Kaavi, Kauniainen ja Kihujoki. Suomen kielen kuolema sana on myös laina tästä saamelaisesta juuresta. Merkityksen muuttuminen lienee selvää. Toisen teorian mukaan (Kautto 1988) elokuun nimen alkuosa on johdettavissa heprean kielen sanasta ´elos, joka tarkoittaa "jumala koettelee syntisiä ja hylkää heidät sitten". Tämän teorian mukaan suomalaiset muuttivat kolmetuhatta vuotta sitten Kaanaanmaalta Suomenniemelle kyllästyttyään paikalliseen Jahve-kulttiin, joka vaati heitäkin uhraamaan joka vuosi poikalapsensa. Kun suvun jatkuminen oli vaakalaudalla - nuorimmat miespuoliset jäsenet alkoivat olla jo seitsemänkymmenen paremmalla puolella - päätti Manasse Mooseksenpoika "Pate" Luottinen tuoda suomalaiset luvattuun maahan. Tänne saavuttuaan kesän loppupuolella, lausui hän juuri tuon sanan, josta elokuu sittemmin sai nimensä.

Nk. räsäsläisen kulttuurintutkimuksen selitys elokuu-nimelle, jonka nimi viittaa sadonkorjuuseen ja elosteluun, on nyttemmin hylätty.

1. elokuuta

Elokuu on aloitettu Mairen nimipäivällä jo 1850-luvulta lähtien. Nimi esiintyi kalenterissa ensimmäisen kerran vuonna 1853, joskin nimi sinänsä on ainakin 200 vuotta vanhempi. Vanhojen sanontojen mukaan on "elokuussa elo leveä, Mairella makiat mahlat" (Tyrnävä), "Maire elokuun alkaa, pieruun elämä päättyy" (Kymenlaakso) ja "jonsei Mairena suu makia, niin ei tiine marraskuussa" (Mynämäki). Maire on siis ollut myyttinen hahmo, jonka rooli elämän synnyttäjänä ja lopettajana on ollut keskeinen koko Suomessa. Nuoret neidot ovat Etelä-Pohjanmaalla "kylpeneet" alasti viljapellossa lapsilykyn varmistamiseksi

131

juuri Mairenpäivänä. Savossa Mairenpäivä on ollut perinteisesti suosittu hääpäivä ja aivan pohjoisimmassa Suomessa Mairenpäivänä sairaat henkilöt ja vanhukset hukutettiin tai muuten tapettiin "poies kuleksimasta" ja kuluttamasta arvokkaita talvivarastoja.

Syntymän ja kuoleman myytit kietoutuivat Mairenpäivänä toisiinsa myös siten, että kyseisenä päivänä syntyneiden lasten napanuorat katkaistiin useimmissa paikoissa viikatteella, jonka on perinteisesti katsottu olevan kuolemaan liittyvä symboli. Koillismaalla on Mairenpäivän tehtävänä ollutkin juuri viikatteiden ja sirppien teroittaminen sekä ruumisarkkulautojen laittaminen kuivumaan aitan ylisille.

2. elokuuta

Elokuun alku tunnetaan kovana ukkoskautena. Syy tähän asiantilaan tunnettiin eri puolilla Savoa jo viime vuosisadalla. Asian merkittävyyden vuoksi kirjoitti tämän asian keisarille tiedoksi vuonna 1863 vesantolainen kaivonkatsoja Malakia Ruoppanen:

> ... kahoppas kaverj (keisari), ku kaikhaa sen tietääpj jotta vessuonissa syntyy muasätteilyä. Se sätteily on suonissa, joissa se risteilööpj. Ja mätäkuun aekana kuu sattuupj sillä laella, jotta se on kohallaan oikeen sen muasätteilyn kanssa. Se sillain, kun separaattorissa ruppeep sitten pyörimmään kun kuu vettää sitä sätteilyä ja sätteilee ommoonsa. Se sitten pyörii, jotta muan ja kuun sätteilyt yhessä tekkööpj niinkö äkäseksi iliman ja se ärjähtelööpj ja karjahtelloopj. Sillain kun koeran turkki on äkäsellä ja napsii niin ukkospilvetkin napsii ja säkenöi salamoita. Teällä Vesannollannii on semmosia mäkilöitä, joista ei vettä löyvy vaikka miten kaevaes. Niistä ei näetsen sitten ukonilimakkaa tule kohalta. Kun ei ole vesjsuonii ukkosta tekemässä. Ehottaisiinnii, jotta lähettäisijä toiselle puolelle muata riskijä ojankaivajia laskemmaanj veet poes ja kuivattammaan moat. Ihte voesin tulla näättämään kaevojen paekat, jotta ne voetaisiin säelyttää. Hakkaraesen Topin kaevoja en seästä kuitenkkaan, kun se on niin kelju, vasitennii kehno ukko, ruoja. Kerrannii joep minun pontikat ja vielä kuksi eukkookii. Ja huonompi se on kaevojahhii ehtimmään ... (Venäjän arkistolaitos 1993)

Keisari oli kiitollinen tiedosta, joka auttoi vähentämään monia vakavia onnettomuuksia ja luonnonvahinkoja. Palkkioksi Aleksanteri kutsui Malakian Pietariin. Malakiaa pidettiin hovissa hyvin ja hän sai 250 kultaruplaa. Malakia jatkoi juhlimista kaupungissa ja kulutti rahansa kolmessa päivässä ryypiskelyyn, vosuihin, vossikka-ajeluihin ja siipiveikkojen velkojen maksuihin. Pennittömänä Malakia heitettiin eräästä krouvista ulos, josta hänet sammuneena korjattiin katupartion putkaan. Malakia yritti selvittää olevansa keisarin ystävä ja pyysi vapautusta. Tätä vartijat eivät uskoneet, vaan pahoinpitelivät tämän ennen tyrmään palauttamista. Putkassa sen 143 muuta vankia raiskasivat jonossa Malakian. Muut vangit edustivat eri kansallisuuksia: 87 venäläistä, 33 valkovenäläistä, 9 ruotsalaista, 8 kulakkia, 3 saksalaista ja 3 tsetseeniä. (Rysström 1999)

Malakia Ruoppasta pidetään tunnustetusti kaikkialla maailmassa salaojituksen isänä. Neuvonsa ansiosta Suomeen perustettiin vuonna 1872 senaatin alaiseksi Hänen Keisarillisen Korkeutensa Maankuivatus-Laitos Ja Salaojavirasto, josta on vähitellen muodostunut Suomen nykyinen kuivatus- ja vesihallinto. Malakia Ruoppasen pronssinen rintakuva on sijoitettuna Suomen ympäristökeskuksen vastaanottoaulaan.

Nykyinen luonnontiede on todennut Malakian teorian täsmälleen oikeaksi ja sitä opetetaan nykyään ainakin Yhdysvaltojen useiden osavaltioiden kouluissa.

Malakia Ruoppasen rintakuva.

3. elokuuta

Perkeleenjoella tätä päivää on vietetty Avoimen lihan päivänä. Päivän viettoon on liittynyt sotaisa retki naapuripitäjään, käynti kaatopaikalla ja huussin tyhjennys.

4. elokuuta

Mätäkuu on perinteisesti päättynyt Veeranpäivään. Mätäkuuta on vietetty kahden muinaissuomalaisen haltijan, Smegman ja Visvan kunniaksi. Smegma ja Visva ovat mm. avohaavojen, ruhjeiden, rokahtumien, paiseiden, hiertymien ja loisten hallitsijoita ja uskomuksen mukaan he olivat omalta osaltaan tuottamassa uutta elämää ja ylläpitämässä muutosta. Smegmaa ja Visvaa on juhlittu Veeranpäivänä syömällä hapatettuja ruokia, homeisia juustoja, mätiä kasviksia, kalojen mätiä ja muita teemaan liittyviä herkkuja. Orimattilan muinaisessa suurpitäjässä, joka alueena peitti mm. nykyisen Lahden kaupungin, talon vanhimman tyttären tehtävänä oli kerätä talon jäsenten ruvet vuoden aikana pieneen tuohiseen lippaaseen, ja kertyneistä ruvista sitten valmistettiin jälkiruoka, joka Orimattilassa tunnettiin nimellä "rahka".

Smegman ja Visvan palvominen sai modernin muotonsa bernsteiniläisessä sosialismissa, jonka ajatusmallin mukaan "liike on tärkeämpi kuin päämäärä". Smegman ja Visvan palvojatkin ajattelivat, että sillä ei ole väliä mädäntyykö jalka itsekseen irti vai pitääkö se amputoida: pääasia on se, että tulehdus ja märkiminen säilyy elinvoimaisena.

5. elokuuta

Varttimäkelässä on elokuun alussa ollut tapana teloittaa kaikki vanhukset. Vanhukset vietiin huussin taakse, ammuttiin ja heitettiin lantakasaan. Vuosien varrella vanhuuden rajaa on jouduttu kylässä aina laskemaan, jotta saataisiin vanhuskiintiö tapettua joka vuosi. Vuonna 1950 saavutettiin 13 ikävuoden raja. Sen jälkeen ei kylästä ole juurikaan tihkunut tietoja ulkomaailmaan.

6. elokuuta

Viidensientoista tribunaalien soittokunta Seittiöltä on jo satanakuutenakymmenenä vuotena järjestänyt juhlakulkueen 6. elokuuta Gnulahdella. Soittokunnan marssireitti on kulkenut rannikon pitäjien halki - Seissuon, Kervanderin ja Pokkolan kautta Gnulahdelle. Soittokunnan mainiossa historiikissa (Petturi 1998, 25) kuvataan tavan syntyä seuraavasti:

Isoisoenoni, kenraaliluutnantti Viimonen, oli keisarillisen armeijan kuudennen plutoonan soittokunnan johtaja. Hän päätti synnyttää Suomeen sotilassoittokuntaperinteen jo 1800-luvulla. Muutettuaan perintötilalleen

Gnulahden Impiöön, hän perusti paikkakunnalle Viidensientoista Tribunaalien Soittokunnan vanhan roomalaisen perinteen mukaisesti. Viime vuosisadan alun suurimpana ongelmana oli saada soittajille kutakuinkin säädylliset soittimet. Osa soittokunnan soittimista oli enoni peruja hänen aikaisemmalta uraltaan, mutta merkittävän osan soittimista takoi paikallinen kyläseppä Saxa von Niimen. Hänen suurin saavutuksensa oli puhallinsoitin, josta orkesterin soittajat käyttivät nimeä saksavoni. Kyläläisten hämmästys oli suuri, kun orkesteri esiintyi ensimmäisen kerran täydessä miehityksessä elokuun alun sadonkorjuujuhlissa vuonna 1828. Kerrotaan, että belgialainen Adolphe Sax kävi vierailulla Impiössä 1800-luvun alussa ja näki kyläsepän takoman soittimen. Tästä hän innostui kovasti ja vaati saada ostaa itselleen yhden soittopelin. Kyläseppä myikin erään koekappaleen ja kerrotaan hänen sanoneen (emt. 56) illalla rahoja juodessaan: -Hölömöjä nuo ulokolaaset, eivät ymmärrä soittopeleistä tuon taivaallista. Tuollekin hästärille möin semmosen pelin, jota en ite suuhuin laittas. Viärä torvi ja äänikii ko ukkomestarin pierussa.

7. elokuuta

Veikko Grandlund (1976) kertoo elokuun 7. päivän vietosta pappissäädyn keskuudessa seuraavaa:

7. elokuuta pidettiin Tukholman eteläpuolella Morassa piispan kuuleminen. Ruotsinvallan aikana Pohjanmaan ja Varsinais-Suomen papit ottivat veneensä ja purjehtivat Tukholmaan, josta matkaa Moraan jatkettiin hevospelillä tai jalan. Ruotsin kirkkolain mukaan piispan täytyi olla vähintään 90-vuotias, joten useina vuosina piispan kuulemisessa kuultiin lähinnä seniilin vanhuksen rykimistä ja höpinää. Erikoinen tapaus sattui Maunu II Tavastin aikana vuonna 1432, kun piispalta pääsi ns. paukku. Tästä suomalaiset uskonveljet hätkähtivät niin, etteivät saaneet unta moneen yöhön. Kerrotaankin (emt. 56), että tapaus nähtiin enteenä seuraavalla vuosisadalla tapahtuneelle uskonpuhdistukselle sekä konkreettisessa että symbolisessa merkityksessä

8. elokuuta

Tervopekkolassa pidetään jokakesäiset urheilukilpailut elokuun kahdeksas päivä. Lajeina ovat uinti, tuplasepaluksen levitys ja varovaisuus. Yleisesti kaikki kyläläiset ottavat osaa kisoihin. Pisin uintimatka, joka kerrotaan saavutetun, on kaksi kertaa Salkkolan saaren ympäri ja kerran pohjaan. Sepaluksen levityksessä puolestaan saavutettiin viime vuonna uusi ennätys, kiitos uusien joustavien materiaalien. Varovaisuudessa puolestaan ennätyksenä lienee pidettävä neiti Iita Lintiön saavutusta, jossa hän ei uskaltanut aamulla lähteä kisapaikalle, koska pelkäsi sukkahousujensa repeävän koitoksissa. Teoksen toimituskunta jää innolla odottamaan uusia tuloksia ja saavutuksia näistä mainioista kyläkisoista.

9. elokuuta

Kiertokouluissa ja muissa oppilaitoksissa vietettiin vielä vuosisadan vaihteen alussa riekkijäisiä. Tapana oli, että oppilaat nousivat elokuun alussa penkeille istumaan, viittasivat kovasti ja kun opettaja kysyi heiltä jotakin, alkoivat oppilaat huutaa isolla äänellä: "Anna ukko meillekin markanrahoja." Opettaja otti karttakepin, napsautti sillä koululaisia näpeille ja vastasi: "Elekeepä riekkijä." Tapaa harrastetaan kuulemma vielä joissakin oppilaitoksissa. Etenkin Savossa tapaan kuuluu oleellisesti myös se, että saadut rahat piilotetaan omiin liiveihin eikä niitä näytetä muille, ei etenkään koulun johtajaopettajalle elikkä rehtorille. Heimo ja Munattu arvioivat kirjassaan (1988), että riekkijäisissä vuosien aikana saadut ja piilotetut rahavarat ovat noin 24 miljoonaa nykyeuroa.

10. elokuuta

Karttulassa päivää on vietetty 1200-luvulta lähtien auringonpimennyksen valmistujaispäivän aattona. Tänä päivänä karttulalaiset ovat perinteisesti tehneet itselleen tuohesta silmälasintapaiset pimennyslasit eli tuohikot ja valmistautuneet auringonpimennyksen valmistujaispäivään haahuilemalla tuohikot silmillään ympäriinsä törmäillen esineisiin ja kiinteisiin rakenteisiin. On arvioitu (esim. Väärtö 1956), että tapa juontaa juurensa 1200-luvun lopulla Suomen ydinalueilla näkyneen supernovan sammumisesta, joka pimensi maiseman. Modernin kulttuurintutkimuksen mukaan (esim. Tussanof 1979 ja Ala-Pelkola 1987) tapa juontaa juurensa järjen valon sammumisesta Karttulassa. Vastaava teoria on suosiossa myös Karttulan naapurikunnissa, etenkin Tervolla.

Kymenlaaksossa on uskottu, että mikäli talon ikkunaliimapapereiden alta löytyy russakoita elokuun kymmenentenä päivänä, on talo russakoiden vaivaama koko seuraavan talven. Mahdolliset russakkalöydökset on perinteisesti syötetty vellin seassa talon liikuntakyvyttömälle vanhalle emännälle siinä toivossa, että russakat eivät enää majoittuisi näin ahnaaseen taloon.

136

11. elokuuta

Elokuun puolivälin tietämillä oli jo monin paikoin Etelä-Suomessa nähtävissä luonnon kasvuvoiman ehtyminen. Maasta eläviltä ihmisiltä ei jäänyt huomaamatta kasvien vähittäinen lakastuminen, kukkien kuivuminen ja kaiken luonnon vähittäinen elämänvoiman katoaminen. Myös päivien lyhentyminen ja hämärän lisääntyminen huomattiin, vaikka maalaispaikoissa mentiinkin maaten jo seitsemältä heti iltasuuruksen jälkeen. Elokuun lämpimät mutta kosteat säät synnyttivät vielä runsaasti ukkosia, joita pidettiin itse Ukkojumalan aikaansaannoksina. Kaikki tämä synnytti tietämättömissä talonpojissa ahdistusta ja lopun odotusta. Poikkeamat luonnonoloissa saattoivat johtaa merkittäviin tapahtumiin. Eräästä tapauksesta on jälkipolville säilynyt kuvaus matkakertomuksessa (Roikka 1928):

Kolmannen viikon lopulla matkallani Varsinais-Suomen koilliskolkalla saavuin Mahlaisten kylään. Etsin yösijaa taloista, jotka olivat kaikki tyhjilleen jätetyt kuin vainolaisen jäljiltä. Vihdoin valittavan äänen johdattamana löysin kyläläiset kokoontuneina joen rannalle, jossa suuri osa ihmisistä vaelsi hirvittävästi parkuen ja päätään pidellen. Muutoinkin tuntuivat kaikki olevan järjiltään isäntiä myöten. Erään piimänassakan päällä istui kuitenkin viisaan näköinen vanhus, joka selittikin tapahtuman.

Hänen vielä ollessa lapsi, oli metsien ja vainioiden yli puhaltanut ennennäkemätön tuuli, joka kauhistutti ihmiset pelkäämään, että kaikki heille elannon antava lähtisi äkillisen myrskyn mukana ja jättäisi heidät maan pinnalle kärsimään ja hitaasti kuolemaa tekemään. Pelko lisääntyi, kun linnut lakkasivat lentämästä ja laulamasta, mutta lopullinen sekasorto syntyi, kun aurinko lakkasi paistamasta. Onneksi kylällä oli neuvokas mies, joka keksi tähän Jumalan rangaistukseen keinon ja lepytyksen. Fransilan pitkätukkainen ja vähämielinen renki tiesi, että tämä syntinen maailma pitää pimennyksellä pyyhkiä synnistä ja puhdistaa, sillä Jumala ei kestänyt katsoa, kuinka ihmiset olivat hänen luomaansa tärvänneet. Eikä sitä hävitystä pitänyt ihmisenkään katsoa, tiesi renki. Ja niin hän tempaisi lähimmän ihmisen kainalonsa ja otti kupeeltaan vyön, jolla puhkoi onnettoman silmät. Tätä puhkomista hän jatkoi, kunnes aurinko jälleen alkoi paistaa. Renkiä kiiteltiin ihmeellisestä pelastuksesta. Kun saatiin luku silmänsä menettäneistä, niin havaittiin heitä tasan sata. Siitä alkaen ovat tänä päivänä onnettomiksi uhreiksi valitut joutuneet menettämään näkönsä, ettei Jumalan viha enää lankeaisi Mahlaisten kylän ylle. Samalla kyläläiset luopuivat Loimaan papeista, jotka vain makasivat ja lihoivat kivisessä kirkossaan, eivätkä tehneet mitään seurakuntalaistensa auttamiseksi. Renki nimitettiin pappien tilalle silmäinpuhkomisia ja muita menoja suorittamaan ja vakiinnutti asemansa niin, että hänen jälkeläisensä ovat aina tehtävään vihityt jatkamaan. Erottuakseen rahvaasta renki antoi mustan tukkansa kasvaa ja ryhtyi käyttämää mustasta parkitusta nahasta tehtyä vaatepartta. Kyläläiset vielä laittoivat kylänsä rajalle ristin väärin päin kiusaksi papeille ja merkiksi, ettei Loimaan pappien pidä siitä tulla enää pidemmälle.

Tänä päivänä kyläläiset kokoontuvat yhteen Jumalaa lepyttämään. Joka vuosi naapurikylistä houkutellaan kiljunjuonnilla nuorukaisia uhrattaviksi. Näiltä puhkotaan silmät ja kaivetaan ne päästä. Uskonnollisessa hurmoksessa kylän miehet saattavat liittää syntymän, elämän ja kuoleman kylvämällä siemenensä uhreihin. "Paskassahan se laiho aina paraiten kasvaa" – kyläläiset tästä sanovat. Vielä kuuluu syödä uhrien elimiä elinvoiman siirtämisen varmistamiseksi. Lopuksi uhrit paloitellaan ja jaellaan kylän tunkioille mätänemään ja vielä pelloille levitettäviksi sato-onnen siemeniksi.

Lähikyläläiset ryhtyivät vähitellen vieroksumaan Mahlaisten väkeä, joka eriytyi omaksi uskonnokseen. Näkönsä menettäneiden lukumäärän mukaan ryhdyttiin riitin suorittamispäivää nimittämään Sadan eli Satan päiväksi. Loimaan papit ryhtyivät kutsumaan näitä pakanoita Satanan palvojiksi. Naapurikyläläiset puolestaan siunailivat heistä puhuessaan "Sus satana". Kalenterissamme nimitykset ovat säilyneet nimipäivinä Susanna ja Sanna.

Satanalaisuus on maassamme pahoin taantunut. Varhaisen perinteen sisältöä ei enää tunneta, joten satanalaisuutta ilmenee enää lähinnä tapasatanalaisuutena. Tähän kuuluu käydä elokuun alussa hautausmailla hautakiviä kaatelemassa. Uudellamaalla on kuitenkin vielä fundamentalistisatanalaisia, jotka harrastavat näköuhreja. Näitä menoja he kuitenkin harrastavat enimmäkseen salassa. (Vähä-Rautio 1973)

12. elokuuta

Varren möllimispäivä Keuruulla. Tapana oli jo vuosisadan vaihteessa, että kylän suurin isäntä lähti pellolleen heti auringon noustua. Siellä hän istahti paksuimman varren juurelle ja alkoi mölliä. Möllimistä kesti noin viisi minuuttia, jonka jälkeen isäntä nousi, laittoi möllimänsä varren piiloon ja käveli takaisin talolle.

138

13. elokuuta

Nikupeteri ja Lerpa (1968) kertovat kirjassaan Rymättylän seudun tavoista liittyen elokuun 13. päivään seuraavaa:

Kyläläiset pakkautuivat veneisiin ja ottivat mukaan silliä ja tapseja. Sillit sidottiin tapseihin ja tapsit laskettiin hinautumaan veneiden perään. Pitkänä saattueena kierrettiin kaikki lähisaaret ja parhaat kalastusapajat. Uskomuksen mukaan sillin haju houkutteli paikalle runsaasti muita kaloja, etenkin nahkiaisia, ja tavan tarkoituksena olikin varmistaa seuraavan vuoden kalansaalis. Rymättylän seudulla usein elokuun puolivälissä riehuvat ankarat myrskyt upottivat runsaasti täyteenkuormattuja veneitä ja verottivat lähes vuosittain kyläläisten määrää merkittävästi. Oletettavasti tästä johtuen alueen nahkiaiskanta onkin ollut poikkeuksellisen elinvoimainen. Nahkiaiskantaa pyrittiin 1400-1800-luvuilla ylläpitämään myös sytyttelemällä kokkotulia muualle kuin merkinantokallioille, ja näin saatiin vieraita laivoja ohjattua karikkoisiin salmiin. Haaksirikkoutuneet ajettiin takaisin mereen, mikäli he onnistuivat pääsemään maihin. Myös alueen nimistössä nahkiasperinne näkyy voimakkaasti: Raadonsalmi, Hukkumakari ja Nahkeensyömä ovat hyvin tyypillisiä esimerkkejä vesialuiden nimistä.

14. elokuuta

Muurmannin radan rakennustöissä kuolleiden suomalaisten muistopäivä. Päivää on vietetty suurella hartaudella ja vilpittömyydellä. Tätä kuvastaa sekin, että Neuvostoliitossa julkaistiin aihetta käsittelevä surureunainen postimerkki jo 14.8.1967.

Vaasan lähistöllä, nykyisen Mustasaaren kunnan länsilaidalla, sijaitsi vielä 1800-luvun puolivälissä Ölmön saaressa kylä. Kylässä asui tarinaperinteen mukaan vaikka minkä näköistä "sukankuluttajaa ja karusellinpyörittäjää" ja Stella Jansson (2002) onkin epäillyt, että "kylä on kärsinyt eristyksissä olonsa takia voimakkaasta insestisestä perinteestä ja huonosta ravinnosta, joka on johtanut väestöpohjan kognitiiviseen rappeutumiseen". Ludvig Himberg julkaisi kirjan Ölmön kylän omituisista tavoista jo 14.8.1832. Ei liene vaikea arvata, mistä tarinat hölmöläisistä ovat saaneet alkunsa.

139

"Likainen ölmöläisakka syöpi käpyjä". Ludvig
Himbergin piirros.

15. elokuuta

Suomalaisessa ruokakulttuurissa marjat ja niihin liittyvät perinteet ovat olleet hyvin merkittäviä. Tätä kuvaa sekin, että jo kantasuomalaisen kulttuurin aikana elokuun puoltaväliä vietettiin Marjan päivänä. Vanhimpia päivään liittyviä sanomuksia on kerätty jo rajakarjalaisilta laulajilta. Suvastolassa on mm. sanottu: "jossei ou marjat mukkulassa mätikuun lopuil, niin käip häle talvel". Perä-Kuikkolassa puolestaan on patisteltu marjastamaan seuraavasti: "ny kläpit poimel tai piäksän teirät veril".

Synkretistisen uskon aikakaudella (1000-1200-luvut) suomalaiseen panthenoniin otettiin mukaan Marja, elon jumalatar. Tapana oli uhrata Marjalle syksyisiä antimia ja siunata kaikki talvea varten säilötty Marjan nimeen. Kristinuskon vallatessa Suomen muuntuivat ja siirtyivät Marjaan liittyneet uskomukset Mariaan liittyviksi. Täten Marjan perinne jäi elämään vahvana suomalaiseen kulttuuriin. Kaupankäynnin seurauksena Marjaan liittyvät uskomukset ovat levinneet myös angloamerikkalaisen kulttuurin piiriin. Esimerkiksi englanninkielinen termi "Mary with the Cherry", jolla tarkoitetaan Neitsyt Mariaa, viittaa suoraan elon jumalattareen Marjaan. Niinpä Englannissa on ollut jo keskiaikana tapana viettää tänä päivänä Hlammas-juhlaa, joka palautuu Suomessa vietettyihin uhrijuhliin.

Maria-mosaiikki Yltiälän kivikirkosta, 1500-luvulta.

16. elokuuta

Älyttömän hässäkän ja ryntäilyn päivä pitkin Suomea. Allen (1988) selittää hosumisen ja meuhkamisen sekä hötkyilemisen johtuvan siitä, että auringonpilkkujen määrä saavuttaa Fennoskandiassa huippunsa juuri elokuun puolivälissä. Kiteellä onkin todettu osuvasti (ks. Ruhonen 1977 sekä myös Yntäri 1955), että "kirkastus sekoittaa ihmisten päät" po. päivänä.

Vielä 1910-luvulla oli Posiolla vallalla paikallinen uskonnollinen kultti, nk. Enkkelismi, jonka pyhät kirjoitukset (ks. esim. Jyystö 1994 ja Anuskin 1956) väittivät jumalan eli Enkkelin luoneen ihmiset ja eläimet elokuun puolivälissä. Enkkelin kuviteltiin asustavan Rukatunturin laella, jossa hän sekoitti suuressa padassa ihmisten ja eläinten rakennusaineita. Luonteenominaisuuksien uskottiin olevan Enkkelin hyllyssä jauheina, joita Enkkeli sitten sekoitti visakoivuisista kupeista taikinan sekaan. Karvosen (1994) mukaan Posiolla onkin tapana sanoa esimerkiksi, että jossakin henkilössä on "ripaus murmelia" tai että tietyn henkilön "tekoaineisiin on Enkkeliltä hulahtanut liialti poroa". Posiolla vietetään Enkkelinpäivää edelleenkin 16. päivänä elokuuta.

17. elokuuta

Anssi Kakkonen (1987, 34) kertoo muistelmissaan seuraavaa:

Multa meni muisti vuonna seitkytkuus just elokuun seittemästoista päivä. Mä en muistanu sen jälkeen mistään mitään. No mun vaimo keksi sitten, että miten se vois palauttaa mun muistin. Ja se päätti, että tää päivä on meidän perheen suurin juhlapäivä. Ja perkele, kun mä olin kärsiny pari kertaa sen mökötyksen ja selibaatin, kun olin unohtanut tän päivän, niin kyllä kuule rupes muisti palailemaan. Enkä oo sitä sen jälkeen kertaakaan unohtanu.

Vaatimattomissa, jopa suoranaisen alkeellisissa, oloissa elävät komuutit eivät omistaneet tarkkaa kalenteria. Ainoa nykykalenterimme mukainen juhlapäivä sijoittui heillä tammikuun lopulle. (Ks. selvitys 24.1.) Muutoin elämässä noudatettiin säätilojen vaihteluun perustuvaa vuodenkiertoa. Routa sulaa Pohjois-Siperiassa usein elokuun puolivälissä (alkaakseen taas syyskuun alussa), ja tämä ajankohta oli komuuteille juhlahetki. Platanov (1971) on sijoittanut tshatsatsa-juhla juuri elokuun 17. päivään. Tshatsatsa-juhla on komuuteille erityinen siksi, että se on ainut ajankohta koko vuodessa, kun komuutit riisuvat kenkänsä kävelläkseen paljaalla, jäätymättömällä maalla. Platanov on kirjansa mukaan kerran päässyt todistamaan kyseistä juhlaa ja kertoo, kuinka koko heimo tanssahtelee karhunsammalella hartaan hiljaisuuden vallitessa, heimon shamaanin, joka rituaalissa omaksuu myyttisen "kierijän" tai "käärijän" hahmon, johtaessa tshatsatsa-tanssia. Tanssiin sisältyy omituista liikkumista sivuttain, ja liikettä tehostetaan käsiä voimakkaasti pumppaamalla. Platanovin mukaan tshatsatsa-juhla ja siihen oleellisena liittyvä tanssi toimii vähintäänkin symbolisena yhteydenpitotapana komuuttien ja maailman muiden alkuperäisheimojen välillä. (Platanov 1971, ss. 383-391)

142

**Platanovin tekemä piirros shamaanista
rituaaliasussaan.**

18. elokuuta

Pernuanvaaran kappalainen Leevi Lestaanius kertoo teoksessaan (1897, 23)
kylästään, jossa jo viime vuosisadan puolella oli tapana elokuun 18. päivänä
valella vastat voilla:

*Kyläläiset kerääntyivät tänä vuonna Ukkolan talon pihalle. Koko kesän
kuivamassa olleet vastat oli kerätty ylisiltä ja niitä olikin kasattu mojovat
pinot talon isännän ladon ovista laatimille pöydille. Voita oli kylässä kirnuttu
tätä tapausta varten jo toista kuukautta ja niinpä sitäkin oli paikalle hilattu
useita tiinuja. Isännät tekivät tulet ja emännät asettivat muuripadan tulelle.
Tähän he heittelivät voikökkäreitä aina edellisen sulettua. Kun pata oli
puolillaan kullankeltaista voisulaa, alkoi vastojen voitelu. Kukin vasta*

143

kastettiin kerrallaan padassa ja sitten ne vietiin takaisin orsille kuivamaan. Tällä tavalla kyläläisten vastat pysyivät notkeina ja iho pehmeänä koko talven.

19. elokuuta

Päivä, jolloin Raahen seudulla ihmiset uskoivat lintujen aloittavan muuttomatkan valmistelut. Uskomuksen mukaan linnut eivät syö mitään pitkällä matkalla, ja energiansa säilyttämiseksi linnut syövät runsaasti tahmeita ja sitkeitä aineita suoltensa tukkimiseksi. Raahessa tunnetaan edelleenkin sanonta, jonka mukaan "syksy ei tule niin kauvan kun linnut paskoo". Saadakseen linnut palaamaan keväällä Raahen seudun asukkaat ovatkin asettaneet elokuun 19. päivänä lintujen syötäväksi pihkaa, saapasnahkaa, kapakaloja ja 1950-luvulta lähtien myös paikallisen leipomon sämpylöitä. Paljon syövästä henkilöstä sanotaankin Raahen seudulla, että hän "tulppoaa ittesä kuni kottera (kottarainen) elokuun 19. päivä"

Tornionjokilaaksossa po. päivänä on perinteisesti nuohottu talojen tulisijat. Päivä on tunnettu Mustan-Eenokin päivänä jo 1300-luvulta lähtien. Mustaan-Eenokkin liittyvät tarinat ovat kadonneet vuosisatojen saatossa ja siksi tavan alkuperää ei tiedetä.

20. elokuuta

"Mikään ei meitä voita" kaikuu iloinen laulu jokakesäisillä Vesannon pienten pioneerien vuosijuhlilla jo kuudettakymmenettä vuotta. Päivään kuuluu myös Leninin patsaan ohimarssi - patsas hankittiin kaksikymmentäviisi vuotta sitten Sermojolskin romuttamolta kilohinnalla - ja iltainen piirileikki.

21. elokuuta

Veikkolan kylän urheiluseuran tapana on järjestää vuosittain 21. päivänä elokuuta piirikunnalliset urheilukisat. Tässä ei olisi mitään tavatonta, ellei kisan osallistuja-ja lajivalikoima olisi melko lailla poikkeava normaalista. Hellefors (1978, 34-35) kirjoittaa päivän synnystä seuraavaa:

Pihkaloiden serkuksilla Tahko ja Johannes Pihkalalla oli tapana viettää nuoruutensa kesät yhdessä isovanhempiensa kotitilalla Veikkolan

Myllylässä. Serkuksista vanhempi, Tahko, oli innokas urheilumies, kun taas nuorempi serkuksista, Johannes oli luonteeltaan taivaanrannanmaalari ja filosofi. Hän oli mm. perustanut Suomen ensimmäisen pasifistisen yhdistyksen 'Rauhan linnut' jo kansakouluvuosinaan. Tahko Pihkala ei pitänyt yhtään serkustaan Johanneksesta ja tunne oli molemminpuolinen. Niinpä kesänä 1935 Tahko Pihkala kehitti pesäpallon yrittäessään 'tulittaa käpykranaatein löyhäpäistä serkkuaan, joka vain makasi ja luki koko kesän vieraskielisiä kirjoja'. Johannes Pihkala puolestaan suivaantui Tahkon käytöksestä niin, että päätti perustaa saman vuoden elokuussa paikkakunnalle urheiluseuran, jolle hän antoi nimeksi Veikkolan Ponnistus. Urheiluseura sai yllättävän paljon kannattajia varsinkin, kun Johannes Pihkala oli sitä mieltä, että kisaillessa tuli esiintyä alastomana, kuten antiikin Kreikassakin oli ollut tapana. Hän perusti samalla Veikkolan ensimmäisen naturistirannan, jossa alueen nuoret kisailivat koko loppukesän. Johannes Pihkalan ideana olikin luoda antiikin Kreikan kaltainen filosofinen olotila, jossa osallistujat virittivät sekä fyysisen että henkisen puolensa. Tästä kesäisestä kisailusta naturistirannalla tuli jokavuotinen perinne, joka jatkuu vielä meidän päivinämmekin. Kerrotaan, että Veikkolan Ponnistuksen jäsenistö on harvinaisen hyväluonteista ja tervettä verrattuna valtaväestöön. Veikkolan Ponnistus järjesti 1930-luvun lopulla myös naturistien hiihtokilpailuja. Katsojamäärät olivat suuria, mutta osallistujia oli vähän. Innokkaimmat naturistihiihtäjät harjoittelivat vielä rintamallakin talvisodan alettua, mutta välirauhan jälkeen ei Veikkolan Ponnistus enää järjestänyt kilpailutoimintaa. Sen sijaan Veikkolan Ponnistuksen naturistijääpallojaosto toimi vielä 1950-luvun alussa ja pelasi mm. mestaruussarjassa pari kautta, parhaana saavutuksenaan toinen sija sarjataulukossa.

22. elokuuta

Päivä, jolloin myyttinen jumaleläin Pärvän Kyy ilmestyi Nakkilassa v. 1647. Tarinoiden mukaan (esim. Ganander 1866) kirkkoon matkalla olleet ihmiset "peljästyivät suuresti vaskenhohtoisen kyy-kärmeen ilmaantuessa tyhjästä Pärväjärven rannassa". Käärme varoitti ihmisiä suuresta onnettomuudesta. Tapauksen nähnyt Aliina Efraimintytär oli suhtautunut asiaan välinpitämättömästi ja häntä oli kohdannut halvaus. Kymmenvuotias Iisakki Malakiaksenpoika oli lähtenyt juoksemaan kirkolle varoittaakseen sinne meneviä ihmisiä, mutta saapuessaan paikalle hän näki kirkon olevan ilmiliekeissä. Osa kirkossa olleista ihmisistä kuoli palavan kirkonkaton romahtaessa, osa loukkaantui palavien paanujen sinkoillessa jopa seitsemänkymmenen metrin päähän kirkosta.

Merkillisin onnettomuus tapahtui kirkon katon harjalla olleen ristin lähdettyä liukumaan pitkin katon lapetta ja lävistettyä kappalaisena toimineen Wilhelm Askeniuksen rintakehän. Paloa sammuttamaan tulleesta väestöstä kahdeksan hukkui läheiseen järveen. Joonas Malakiaanpoika kuoli raateluvammoihin seistyään rantavedessä ämpäreitä täyttämässä, kun tulipalon sekoittama hauki hyökkäsi hänen kimppuunsa. Savun päihdyttämät linnut hyökkäilivät ihmisten kimppuun nokkien näiltä silmät päästä. Jotkut kuolivat tulipalon pillastuttamien hevosten jalkoihin. Kellotapulin kellarista suojaa etsineet ihmiset kuolivat häkään. Kolme ihmistä kuoli kirkonkellon pudotessa heidän päälleen. Kaksi vanhaa naishenkilöä kuoli lähitaloissa kurotettuaan uteliaisuudessaan liian ulos ikkunasta ja pudottuaan maahan. Ehtoollisviinipullojen räjähtäminen kirkon kellarissa sai kirkon pohjoisseinän sortumaan, jolloin viisi sammuttajaa jäi hehkuvankuumien kivien alle ja grillautui kuoliaaksi. Kirkon lattian alle haudattujen ihmisten balsamointiaineista kehittyi tulipalossa myrkyllisiä kaasuja, jotka tekivät niitä hengittäneet ihmiset pysyvästi vajaamielisiksi. Kaiken kaikkiaan onnettomuudessa kuoli 66 henkilöä ja loukkaantui 198.

Onnettomuus vaikutti niin voimakkaasti Nakkilan kulttuuriin, että Pärväjärven nimi muutettiin välittömästi. Uutta kirkkoa alettiin rakentaa seuraavana keväänä, ja kirkon valmistumiseen saakka kirkonmenot järjestettiin Iso-Huttulan talon navetassa. Pärvän Kyyhyn liittyvät uskomukset saivat legendanomaisia piirteitä ja uskomuksiin liittyi jopa pakanallisia uhrimenoja ja kyynpalvontaa. Vaikka Hämeen piispa Olaus Indrenius kielsi Pärvän Kyyn palvonnan vuoden 1798 kirkolliskokouksessa, levisi kultti ja siihen liittyvät uskomukset hyvin laajalti Suomeen. Vätväoja (1999) raportoi kirjassaan etenkin nuorison tavasta piirrellä edelleenkin nuppipäisen Pärvän Kyyn kuvia seiniin ja muureihin. Vätväojan oletuksen mukaan tapa on löyhästi sidoksissa saatananpalvontaan ja kuvien kumartamiseen.

23. elokuuta

Petoksen päivä Suvilukkarilassa. Päivän viettoon kuuluu vieraissa käynti, synnintuskissa makaaminen sekä anteeksianto tai vaihtoehtoisesti viimeinen kirous.

Pattijoella päivä on perinteisesti tunnettu Laiskan-Kontiaisen päivänä. Päivän alkuperän uskotaan liittyvän merimiehenä toimineeseen Iisakki Kontiaiseen, joka kirkonkirjojen mukaan palasi Pattijoelle elokuun 1883 lopulla. Iisakista ei laivareissujensa jälkeen ollut oikein työmieheksi, vaan hän vietti aikaansa kotitalonsa peräkamarissa tupakoiden ja soitellen. "Siellä se Kontiainen makkaa ja mantua (s.o. mandoliinia) rinkuttaa", oli yleinen sanonta Pattijoella 1800-luvun lopulla (Nurmiainen 1965). Laiskoja ihmisiä kutsutaan paikkakunnalla edelleenkin kontiaisiksi. Sinänsä Laiskan-Kontiaisen päivään ei paikkakunnalla liity tapoja tai uskomuksia.

24. elokuuta

Vestämölässä oli viime vuosisadan puolessa välissä tapana ohmuuttaa koko elokuun 24. päivä. Isännät komensivat rengit heti aamusta tahkoamaan viitakkeet ja sirpit. Piikojen tehtävänä oli puolestaan livoitella valmukkeet ja sarahteerata kurppikset. Puolilta päivin isännät veivät emannukset tallin ylisille ja aloittivat ohmuuttamisen. Koko aamupäivän he olivat niittäneet tuoretta heinää, jonka päälle vaimoihmiset oli hyvä kellistää. Tapana oli, että isäntä valeli heinillä makaavan emännän ensin valmukkeilla. Niiden valelu tapahtui joko sutimaisella härkkyrillä tai koivunpahkasta kaiverretulla luutimoisella. Jälkimmäinen oli käytössä seudulla jo viime vuosisadan alussa. Lopuksi emännälle tarjottiin sarahteerattuja kurppiksia. Siitä, kuinka emäntä nautti kurppiksen, saatettiin ennustaa mm. tuleva talvi. Kerrotaankin Vestämölässä sanotun: "Jos emäntä kurppiitta kuoloo, niin talo jääp hankeen" sekä "Voimallinen kurppis ja valmuutettu emäntä talon pystyys pitää".

Luutimoinen Vestämölästä.

25. elokuuta

Halsuanvaaralla, osuuskaupan ja kirkon välisellä kapealla vyöhykkeellä, on 25. päivä elokuuta ollut jo 1800-luvun puolivälistä nimeltään Nykäs-Aaton kerihtemispäivä. Tapa sai alkunsa oletettavasti vuonna 1852 tai 1853 kyläläisten kyllästyessä mäkitupalainen Aatto Nykäsen pitkään tukkaan ja partaan. Niinpä elokuun 25. päivän aamuna kylän väki kokoontui Nykäsen mökille, tunkeutui väkivalloin sisälle, raahasi Aatto Nykäsen ulos ja leikkasi häneltä keritsimillä hiukset ja parran pois. Tavasta muodostui kylällä mukava traditio ja vuonna 1864, Aatto Nykäsen mentyä hirteen masennettuna ja nöyryytettynä miehenä, kyläläiset alkoivat vuosittain valita keskuudestaan jonkun vähäosaisen, jonka hiukset ja muut karvat sitten leikattiin, nypittiin tai muulla mekaanisella tavalla poistettiin po. päivänä. Joissakin tapauksissa traditioon kuului myös muunlaista nöyryyttämistä ja alistamista. Jyystön (1996) mukaan Halsuanvaara on Suomen ainoa paikkakunta, jossa hippiaate tai unisex-hiusmuoti ei koskaan ole läpäissyt kansankerroksia. Sen sijaan naisten lyhyen hiusmuodin on oletettu alkaneen juuri Halsuanvaaralta.

Peräpohjolassa uskottiin, että aurinko kääntää kylkeä po. päivänä. Uskomuksen taustalla on ajatus siitä, että auringonpaiste ei pilvettömänäkään päivinä ole enää kovin voimakas eikä aurinko lämmitä samoin kuin sydänkesällä. Uskomuksella onkin todellisuuspohjaa, sillä juuri elokuun loppupuolella päivien keskilämpötila kääntyy Suomessa nopeaan laskuun.

26. elokuuta

Elettyään kuutamolla toista sataa vuotta, asettui vaka vanha Väinämöinen vaimonsa, ei niin vakaan ja suhteellisen nuorenkin, Vein Emosen kanssa Jääränkäjärven Louhion saarelle asumaan. Perinne kertoo, että Väinämöinen harrasti tuolloin vilkasta kirjeenvaihtoa jonkin kajaanilaisen piirilääkärin kanssa, mutta tätä tietoa ei ole saatu vahvistettua. Sen sijaan varmaa on se, että pariskunta vietti elokuun loppupuolella kuutamon jättöjuhlia aina täydenkuun noustessa taivaalle.

27. elokuuta

Merentakaisten siirtokuntien tapaperinteestä tiedetään suomalaisessa kansa- ja perinnetieteessä yllättävän vähän. Poikkeuksen muodostavat tohtori Veikko Kihisevän tutkimukset, joissa hän esittelee usean suomalaisen siirtokunnan tapoja

148

ja ennen kaikkea sitä sulautumista, joka on tapahtunut paikallisen tapakulttuurin ja suomalaisen tapakulttuurin välillä. Teoksessaan 'Suomalaiset Udmurtia valloittamassa' (1967) hän esittää kuvauksen Häleen vietosta paikallisten siirtolaisten parissa. Suomalaissiirtolan Udmurtiin perustivat ns. Keiteleen Virtaset, jotka siirtyivät paikkakunnalle jo 1800-loppupuolella harjoittamaan buddhalaisuutta ja jakinhoitoa. Seuraavassa Kihisevän kokemana kuvaus elokuun lopun Häle-juhlasta:

Edellisenä iltana oli teurastettu lauman suurin jakkihärkä ja sen verestä oli heti uhrattu osa Diidadaada Buddhalle, joka oli perimätiedon mukaan Gautama Buddhan 67. inkarnaatio Udmurtissa. Aamulla koko kylän väki kokoontui sitten saunana toimivaan suunnattomaan suureen jurttaan. Sen vuoriston irtokivistä tehty kiuas oli lämmitetty tulipunaiseksi. Kiville viskottiin loppu jakkihärän verestä ja samalla mietiskeltiin mantroja hokien. Teltan täytti omituinen, eeterinen tunnelma. Härän veren haju tunkeutui sieraimiin ja munkkien loitsu täytti korvat. Hetken kuluttua jurtan katosta tuntui irtautuvan hymyilevät Buddhan kasvot. Samalla kaikki läsnä olevat alkoivat yhdessä hokea jumaluuden nimeä suureen ääneen: 'Diidadaada, Diidadaada'. Tilanne päättyi iloiseen tanssiin yhteisen mantran kaikuessa. Koti-ikävissäni muistelin siinä mielessäni syyskesäisiä lavatansseja kotipitäjässäni Ala-Tölviössä.

Diidadaada Buddhan kuva suomalaisten Udmurtiin
valmistamasta stupasta.

149

Moisinvaarassa tätä päivää on vietetty 'varkhaijen rohtimapäevänä'. Tapana on ollut, että isännät ovat ottaneet isot kartut käsiinsä ja lähteneet passiin kauppojen ja kirjastojen hälytysporteille. Aina kun hälytin on lauennut, ovat isännät ottaneet ja hakanneet hälytyksen aiheuttaneen henkilön veriseksi myttyseksi. Viime aikoina päivän vietto on lähes tyystin loppunut, koska paikkakunnalla ei juurikaan enää harrasteta liikkeistä varastamista. Tapaa on kuitenkin yritetty elvyttää aiheuttamalla tietoisesti hälytyksiä vastenmielisten ihmisten kulkiessa hälytysporttien läpi.

28. elokuuta

28. elokuuta vuonna 1749 oli päivä, joka muutti kolttalappalaisten elämän täydellisesti. Sevettijärven seudulla nähtiin kirkas valoilmiö, joka sokaisi poroja paimentamassa olleet ihmiset ja tuhosi puut laajalta alueelta. Paineaalto vaikutti Oulussa saakka, ja tuosta "taivaallisesta tuulesta" raportoitiin mm. kirkonkirjoissa. On oletettu, että valoilmiö johtui lähellä maanpintaa räjähtäneestä radioaktiivisesta meteoriitista (ks. Allen 1988). Tapahtuman aikaisilla laitteilla ei pystytty mittaamaan säteilyä, mutta suullisen perimätiedon mukaan alueen asukkaat tunnisti vielä vuosien päästä siitä, että he loistivat pimeässä. Myös mutaatiot ja luustomuutokset yleistyivät voimakkaasti, joskin jälkipolville on jäänyt hyvin vähän todistuskappaleita tapahtuneesta. Ainoastaan Suomen Lapissa tutkimusretkellä ollut ranskalainen Frouille de Pendant ymmärsi tallentaa materiaalia järjestelmällisesti. Kirjassaan (1786) de Pendant kertoo yksityiskohtaisesti havainnoistaan ja hänen tutkimusretkeltään tuomansa mutanttikoltan kallo (ks. alla oleva kuva) on tällä hetkellä nähtävissä Pariisin luonnonhistoriallisessa museossa. Pyynnöistä huolimatta Ranskan valtio ei ole suostunut palauttamaan kalloa.

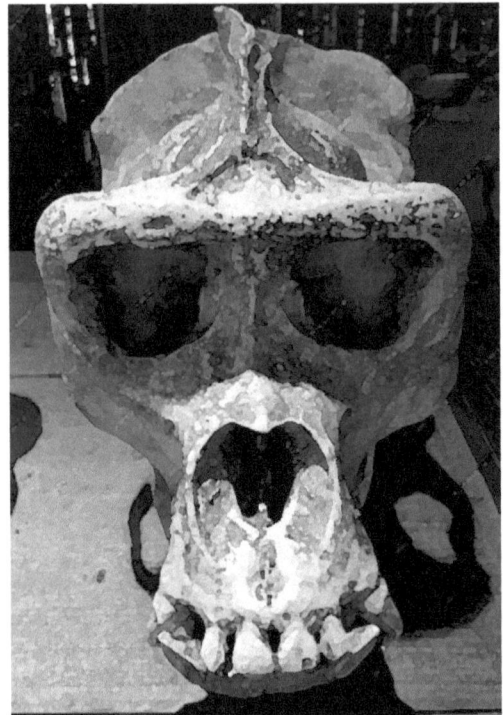

Mutanttikoltan kallo de Pendantin kokoelmista.

29. elokuuta

Suuren pettymyksen päivä Pruikulassa. Päivä on saanut alkunsa siitä, kun kylän sato lahmaantui ja paleltui 1800-luvun loppupuolella yhteensä kolmenatoista peräkkäisenä vuotena. Tätä päivää on vietetty uhreja antaen ja parempaa tulevaisuutta rukoillen.

30. elokuuta

Vuorennon kylässä elokuun loppupuolella oli tapana asettua makuulle poikittain. Tämä symboloi kyläläisille syksyn ja talven tuloa. Konkreettisena syynä oli makuuasennon muuttaminen siten, että ovesta ja ikkunoista käyvän vedon vaikutus jäisi kylmänä kautena mahdollisimman pieneksi. Kylän sängyt eli hästäskorit, kuten niitä paikkakunnalla nimitettiin, olivatkin hyvin mielenkiintoisia. Koska niiden tuli olla yhtä pitkiä kuin leveitäkin, niin naapurikyläläiset alkoivat käyttää kyläläisistä sanontaa 'Niin makkaa ko pettaaki Vuorentolaine, aina yhtä levveetä.'

31. elokuuta

Tavastilassa on elokuun viimeisenä päivänä järjestetty perinteisesti elonkorjuujuhla, jolla abstrakteja, näkymättömiä voimia ja panteistista henkeä on pyritty kiittämään saadusta sadosta. Muistuttaakseen itselleen miltä katovuodet tuntuvat, syövät tavastilaiset juhlassaan kiviä, kaarnaa ja pihkaa. Juhlan järjestäminen on kuulunut vuotuisiin traditioihin jo 1400-luvulta lähtien (ks. Kelander 1986).

Pälvölän-Hattulan suurpitäjän alueella on uskottu 1500-luvun puolivälistä lähtien, että mikäli itseään haavoittaa 31. elokuuta, pysyy haavoittumattomana seuraavan vuoden ajan. Siksi pitäjän asukkaat veivät sahoja ja vesureita sänkyihinsä, suorittivat kaikki riskipitoisimmat työt ja tehtävät po. päivänä ja tappelivat illalla, mikäli olivat siihen saakka onnistuneet pysymään terveiden kirjoissa. Paikkakunnalta onkin tallennettu tapaan liittyviä sanontoja, esim. "Elo loppu verreen ja syys alakaa rahkoilla", "Jalaka poikki ja käs katki kesän jäliltä; kyllä nyt kelepoo jouluva vuottoo".

SYYSKUU

Syyskuun nimen etymologia oli pitkään hämärän peitossa. Ensimmäiset arvailut nimen syntyperästä löytyvät Kukanderin (1845) teoksesta, jossa hän esittää, että "Syyskuun perä on sydessä". Syti-sanalla tarkoitettiin Varsinais-Suomessa savea, josta muistuma on jäänyt elämään sananlaskussa - meni syteen tai saveen. Tämä perustelu eli hyvin pitkään, onhan syksy loskaisimpia aikoja maassamme. Vuosisatamme alussa puolestaan oli vallalla näkemys, että syyskuun nimen kanta olisi ollut sama kuin suu -sanalla (< udm. suh, saam. t^suh, vir. suup'). Perusteena tälle tulkinnalle oli, että syyskuussa kerättiin ja nautittiin kesän satoa.

Vasta pari vuotta sitten paljastui (Pulli 1997), että syyskuun nimen arvoituksen ratkaisu löytyy 1500-luvun eurooppalaisen kulttuurin vaikutuksesta suomalaiseen sivistykseen. Tällöin nimittäin suomalaiset ylioppilaat K. Ullander ja P. Nervoneaus olivat opiskelemassa Pariisin yliopiston teologisessa tiedekunnassa. Heistä jälkimmäinen ihastui logiikkaan ja sen tutkimiseen. Hänen väitöskirjansa "Swy ja seurws" julkaistiinkin vuonna 1526 Suomen Turussa. Koska teos oli ensimmäinen suomalainen loogillinen tutkimus, päätti yliopiston konsistori juhlistaa julkaisemista nimeämällä julkaisukuukauden syy-kuuksi. Tästä nimi muuttui pikkuhiljaa muotoon syyskuu ja vakiintui syksyn ensimmäisen kuukauden nimeksi koko suomalaiseen kalenteriin.

Syyskuun tapaperinteelle ovat ominaisia jo osin elokuussa aloitetut sadonkorjuuseen ja talveen varautumiseen liittyvät juhlat. Toisaalta eteläisemmässä Suomessa on syyskuuta vielä pidetty yhtenä kesäkuukausista ja sen vuoksi mm. Keravalla on vielä viime vuosisadalla vietetty juhannusta syyskuussa. Syyskuulle ovat ominaisia myös syömingit ja hedelmällisyysriitit, joilla valmistaudutaan seuraavan vuoden satokauteen. Lisäksi syksyllä on harrastettu synkkiä riittejä öiden pimentyessä ja ilman kylmetessä.

Erityinen syyskuuhun liittyvä ilmiö on Rauman ja Porin seudulla se, että nuoren isännän tai emännän kodistaan karkottamat (appi-)vanhemmat on otettu "katon alle" talveksi juuri syyskuussa, heidän vietettyään koditonta elämää kesän ajan. Syytinki eli eläkeoikeus tarkoittaa kiinteistön luovutuksen yhteydessä tehtyä sopimusta asumisoikeudesta. Syytingin nimi on johdettu juuri syytinkisopimuksen alkamisajankohdasta syyskuussa. Raumalla sanotaan edelleenkin "syyskuussa syytinkiläiset tulee, kun ne maaliskuussa mieron tielle ajettiin".

1. syyskuuta

Päivä, jolloin Pervopuikulan Anselmi osoitti mieskuntonsa rumsteeraamalla. Tapahtumapaikkana oli Ypäjä ja vuosi oletettavasti 1823 tai 1824. Ankaran nälänhädän vaivaama kansa oli lähes lamautunut, innovaatioaste läheni nollaa ja kansantuote oli pohjalukemissa. Anselmin tempaus herätti laajaa huomiota, optimismi ja toivo paremmasta virisi ja Ypäjä nousi hetkellisesti maamme edistyksellisimpien paikkakuntien joukkoon. Huhu tapauksesta kiiri Moskovaan saakka ja ylsi tsaarin korviin. Tsaari hermostui ja lähetti vasallinsa tekemään lopun moisesta menosta. Anselmi hirtettiin ja ripustettiin aidantolppaan roikkumaan varoitukseksi muille optimisteille, ja Ypäjä vaipui nopeasti takaisin alkeellisen, agraarisen vaihdantatalouden asteelle. Tapausta muistellaan kuitenkin edelleen ja Ypäjän soroptimistiklubi järjestää joka vuosi syyskuun ensimmäisen päivänä juhlat, jossa rumsteerataan ja hoetaan "sori, oon optimisti". Siitä klubin nimikin on saanut alkunsa.

2. syyskuuta

Konginkankaan Luostolassa oli vuosisadan alkupuolella tapana kokoontua pellon laidalle syyskuun alussa viettämään Konelan-päivää. Paikkakunnalla kiertänyt tarina kertoo, että isäntä Tussunen oli tuonut mukanaan Neuvosto-Venäjältä vuonna 1919 traktorin palatessaan vankileiriltä. Tussusen traktori oli hänen epäonnekseen pudonnut heti ensimmäisenä syksynä suohautaan hänen ollessaan kyntämässä uutta peltoa. Talon pojat tekivät isäänsä lohduttaakseen hänelle puusta uuden traktorin. Tästä liikuttuneena Tussunen oli päättänyt sukeltaa traktorinsa suohaudasta. Tätä sukellustyötä kesti aina talvipakkasiin asti. Tussunen oli saanut nostetuksi suurimman osan traktorinsa osista, mutta jäätynyt lopulta suohaudan pohjaan kiinni tukastaan. Hänen hautamuistomerkikseen laitettiin tapahtumapaikalle Konela-merkkisen traktorin konepelti. Tapana oli, että kyläläiset veivät joka syksy kukkia ja kynttilöitä suopellon laidalla olleelle muistomerkille. Kylän lapset puolestaan viettivät samalla hartaan muistotilaisuuden puutraktorin ääressä. Tutkija Mössö (1998, 12) on vakuuttavasti osoittanut, että tästä tavasta periytyy myös nykyinen tapa viedä kukkia ja kynttilöitä auto-onnettomuudessa kuolleiden onnettomuuspaikalle.

154

Tussusen lapset muistelevat isäänsä.

3. syyskuuta

Tervan päivä Sisä- ja Pohjois-Suomessa. Tervaa, tuota mustaa ja vahvasti tuoksuvaa ainetta on pidetty kautta aikojen maagillisena aineena, joka on peräisin jumaluudesta ja ihmisen käsityskyvyn ylittävästä viisaudesta. Tervan voimaan liittyvä tunnettu sanonta on "taivaassa perseet tervataan" jolla tarkoitetaan sitä, että jumala parantaa rahvaan saastaisen ja reiällisen ruumiinosan kuoleman jälkeen tilkitsemällä ruumiinosan tervalla kuin puuveneen. Suomalaisessa kulttuurissa Sinikka on ollut tervan jumala, ja niinpä kyseinen nimipäivänkin on sijoitettu tervan päivään.

Koska tervan uskottiin sisältävän maagisia voimia, juhlittiin tervan päivää levittämällä tervaa alastomille vartaloille, syömällä tervaa ja juoden tervan ja viinan sekoitusta. Sisäisesti nautittuna terva aiheuttikin päihtymyksenkaltaisen transsin, jossa hallusinaatiotkaan eivät olleet harvinaisia. Tervansyönnin sivuvaikutuksena kasvot usein turposivat lähes pyöreiksi ja pupillit supistuivat teräviksi, neulankärjen kokoisiksi pisteiksi. Oulussa alettiinkin kutsua tervaporvareiksi ihmisiä, jotka olivat terva-addikteja eli elivät pysyväisluonteisesti tervan päihdyttäminä. Tervan korkea hinta vaikutti niin, että pääasiassa vain varakas kauppias- ja aatelissääty joutui tervan pauloihin. Oopiumin mukanaan tuomat tragediat Aasiassa eivät olleet mitään verrattuna tervan kiroihin oululaisen yläluokan keskuudessa.

**Oululainen tervansyöjä transsissa. Huomaa
luonnottomasti supistuneet pupillit.**

Monia paikkakuntia nimettiin terva-sanan johdannaisilla koska nimimagian mukaisesti uskottiin, että vahva nimi vahvistaa myös paikkakuntaa. Esimerkkeinä tällaisesta omahyväisestä itsekehusta mainittakoon Tervolan ja Tervon pitäjät sekä sukunimet Tarvainen, Tervala ja Tervanen. Teeri-sana on myös johdannainen terva-sanasta: teeren uskottiinkin olevan Sinikka-jumalattaren ruumiillistuma, ja joillakin paikkakunnilla, esimerkiksi edellä mainitussa Tervolassa, teertä palvottiin syyskuun 3. päivänä uhrimenoin. Tähän liittyy usein myös tervassa ja (teeren) höyhenissä kierittäminen juhlan kunniaksi.

4. syyskuuta

Toimihenkilöiden jurotuspäivä Helsingin maalaiskunnassa. Päivää vietetään laajalti viranhaltijoiden keskuudessa ja päivän viettotavat ovat moninaiset: Kunnantalon vahtimestarit yrittävät estää kansalaisten sisäänpääsyn virastoihin, virkailijat käyttäytyvät ylimielisesti ja suurin osa viranhaltijoista ei ole tavoitettavissa palavereiden tai muiden nerokkaasti keksittyjen tekosyiden takia. Kunnanjohtaja käyttää lähes koko kunnan virastoissa noudatettavan työajan pitkään lounaaseen saapuen vasta iltapäivällä haukkumaan alaisiaan ja nöyryyttäen etenkin taloustoimiston väkeä ja kirjastolautakuntaa. Kuntalaisille lähetellään ilkeäsävyisiä uhkauskirjeitä, saapuneet valitukset heitetään roskakoriin ja kunnan asemakaavaa muutetaan kuntalaisia kuulematta siten, että taajaman laitamilla asuvan sydänvikaisen mummon mökki jyrätään vuosittain maan tasalle kauhakuormaajalla pihan poikki vedettävän moottoritien edestä. Lopuksi myhäillään tyytyväisenä.

5. syyskuuta

Torpellin kylässä liittyy syyskuun viidenteen päivään mainio tapaus, josta emäntä Mummi Numminen kertoo muistelmissaan, jotka julkaistiin viime vuonna kylän syysmarkkinoiden yhteydessä. Seuraavassa katkelma näistä muistelmista (1998, 34):

> *Suahan olla. Myö ku oltiin siskoin kanssa marjassa syksyn alussa ja poimittiin siinä rötveliin puolaisia, niin nuapurin isännän hulttiopoika ol tullunna siihen pusikon taikse ihan iliman meijän huomoomata. No se ol ottana housusa pois jaloista ja tul muka niitä pelejään meille esittelemmään. Mutta eihä se ollu huomannu, jotta ol astuna karhun pesälle ja herättänä sen hirveyven. Sen verran kerkesin näkemään, jotta kun karhu sivalsi siltä epeliltä sen elokeikuttimen irti ja sitten meitä siskoin kanssa vietiin. Kottiin kun mäntiin niin sanottiin, jotta mäillä makkoo nuapurin Matti munatonna. Eihän ne ensin uskona sitä, mutta mänivät sitte kahtomaan ja siellä se ol vielä tuskissaan. Isä otti ja lopetti sen karhun ja nuapurin isä sen Matin pois kitumasta. Siitä lähtiin myö ollaan siskoin kanssa aina lähetty syyskuun alussa muka munattoman miehen katontaan vaikka onniin mänty marjoja poimimmaan.*

6. syyskuuta

Persma-Aslakin päivä Ypyällä ja sen lähiympäristössä. 1700-luvulla elänyt koijari Persma-Aslak painoi lähtemättömän jäljen ypyäläiseen elämänmenoon huijaten, väärentäen ja varastaen. Aslak onnistui mm. myymään Ypyän kappalaiselle kaksi kuollutta hevosta ja saamaan kaupan vastikkeeksi Kellotapulin, 40 rukouskirjaa ja suntion vaimon. Aslak oli tunnettu puheistaan, joista oli hyvin vaikea saada selvää. Siksipä Aslakin päivää vietetäänkin "pehmoisia puhellen". Kunnanjohtaja avaa päivän vieton klo 6.30 kunnantalon portailta lukien seuraavan tekstin:

> *Ehunta kuni olisiva äärömän vetanemaista juuppaa: met lahatema vihunan vituhna saaviaisen puolaimia kuni tarimoitsema tepsautuupi. Lahonen perusmaku emannuksen miehmyspuulela taamoo.*

Teksti on vanhaa Ypyän murretta ja perustuu perimätiedon mukaan Persma-Aslakin myyntipuheeseen Ypyän markinoilla v. 1799.

7. syyskuuta

7. syyskuuta vuonna 1977 löydettiin Antikaisista muinaisjäännös, jonka alkuperä ajoitettiin aktiivihiilimenetelmällä 700-luvulle. Tutkijat kiistelevät edelleenkin löydöksen alkuperäisestä funktiosta.

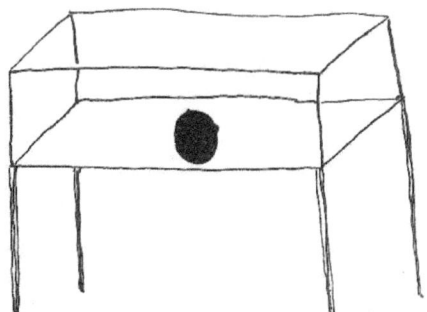

Antikaisten muinaisjäännös.

8. syyskuuta

Konneveden Kuuskylässä tapahtui viime vuosisadan loppupuolella omituinen tapaus, joka johti siihen, että pitäjän tapaperinne muuttui radikaalisti. Kerrotaan, että vuonna 1897 paikkakunnalle saapui omituinen ulkomaalainen herrasmies tummilla hevosvetoisilla vaunuilla. Hän asettui asumaan pitäjän lähellä sijaitsevalle Ukkovuorelle, jonne rakennutti Lohjanlinnan, kuten hänen taloaan paikkakunnalla alettiin kutsua. Aluksi kyläläiset ihastuivat kreivi Griner Ärlundiin, joka aloitti voimakkaan seurapiirielämän paikkakunnalla. Hän kutsui linnaansa pitäjän ja läänin kermaa ja vakuutti heitä ottamaan mukaansa teini-ikäiset tyttärensä. Varsin usein illalliset jatkuivat seuraavan päivän puolelle ja aina tällaisen juhlan jälkeen havaittiin neitokaisissa ylenmääräistä kalpeutta, mutta se luettiin vain juhlaväsymyksen tiliin.

Lopulta kyläläiset herätti 8. syyskuuta vuonna 1898 tohtori Grubensterb, joka oli tehnyt Keski-Euroopassa tutkimuksia verta imevistä ihmisolioista eli

158

vampyyreistä. Hän osoitti selvästi, kuinka Ärlund oli hyväksikäyttänyt neitseitä imemällä heidän vertaan. Pikaisesti tohtori tutustutti kyläläiset valkosipuliin ja sen voimaan vampyyrienkin vastustamisessa. Tästä päivästä alkaen pitäjän nuorille neitseille alettiin syöttää valkosipulia joka päivä. Päivää alettiin kutsua Vereksen päiväksi. Samalla Konneveden alueen maine suomalaisen valkosipuliviljelyksen kehtona syntyi ja voimistui.

9. syyskuuta

Ropsikakkaroiden paistamiselle omistettu päivä Lepsämässä. Ropsikakkaroiden paistaminen ja leivonta sekä syöminen liittyvät keskeisesti symboliikkaan, jolla kuvataan varautumista talveen ja viljavuuden ehtymiseen. On myös väitetty (esim. Nussi 1965) että ropsikakkaroiden syöminen on läheisessä sidoksessa kristillisen tradition kontekstiin. Argillander perustelee näkemystään seuraavasti:

Ajatus siitä, että ruoka ei ole nauttimista varten vaan sitä pitää syödä kivun ja hien kanssa konkretisoituu ropsikakkaroiden syömiseen, jossa joku talon väestä yrittää jäytää happamasta jänttöytyneestä ruisjauhotaikinasta tehtyjä akanaisia kakkaroita toisten hutkiessa syöjää ropseilla pitkin selkää.

10. syyskuuta

Päivä, jolloin Oskari Kervo-Perttula pukeutuu talviturkkiin ja putoaa jäihin. Päivän vietto on yleistä Kurikassa ja Laihialla. Elleivät lammet ole po. päivänä vielä jäässä, upotetaan Kervo-Perttula muuten vain veteen. Oskari-Kervo-Perttulan hukuttua v. 1936 ovat alueen asukkaat valinneet keskuudestaan vuosittain Kervo-Perttulan, jota on sitten uitettu. Alueella liikkuu edelleenkin runsaasti kaskuja Kervo-Perttulasta, jota voidaan pitää alueen tarustossa yhä legendaarisena kuin Nätti-Jussia tukkijätkien keskuudessa. Yhdessä kaskussa Kervo-Perttula menee turkki päällä saunaan ja toisessa kaskussa Kervo-Perttula menee linja-autoon ja sanoo rahastajalle hassusti.

Perinteisessä yläsavolaisessa tapakulttuurissa 10. syyskuuta on ollut päivä, jolloin on pantu vinkkelit (huopatossut) jalkaan. Vinkkeleitä on sitten käytetty toukokuun alkupuolelle saakka. Vinkkelin laittopäivä on mainittu mm. Rutakon herätyskalenterissa (1914, 28). Syyskuun 10. päivä tunnetaan vinkkelin valmistuspäivänä, jolloin Rutakon herätyskalenterin nimipäiväluettelon mukaan vietetään Silsan ja Seborrean päivää.

11. syyskuuta

Santeri Alkio syntyi Konnunsuolla 11.9.1862. Hänen syntymäpaikakseen on esitetty myös Laihiaa, mutta todellisuudessa Venäjän alikuvernööri Glijatsov sieppasi Alkion äidin Frida-Annikin mukaansa, kun hänet komennettiin Konnunsuolle vankilanjohtajaksi vuonna 1861. Santerin synnyttyä hänen äitinsä oli kyllästynyt venäläiseen ihailijaansa ja päätti paeta Konnunsuolta takaisin Laihialle. Täällä hänen puolisonsa Juho Filander antoi vaimolleen anteeksi tämän syrjähypyn ja hyväksyi pojan omakseen. Nimen Santeri-poika sai kasteessa lokakuussa. Laihialla tätä päivää on vietetty Santeri Alkion muistopäivänä jo 1940-luvulta lähtien. Suomalaiseen kalenteriin päivä vakiintui puolestaan 1960-luvulla, jolloin oli tapana Helsingin ylioppilaspiireissä viettää Santeria. Päivän viettoon kuuluivat isänmaallishenkiset tilaisuudet Ullanlinnan mäellä. Koska samoihin aikoihin vietettiin yleensä myös yliopistojen avajaisia, tuli Santerin päivästä myös ylioppilaiden opintojen aloittamisen päivä, joka antoi myös aihetta ylimääräiseen juhlintaan. "Santeri suun kostuttaa", tiesivät ylioppilaat jo 1920-luvulla. Nykyinen Keskustapuolueen vaalima käsitys Alkiosta poliittisena ideologina ja ajattelijana ei voisi olla kauempana totuudesta. Esimerkiksi Alkion käsitys "itsekasvatuksesta" selitetään nykyisin yksilön opetteluna hyvien tapojen noudattajaksi. Kuitenkin on perinteisesti tiedetty, että itsekasvattajilla kasvaa usein karvoja kämmenissään.

12. syyskuuta

Lusiaanus Vemuuttalaisen päivä läntisellä Syvä-Pohjanmaalla. Lusiaanusta on pidetty alueen suojelupyhimyksenä jo 1600-luvun lopulta lähtien, jolloin Bräkömbyn piispa Esekiel Görvänder kävi viemässä kristinoppia Pohjanmaalle. Sinänsä Lusiaanuksen valinta juuri läntisen Syvä-Pohjan asukkaiden suojelupyhimykseksi oli hyvin onnistunut, koska Lusiaanus on kertomusten ja kirkkohistorian mukaan ollut samanlainen mulkvisti kuin alueen asukkaatkin. Edelinin (1875) mukaan Esekiel Görvänder nimesikin alueen asukkaat "persiestä syntyneiksi" Tukholman hiippakunnalle osoitetussa matkaraportissaan.

Turussa päivä tunnetaan ruumiistairtautumispäivänä eli "kruppipakona". Päivän vieton juuret juontavat 1700-luvun lopulle, jolloin leipurin kisälli Jaakko Alopaeus koki ruumiista irtautumisen työvuorossaan Sjöholmin leipomossa. Jaakko näki leipomon katonrajassa kelluessaan, kuinka hänen ruumiinsa poistui rakennuksesta ja lähti lönköttelemään pitkin Läntistä Pitkäkatua Turun tuomiokirkon suuntaan. Ruumis löydettiin seuraavana päivänä tuomiokirkon lähellä olevan Brinkkalan talon parvekkeelta ja palautettiin omistajalleen. Tapaus sai runsaasti huomiota paikallisessa lehdessä ja aiheutti lukijakunnan keskuudessa lähes epidemian: aina syyskuun puolivälissä tapahtui runsaasti ruumiista irtautumisia ja "kruppeja sitten etsittiin päiväkaupalla kissain ja koirain kera molemmin puolin jokea" (Turun Wiikko-Sanomat 17.9.1808). Irtautumisvillitys huipentui vuonna 1827, jolloin 4.- 5. syyskuuta tapahtuneen Turun suuren tulipalon sytyttäjäksi epäiltiin sielultaan karannutta ruumista. Tästä syystä Turun poliisimestari Joachim Wasastierna antoi 12.9.1827 ukaasin, jonka mukaan "krupit on laillisen edeswastuun uhalla pidettävä kiinni sielussansa". Turun tilanne rauhoittuikin tulipalon jälkeen, ja seuraava uutisoitu "kruppipako" tapahtui Turussa vasta vuonna 1974, jolloin lusikantaivuttaja ja maagikko Uri Geller vieraili Suomessa. Gellerin esiintyessä televisiossa opiskelija Pirjo Kuivalaisen ruumis karkasi, varasti mopedin Turun Raunistulan kaupunginosasta ja ajoi Uuteenkaupunkiin saakka.

13. syyskuuta

Tupakkirullan muistopäivä Jaakkimassa. Allenin (1988) mukaan 13. syyskuuta 1886 taivaalta saapui lännestä päin pitkä, sylinterimäinen esine, joka ulkonäöltään muistutti suunnattoman suurta tupakkirullaa, ja laskeutui Jaakkiman kansanopiston pihaan. "Tupakkirullasta" laskeutuneet humanoidit - kuusikätiset limaiset oliot - lamaannuttivat tainnutussäteillä paikalliset asukkaat ja ryöstivät mukaansa Jaakkiman kartanon pehtoorin, suntion ja Eeli Burtsoffin koiran. Jälkikäteen tehdyissä tutkimuksissa havaittiin, että kansanopiston pihalla kasvaneet kuusennäreetkin olivat pahoin palaneita. Laulu "tuu tuu tupakkirulla, mistäs tiesit tänne tulla" kertoo juuri tästä tapauksesta ja laulussa ihmetellään sitä, miten humanoidit sattuivat valitsemaan laskeutumispaikakseen juuri Jaakkiman kaikista mahdollisista maailmankaikkeuden paikoista. Syytä laskeutumispaikan valinnalle ei ole voitu pitävästi esittää.

Tunnistamaton lentävä esine ja sen matkustajat
Jaakkiman kansanopistossa opiskelleen Hilppa
Sorsan kuvaamana.

161

14. syyskuuta

Törisevällä päivää on vietetty lopullisen kuoleman päivänä. Päivän ohjelmasta on olemassa erinomainen kuvaus Tenttusen (1987, 34-36) teoksessa, josta seuraavassa ote:

Usvan häivyttyä kylän yltä, asettui piripintainen muusajoukko keskuskentän laidalle. Ote herpaantui jo merkitsevästi kirjoittajilta, jotka saattoivat kumisevia kannuja palavien liekkien keskelle. Toisaanne saattoi vilkaisullaan nähdä puutuvan elkeen, joka lähensi osallistujien jäseniä kohti varpaissa olevia seinämiä. Otsapannat painettiin siniseen saveen ja aloitettiin karmea laulanta. Joku repi sisälmyksensä irti ja heitti ne kylän koirille. Tuolla saattoi nähdä miehen repimässä vaimonsa päätä irti ja tuolla toislahkeisen vermeen tiputtelemassa punakuulia. Uutta aamua ei ollut näkyvissä, oli vain pimenevä hetki ja sen sisällä tuskissaan kiemurtelevat ihmishahmot.

15. syyskuuta

Rahikkalan suurpitäjässä ennustettiin tulevan talven säätä juuri syyskuun 15. päivänä. Kalan suomuja, lintujen pesiä ja lehmänläjiä tutkimalla pääteltiin, tuleeko talvesta kylmä tai luminen. Uskomuksiin liittyviä sanontoja ovat mm. seuraavat: "Jos onsi lehmä ruikulilla Ruunarin päivänä, se tietääpi vetistä ja pitkää talvea". "Hopiainen suomus särjellä elikkäs salakalla tietää pakkasta tammikuussa". "Tyhjä variksenpesä viiestoista syyskuuta kerääpi lunta koko talven".

16. syyskuuta

Kaarlo "Kake" Randelin Ylämaalta kertoo 16. syyskuuta sattuneesta tapauksesta seuraavaa (Kuivittu 1987, 137-138):

Paskombyyn ja Ylämaan välisen tien varrella oli siinä ison kuusikon kohalla talo, jossa asui se Linsteeni leski nuoren tyttärensä - sen Maijan - kanssa. Minä sitä Maijaa kahtelin pitkään sillä silimällä ja lopultahan se ruoja suostu mulle suuta suikkaamaan juuri 16. syyskuuta. Silloin minä kotimatkalla vestin sen ojan ylitte menevän sillan kaiteeseen puukolla semmosen kuvan missä on kaksi syväntä niinko päällekkäin ja siinä samassa kaiteessa se kuva on vieläkin, vaikka tappauksesta on alun toistasattaa vuotta.

17. syyskuuta

Ervopuikkalassa vietiin syyskuun puolessavälissä keinorintaiset naisenkuvat rannalle. Tapana oli asettaa ne lahdukkaan ja ankkuroida painavilla kivillä rinnansyvyyteen. Kylän naimattomat naiset jäivät sitten kyttäämään rantalepikkoon aseinaan pitkät, puolitoistametriset koivuhalot. Kun naapurikylän aikamiespojat tulivat katselemaan - niin kuin he luulivat - rannassa uivia neitokaisia, hyökkäsivät naiset esille ja kalauttivat rangoillaan miehet tajuttomiksi. Pökertyneet miehet he veivät aittoihinsa ja mitä siellä tapahtui, on jäänyt muistelijoilta häveliäisyyden verhon taakse. Tapaan on liittynyt vieläkin eläviä sanomuksia, joista tunnetuimpia ovat: "Runkkautuu ko Pesä-Eemeli puukuvilla" ja "Haluton ko halolla hilloks hakattu".

18. syyskuuta

Päivä, jolloin Tyrvännöstä nostoväkeen joutuneet pojat kotiutuivat Pommerin sodasta. Tapaus on sikäli merkillepantava, että sotilaat toivat mukanaan uusia kasveja kuten voikukan ja nokkosen, joista kumpikin on nykyisin Tyrvännössä hyvin yleinen. Lisäksi miehet levittivät Tyrväntöläisten keskuuteen tippuria, silmäpaskoa ja räähkimätautia. Nämä "tuliaiset" tuhosivat merkittävän osan Tyrvännön väestöstä ja maanviljelyksen edellytyksistä ja edelleenkin on tapana, että armeijasta kotiutuvien nuorukaisten tavarat hävitetään ja kotiutetut pestään lipeällä manttaalikunnan talolle järjestetyissä vastaanottoseremonioissa vieraiden vaikutteiden ja tautien leviämisen estämiseksi. Tyrvännössä kannetaan edelleenkin kaunaa nykyisessä Saksassa sijaitsevalle Pommerin alueelle ja Tyrvännön kunnanhallitus lähettää vuosittain Saksaan herjaavan "joulukortin", joka laitetaan postiin juuri 18. syyskuuta. Esimerkiksi vuonna 2021 kortissa oli kuva tonttulakit päässä parittelevista lampaista ja tekstipuolella toivotus "yhtyä naispuoliseen lähisukulaiseen", kuten Tyrvännön paikallislehti korrektisti asian formuloi.

19. syyskuuta

Työkalujen valmistelupäivä Keuruulla. Syksy on parasta aikaa kerätä puutavaraa metsästä tarvekaluja varten: kasvukauttaan päättävät puut eivät enää ole merkittävän kosteita ja siksi puuaineksen kuivattaminen käy helposti ilman, että puutavara halkeilee tai vetäytyy kieroksi. Tästä syystä kirveenvarsia, puukonkahvoja, puulusikoita ja muita puusta tehtyjä tarvekaluja varten tarvittavaa puutavaraa on kerätty syyskuussa kaikkialla Suomessa, ja Keuruun seudulla juuri 19. syyskuuta on nimetty valmistelupäiväksi. Tällöin puukonkahvat uusittiin, kirveet korjattiin ja - mikäli taloon oli vuoden aikana saatu uutta jälkikasvua tai vanhat lusikat olivat taittuneet turhan tiiviiksi keitetyn puuron syönnissä - veisteltiin uusia puulusikoita. Lusikanveistely oli taloissa miespuolisten vanhusten ja lasten tehtävä, kun taas vaativampien puisten tarvekalujen tekemisestä vastasi parhaassa työiässä oleva väki. Illalla pidettiin tanssit ja usein loppuillasta ladon takana miesporukassa koitettiin, miten uusi puukonkahva pysyy kädessä. Seuraavana päivänä jouduttiin usein jatkamaan puutöiden tekemistä, kun pahiten juopuneet ja tapelleet rengit tarvitsivat päälleen lautaisen takin.

20. syyskuuta

Tutkija Hössö (1987) esittää teoksessaan 'Viimeisen valloittajat' mielenkiintoisen teorian Syvännemen Kuljunkylällä viime vuosisadan loppupuolella vallinneesta nk. putraamisen perinteestä. Putraaminen aloitettiin kylän taloissa jo edeltävänä yönä. Tapana oli, että talon isäntä avasi putrajaiset sanomalla "Putrua pöytään akka!". Vaimoväki kantoi sitten täynnään olevan kattilan uunista hellalle. Tästä koko talonväki, kukin omalla kahvelillaan, kauhoi maittavaa einettä suuhunsa. Se joka jaksoi syödä pisimpään, sai eniten onnea tulevaksi talveksi.

Hössö esittää teoksessaan, että putraaminen periytyisi muinaisen Ammanin Ahramin-laakson tavasta syödä einettä aina nälän yllättäessä. Näin hän tulee todistaneeksi suomalaisen kulttuurin suorat suhteet muinaisiin suurkulttuureihin. Suhdetta todistaa hänen mukaansa sekin, että amhan kielen sana khura tarkoittaa 'savea, jolla vilja kasvaa'. Tästä sanasta onkin johdettavissa suomen kielen sana kaura, joka on kuljulaisen putrun eräs keskeinen aines. Samasta kantasanasta tulee myös suomen kielen sana "kura", jolla alkujaan on tarkoitettu pellolle levitettävää, hyvin maatunutta karjanlantaa (vrt. myös maha kuralla).

21. syyskuuta

Osuuskaupan lopettajaiset Pätikkälässä. Päivän viettoon kuuluu kauppiaan omaisuuden pakkaaminen kuorma-auton lavalle, pakastealtaan huutokauppaaminen ja pienimuotoiset myymälävarkaudet sekä muistolahjojen jako. Muuton seuraajille tarjoillaan liköörikonvehteja. Kauppiaan tytär yritetään panna paksuksi ennen muuttoauton lähtöä kohti Turenkia, ja useana vuonna siinä on onnistuttukin.

164

22. syyskuuta

22. syyskuuta 1823 Annastiina Kohvakka painoi viimeisen kerran Tuliniemen talon oven kiinni. Pesti piikana oli päättynyt. Annastiina matkusti hevospelillä Kajaaniin, jossa hän pääsi apteekkarin taloon sisäköksi. Hyvin pian taloon tulonsa jälkeen Annastiina meni vihille kajaanilaisen Petter Kainulaisen kanssa ja yhdeksän kuukauden päästä vihkimisestä pariskunnalle syntyi poikalapsi, joka kasteessa sai nimen Kustaa Mauri Armfelt. Kustaa Maurin syntymää edeltävällä viikolla Annastiina ja Petter olivat muuttaneet torppaan, joka sijaitsi Kajaanissa nykyisen Koivukoskenkadulla toimivan ravintolan paikalla.

Kustaa Mauri oli lapsena sairaalloinen ja heikko ja usein hän tuli leikeistä itkien kotiin uhoten kuitenkin äidilleen kostavansa kajaanilaisille kaikki kärsimänsä vääryydet. Mieheksi kasvettuaan Kustaa Mauri Armfelt hakeutuikin Venäjän armeijaan, palasi Kajaaniin ja perusti paikkakunnalle varuskunnan, joka ensimmäisenä kovapanosammuntojen päivänä räjäytti Kajaanin linnan taivaan tuuliin. Kustaa Mauri patosi myös Kajaanin läpi virtaavaan vuolaan ja kalaisan joen vankityövoimaa apunaan käyttäen ja perusti paikkakunnalle vuoteen 1904 saakka toimineen matkustajakodin, jossa sikiävä kuppatauti rappeutti kainuulaista perimää merkittävästi. Kustaa Maurin kosto kajaanilaisille oli hirmuinen ja kajaanilaiset juhlivat edelleenkin Kustaa Mauri Armfeltin kuolinpäivää. Kustaa Mauri kuoli 22. syyskuuta vuonna 1872. 22. syyskuuta on kalenterissa edelleenkin Maurin nimipäivä.

23. syyskuuta

Horisontaalisen lahmaantumisen päivä Soiniolla. Tapana on ollut, että heti aamusta on lahmaannuttu horisontaalisesti. Tätä tilaa on jatkunut aina iltaan asti, jolloin on otettu ettonetta ja käyty sitten makuulle.

24. syyskuuta

Kepatsun Jouni ja Liimatan Unski oli joka jumalan vuosi kännissä syyskuun 24. päivänä. Eipä silti, oli ne kännissä kaikkina muinakin päivinä, mutta tuo 24. syyskuuta se aina jäi mieleen, kun oli sadekelit ja ne kännissä konttasivat mudassa ja ravassa yltäpäältä. Koiruuksiakin ne tekivät. Eipä silti, teki ne koiruuksia muinakin päivinä mutta tuo 24. syyskuuta jäihäntä siksi mieleen, että ne koiruudetkin oli ihan mahottomia tuona päivänä. Putkaankin ne vietiin aina sitten illalla. Eipä silti, olihan ne putkassa useinkin mutta tuo 24.

syyskuuta jäi sikäli mieleen, että poliisit pieksi ne pahanpäiväisesti siellä putkassa tuona päivänä; ihan sinisillä ja keltaisilla verimakkaroilla oli molemmat miehet. Poliisit hoki niitä hakatessaan, että se lyöminen tehtiin siksi kun oli 24. syyskuuta.

25. syyskuuta

Tornionjokivarressa käytössä olevan kalenterin mukaan 25. syyskuuta on aina keskiviikko. Silloin keitetään makkarasoppaa ja nautitaan sitä piimän kanssa. Nam!

Kotkan seudulla päivää vietetään puhumalla hassusti. Ihmiset sanovat "mie" ja "sie". Samalla yritetään pysyä vakavina.

26. syyskuuta

Pellervo-seuran toimittamassa perinnekeräyksessä (1967) tuli esille Ryhmyän Peurankylässä vielä tämän vuosisadan puolella esiintynyt nk. lehmän sonnittaminen. Harmi kyllä keräyksen tuloksista ei käy ilmi suoraan, mitä tavalla tarkoitettiin. Tavan merkityksestä onkin esitetty kaksi kilpailevaa teoriaa, ja opilliset ristiriidat ovat repineet Ryhmyän Peurankylää jo vuosikymmeniä.

27. syyskuuta

Turvonneen pernan (s.o. perunan) päivä Lopella. Tämä oli viimeinen päivä, jolloin vuoden perunasato nostettiin maasta. Sadonkorjuukausi katsottiin samalla päättyneeksi ja illalla järjestettiin sadonkorjuujuhlat. Perinteisenä ohjelmana juhlassa on ollut jo vuosisatojen ajan kylien välinen kyykkäkilpailu, köydenveto ja joukkotappelu. 1980-luvulta lähtien nassikoille on vuokrattu manttaalikunnantalon pihalle pomppulinna.

Itäisessä Kainuussa päivän viettoon on kuulunut vuosisatainen traditio nimeltä "karhun syöttäminen". Tavan mukaan talon vanhin mies pukeutui karhuksi ja konttasi ympäri pirttiä toisten heitellessä hänelle syötävää. Syötyään kylliksi "karhu" kiipesi uuninpankolle nukkumaan. On oletettu (esim. Leinonen ja Sartsinarsius-Pylppö 1996), että traditiolla on pyritty lepyttämään karhuja, että ne nukkuisivat pitkät talviunet eivätkä sotkisi keväällä viljelyksiä ja soisi talojen pihoilta vapaana juoksentelevia koiria.

Kolovedellä löytyi paikallisen kirkon sakastin alta omituinen muumio 2010-luvun kaivauksissa. Ensin sen luultiin olevan katolisen ajan pyhimyshautoja, mutta tarkemmissa laboratoriotutkimuksissa paljastui, että haudattu vainaja olikin joutunut keihäskäärmeen myrkyn uhriksi. Se oli vaurioittanut miehen ruumiin niin pahoin, että sen luultiin muumioituneen. Salmisen (2015) tekemien arkeologisten ja arkistotutkimusten perusteella paljastui, että henkilö oli 1800-luvulla Kolumbiaan matkustanut lähetyssaarnaaja Suvi Uuno Lehtonen. Hän oli ajautunut wayuu heimon pariin ja päiväkirjansa mukaan kokenut seuraavaa:

> *Oli syyskuu tai kuten paikallinen heimo sanoivat eejuu, jolla he viittasivat alkavaan mätäkauteen. Olin saapunut tälle alueelle pari päivää aiemmin ja löytänyt itseni heimon parissa. He suhtautuivat minuun mielenkiinnolla, mutta yhteisen kielen puuttuessa saatoimme vain vaihtaa hymähdyksiä ja käsimerkkejä. Heimon noitapappi kutsui minut eräänä iltana majaansa ja esitteli varastojaan. Kuljin hänen perässään ja tunsin äkkiä terävän piston jalkaterässäni. Noidan katse oli hirveä, kun hän näki matelijan, joka oli pistänyt jalkaani. Jalkani alkoi lahota jo seuraavan päivän aikana ja kiiruhdin pikaisesti lähetysasemalle, jossa toivoin, että he saisivat lähetettyä minut rakkaaseen kotimaahani kuolemaan.*

28. syyskuuta

Tertsukka-Aapon muistopäivä Raahessa. Koska Aapossa ei ole oikein mitään muistamista, ei päivää juhlisteta millään merkittävällä tavalla. Sen sijaan 1920-luvulla Kivennavalla ja Kirvussa heitettiin kurraa, kiipeiltiin puihin ja käytiin muhinoimassa navetan ylisillä. Stalin lakkautti moisen vehkeilyn heti jatkosodan jälkeen. Tverin Karjalassa on puolestaan leivottu 28. syyskuuta makeita pikkuleipiä, joita kutsutaan "kekseiksi". Keksejä syödään maidon kanssa. Rovaniemen seudulla on ollut tapana kammata tukka otsalle ja korvien yli ja naiset ovat tupeeranneet. Rohkeimmat miehet ovat lisäksi kasvattaneet nk. "heiton" eli pitkät etuhiukset, jotka huiskautetaan pois silmiltä voimakkaalla pään heilautuksella. Rovaniemi olikin maan hiusmuodin keskus 1960-luvulla (Jyystö 1996), mutta samalla Rovaniemen seutu on kuuluisa runsaista tuki- ja liikuntaelinsairauksista, jotka johtuivat juuri pään voimakkaista kiertoheilutuksista hiusten takia (n.k. "whiplash-efekti"). Pieksämäen seudulla päivä on omistettu Anttilan syys- ja talvikuvaston tutkimiselle. Tänä päivänä yksinäiset miehet ovat tyypillisesti piirtäneet kuvaston alusvaatemalleille kuivamustekynällä nännit osana tutkimusrituaalia.

29. syyskuuta

Voimuralla on syyskuun loppupuolella ollut perinteenä viettää kastaaset. Tapana on ollut, että syyskuussa syntyneet poikalapset on kastettu paikallisessa joessa. Lapsia on pidetty veden alla vähintään viisi minuuttia. Mitä tästä aiheutuu lapsille, paljastuu hyvin kylän suosituimmasta lentävästä lauseesta: "Heikkopäine ko syyskuussa koastettu läppi."

30. syyskuuta

Vaasan ulkopuolella, avomeren laidalla sijaitsevassa Pessaaressa (ruots. Pjäsö) syyskuun viimeinen päivä oli koko vuoden kalastuskauden huipennus. Vanhan myyttisen perinteen mukaan 30. syyskuuta oli päivä, jolloin jumalankaltainen "Gamle-Mört" ilmestyi pessaarelaisille kalastajille 1350-luvun alkuvuosina täyttäen myrskyävällä merellä kalastavien miesten veneet sorvalla, säynävällä, kuoreella ja hapansilakalla. Pessaarelaiset rakensivat Gamle-Mörtille kappelin saaresta koilliseen sijaitsevalle Lohiluodolle ja koristelivat kappelin kalankuvilla. Kappelin alttarin yläpuolella olevan Gamle-Mörtiä esittävän puuveistoksen väitetään vuotavan maitia syyskuun viimeisenä päivänä ja siksi Pessaari onkin nykyisin uskonnollishenkisten ja hurmoksellisten pyhiinvaellusmatkojen suosittu kohde.

Kuopion Likolahdessa 1800-luvulla syntyi omalaatuinen Gamle-Mörtiin liittyvä kultti, jossa alettiin palvoa Mönkköä. Uskomuksen mukaan Mönkkö oli nahiseva pallo, joka söi lapsia. Lapsia tavattiinkin pelotella Mönköllä aina saunan jälkeen: "kuivaa peäs jottei Mönkkö vie" ja "pili piiloon ettei Mönkkö sitä syö" oli usein kuultuja sanontoja. Paikallinen parantaja alkoi kerätä näitä palloja ja huomasi niiden toimivan hyvänä hilseen poistajana. Tästä alkoi farmakologisen osaamisen nopea kehittyminen seudulla.

LOKAKUU

Sana "loka" on murteellinen vääristymä alkuperäisestä kantasanasta "kola". Jo muinaiset suomalaiset puhuivat tästä vuodenajasta kolakuuna, koska lähes poikkeuksetta ensilumi sataa maahan juuri tänä ajankohta. Se, että kolakuuta on alettu kutsua lokakuuksi on Varsinais-Suomen murteen vaikutusta: tyypillisesti varsinaissuomalaiset puhuvat moukkamaisesti pihjalasta kun pitäisi sanoa pihlaja ja laahareista kun pitäisi sanoa haalarit. Kola-sanasta johdettuja sanoja ovat myös kolli ja kolo sekä verbi koinia. Kaikki sanat viittaavat edestakaiseen hinkkaamiseen ja maaperässä tai muualla oleviin aukkoihin ja syvennyksiin. Onkin oletettu (esim. Runkström 1971) että lokakuun sateiset päivät ja pitkät pimeät illat ovat saaneet ihmiset pysyttelemään sisätiloissa ja viettämään aikaansa "koloja tutkiskellen ja hinkaten edestakaisin" (emt. 124). Lokakuu ei ole säästä huolimatta ollut millään tavoin murheellinen tai epämukava kuukausi, vaan "lokakuu on lokoisa", kuten Runkström toteaa.

Lokakuussa on jo vuosisatojen ajan keskitytty talteen kerätyn sadon nauttimiseen, viinankeittoon, metsästykseen ja roskakalan pyydystämiseen. Tupakkia on poltettu runsaasti ja kylillä maleksiminen on minimoitu. Pimeän aiheuttamaa masennusta on pimeissä pirteissä yritetty torjua reippain pelein sekä leikein, ja tyypillistä etenkin Länsi-Suomen ja Savon väestölle ovat olleet käpyrauhasta aktivoivat rituaalit, meuhkaminen ja hassuttelu. Useissa taloissa ja torpissa on kaivettu haitarit ja pimpparaudat esiin ja pimputeltu murheet käppyrään.

1. lokakuuta

Lokakuun alussa oli Tuppilassa tapana vyöttää alushameet paikalleen. Tavalla varmistauduttiin tuleviin kylmiin ilmoihin ja siihen, että vaimoihmisten siveys säilyisi hyvänä koko pimeän ajanjakson ajan. Aiemmin tuppilaismallisessa alushameessa oli lisäksi taskut, jonne naiset saattoivat kerätä kiviä itsepuolustustarkoituksessa. Tuppilan miesväki tunnettiinkin aiemmin siitä, että heillä oli "nuppi turvoksissa", eli päässä oli kivien aiheuttamia kuhmuja. "Ootko tullut Tuppilasta, kun on patti nuppilassa", saatettiin "turpiinsa saaneelta" tai itseään vahingossa kolhineelta kysellä leikillisesti.

2. lokakuuta

Pervolassa lokakuun alussa vietettiin Erilaisten miesten päivää. Tapana oli, että kylän aikamiespojat pukeutuivat naisiksi ja lähtivät puolenpäivän maissa patseeraamaan kylän raitille. Siellä he keikailivat vastaantulijoille ja iskivät näille silmää. Joskus sattui, että kylään eksyi tänä päivänä joku ulkopaikkakuntalainen. Kyläläiset hassuttelivat tällöin hänen kustannuksellaan kertomalla, että nyt olisi kylän nättejä likkoja naitavilla. Usein muukalainen tarttuikin jonkun naiseksi pukeutuneen aikamiespojan kainaloon.

Sattuipa joskus niinkin, ettei kyseistä paria sen koommin paikkakunnalla enää nähty. Naapuripitäjissä vain kerrottiin omituisesta susiparista, joka asustaa paikkakunnalla, mutta jolle ei vain tunnu lapsia siunaantuvan.

3. lokakuuta

Teppo Kuumotin kertoo kirjassaan (1969) lokakuun 3. päivän vietosta Etelä-Savossa 1800-luvulla seuraavaa:

Ihmiset olivat väsyneitä. Tallukat ja virsut vettyivät sateen kastelemassa maassa ja siksi lokakuun kolmantena päivänä ei nykyisen Hirvensalmen ja Mäntyharjun alueella poistuttu pirtistä. Tarpeet tehtiin nurkkaan ja pääasiassa päivää kulutettiin pirtin penkeillä makailemalla ja tuijottamalla ikkunasta ulos kuka mihinkin ilmansuuntaan, yleisimmin itään. Piika tai emäntä keitteli kahvia, ruoka ei maistunut ja sisätöitäkään ei huvittanut tehdä. Silloin tällöin joku lausahti sanan tai kaksi ja useimmiten vastaukset olivat murahduksia tai raskaita huokauksia. Rohtimesta ja pellavasta tehdyt vaatteetkin hiersivät ja hiottivat tavallista enemmän. Tuntui kuin yleinen apeus ja vitutus olisi laskeutunut tämän jumalanhylkäämän alueen ylle.

4. lokakuuta

Epätoivoisten sinkkujen päivä Turussa. Päivää on vietetty 1980-luvun puolestavälistä asti. Tapana on ollut, että jo työpaikalla ollessa aletaan soitella naimattomille ystäville ja valitella omaa ja kohtalotoverien surkeaa tilannetta. Samalla sovitaan, mihin ravintolaan mennään illalla ja kenen kanssa yritetään yöllä harrastaa hätäinen coitus.

Mielenkiintoinen päivään liittyvä kuriositeetti tunnetaan nimellä "puuroperjantai". Vuonna 1918 Suomi oli poliittisesti rikki ja sodan jäljiltä myös elintarvikehuolto oli täysin sekaisin. Niinpä Suomen silloinen valtionhoitaja P.E. Svinhufvud julisti 4.10.1918, että nälkäongelmien lievittämiseksi on otettava käyttöön viikonpäivä, mielellään perjantai, jolloin syödään vain puuroa. Puuro - lääry (Savitaipale), jankki (Oulun seutu), jänttönen (Mikkeli), jäykkä (Pohjois-Savo), pakkeli (Etelä-Pohjanmaa), rakka (Lappi), kökkänä (Vakka-Suomi) jne. - oli tunnettu ja edullinen ruoka koko Suomessa. Ongelmalliseksi julistuksen teki se, että suuri osa maaseudun työväestöstä oli ollut toukotöiden aikana vankileireillä, joten maanviljelystä ei ollut harjoitettu normaalivuosien tapaan (Kaatiola 1974). Niinpä käsitys perjantaista puuropäivänä unohtui nopeasti, ja päivä sai uuden merkityksen 1990-luvun alkuvuosien lama-aikana, kun Esko Ahon ensimmäinen hallitus julisti perjantain pizzaperjantaiksi vuonna 1994.

5. lokakuuta

Soisalon lossinvartija Juho Mäkinen (1987) muistelee päivää seuraavasti:

Suatto männä päivä ja parikin ennenku eukko toi mulle syömistä. Kerran jiävyin lokakuun viijjeespäevä keskelle virtoo ja siinä seisoin. Eipä muuta ollu toimitettavaa, ku piippua polttoo ja syleksiä lossilautan kylille. No siitä jiä loppuviikosta sevverran herkes, jotta piäsin irti ja takaisin rantaan. Se tuli sittä tavaks, jotta joka lokakuussa vietettiin sitte sylikijäisiä poikiin kanssa siinä lossilla. Kerrankii suatiin kylet niin mustiks tupakanperskoin jäiltä sylykiissä, jotta oululaiset luuli meijän tervoo torille ajavan. Toroskaisen nuorin poika kerräili sitten sitä töhkää talteen ja voiteli sillä suksensa: olj ihan voittamaton sen talaven hiihoissa eekä kyntteliä tarvinu sukseen pyihkästä.

6. lokakuuta

Tärviön kylässä Haapaveden rajalla koko päivä käytettiin talvisten tarvekalujen korjailuun ja rakentamiseen: reet tervattiin, sukset voideltiin sillinpäällä ja kelkkoja koossapitävien pajupunosten kestävyys tarkastettiin istuttamalla lihava emäntä tai piika kelkkaan ja tyrkkäämällä kelkka matkustajineen alas riihen katolta. Museoviraston 1970- ja 1980-luvuilla tekemissä kaivauksissa on Haapaveden alueelta löydetty myös puisia, ilmeisesti 1400- ja 1500-luvuilta peräisin olevia, kärjistään pyöristettyjä ja taivutettuja levyjä, joita on käytetty liukumiseen. Jalat on kiinnitetty levyyn nahkasta tai pajupunoksesta tehdyillä mäystimillä. Koska molemmat jalat on kiinnitetty samaan levyyn - siis eräänlaiseen leveään sukseen - on tasamaalla ja ylämäissä liikkumisen voinut olettaa olleen erittäin vaikeaa. Tästä syystä "lumilevyjen" tai "laskettelulautojen" funktiota ei ole voitu selittää. Löydösten sijoittuminen Haapaveden seudulle on lisäksi hämmästyttänyt tutkijoita siksi, että alue on hyvin alavaa maata, jossa mäkiä ei liiemmälti ole.

Kainuun soisilla seuduilla ovat nuoret naimattomat naiset suorittaneet "mieheläänpääsyrituaalin" juuri lokakuun kuudentena päivänä (Yntäri 1953). Rituaaliin on kuulunut alasti riisuuntuminen ja vartalon sively hunajalla, jonka jälkeen neidot ovat kieriskelleet suovillatupsujen päällä. Valkoiset tupsut - kiinnittyessään tahmeaan hunajaan - ovat saaneet neidot näyttämään suurilta kaneilta, jotka ovat tunnettuja sikiävyydestään. Yntärin mukaan naimattomat miehet yrittivätkin sitten "ampua lonkalta" näitä pupuja.

7. lokakuuta

Tupakkamiesten päivä Perimölässä. Tapana on ollut, että kesän kessusato on leikattu ja laitettu kuivamaan ja fermentoitumaan syyskuun puolella. Tänä päivänä se on sitten haettu ladon ylisiltä, hakattu hakkurilla pieneksi silpuksi ja lopuksi on sauhuteltu makeat uutissauhut vastahakatusta tupakasta. Voi sitä onnetonta taloa, jossa halla tai hiiret veivät kessut, koska silloin talvella jouduttiin röyhyttelemään kaikenlaisia korvikkeita: perimätiedon mukaan korvikeaineina on kokeiltu kaarnaa, savustettua siannahkaa, tappuraa ja pellavaa sekä - ääritilanteessa - myös kalansuomuja. Ruotsinkielisissä taloissa näiden makua on yritetty parantaa kaikenlaisilla mausteilla, mutta yleiseen käyttöön tämä tapa ei ole levinnyt.

8. lokakuuta

Liipasimen varmistamisen päivä Perttelissä. Aamulla isäntä on käskenyt nuorinta poikaansa hakemaan kiväärin porstuan kaapista ennen hirvimetsälle lähtöä. Saatuaan aseen, hän on kääntänyt sen kohti poikaansa ja vetänyt liipasimesta. Jos ase on lauennut, on sanottu: -Perkeleen tollo! ja varmistettu liipasin itse, jos taas poika on älynnyt varmistaa liipasimen ennakolta, on tätä kiitetty ja otettu hänet mukaan metsälle. Tutkijat Laa-Laa & al. (1998) ovat osoittaneet selvästi, että idiotismin ja heikkolahjaisuuden aiheuttava geeni onkin käytännössä hävinnyt Perttelistä.

Nykyisen tutkimustiedon valossa väitteet suomalaisista muinaiskuninkaista ovat pääosin keksittyjä. Rovaniemeltä on kuitenkin 2010-luvulla löytynyt muinainen, riimuilla kirjoitettu asiakirja, nk. Ounaksen koodeksi (julkaistu selityksineen

2015), jonka mukaan pohjoista Suomea asutti 300-luvulla Ounaksen heimo. Heimon hallitsijoina toimivat kuninkaat Entso, Atzo, Peenis ja Hilja. Koodeksin mukaan heimo saapui Rovaniemen seudulle lännestä ja mitä ilmeisimmin hajosi ja sekoittui muihin heimoihin 400-luvulle tultaessa. On arveltu, että osa Ounaksen heimosta vaelsi itään ja liittyi komuutteihin. Hämmästyttävää on se, että Ounaksen heimolla oli ainakin yksi naispuolinen hallitsija: Hilja johti heimoa - ja hallitsi tiettävästi suurta osaa nykyistä Pohjois-Suomea - kymmenien vuosien ajan. Entso ja Atzo tiedetään miespuolisiksi hallitsijoiksi, mutta Peeniksen sukupuolesta ei ole saatu täyttä varmuutta. Hiljan vaikutusta Pohjois-Suomen kulttuuriin ei pidä väheksyä. Juuri rovaniemeläisten aloitteesta 8.10. on kalenterissa Hiljan nimipäivä.

Omituista kyllä, tietoa Ounaksen heimosta ja Ounaksen kuninkaista ei ole aktiivisesti kerrottu suomalaisissa historiankirjoissa. Perimätietoa on kuitenkin ollut jo ennen Ounaksen koodeksin löytymistä, ja esimerkiksi Ranskassa Ounaksen heimo on toiminut innoittajana ranskalaiselle tarinalle strumffeista (Les schtroumpfs).

9. lokakuuta

Vanhan suomalaisen kalenterin mukaan Jurpon päivä. Jurpo on suomalaisessa mytologiassa ollut "ilikee ja halju haltija, joka loi varpaisjärveläiset ja nilsiäläiset" (Holopainen 1948). Tapauksen kauheus on ollut erittäin syvälle juurtuneena suomalaisten uskomuksissa ja vielä 1940-luvun alussa Jurpoa pyrittiin lepyttämään järjestämällä tansseja riihiin, ettei vastaava Jurpon aiheuttama onnettomuus enää kohtaisi kansaa.

Länsi-Suomen rannikkoseudulla 9. lokakuuta on ollut yleisen epämukavuuden ja valituksen päivä ja nykyäänkin ruotsinkielisen kalenterin mukaan po. päivänä nimipäiväänsä viettää Marina.

10. lokakuuta

Loputtoman piimän päivä Keuruun Kotipitäjässä. Tänä päivänä on talven varalle hapatettu pitkäpiimä leikattu kylän taloissa palasiksi. Se talo, jonka piimästä on pystytty vetämään pisimmät säikeet, on nimetty loputtoman piimän taloksi ja sille on lapsilykky ja pelto-onni taattu seuraavaksi vuodeksi.

11. lokakuuta

Lokakuun 11. päivä oli suomalaisessa mytologiassa tärkeä juhla. Tämä sen vuoksi, että katsottiin yleisesti Otson, Nallen eli Murmurin käyvän tänä päivänä talvilevolle. Tämä oli myös viimeinen päivä, jolloin karhun saattoi vielä tappaa ennen talvea pakanallisessa Suomessa.

Konginkankaalla oli tapana tänä päivänä vielä viime vuosisadan loppupuolella "pukeutua karhuksi". Kylän miehet vetivät niskaansa menneinä vuosina kaadettujen karhujen turkkeja ja lähtivät yhdessä kaatamaan karhua. Perinteeseen kuului, ettei metsältä tultu Ohdotta. Tästä oli seurauksena se, että peijaissopassa kerrottiin joinakin vuosina löytyneen kylän vittumaisimman miehen luita ja lihoja, jotka kuitenkin nautittiin Otson päivän vaatimalla hartaudella ja ehkäpä jopa tavallista nautinnollisemmin.

12. lokakuuta

Kontupohjasta vasemmalle sijaitsevalla kapealla männikkökaistaleella anoivat miehet lokakuun 12. päivänä - joka ortodoksisen kalenterin mukaan oli aina keskiviikko - jumalalta varjelusta kotitöistä. Traditio on vanha, juontaen juurensa ilmeisesti jo 1100-luvulle. Kalevalainen mitta näkyy selkeästi laulurukouksessa, jonka talon miespuoliset henkilöt kokoontuivat yhdessä esittämään po. päivän aamuna jollekin korkealle kukkulalle:

Wariele wakainen luoja
hulikoita huuhtomasta
lattiaa lakaisemasta
röijyjä peseskelemästä
ne on akkain askareita.

Anna mulle mahtavalle
pyssy selkään
heila wiereen
olutta hinkalon verran
sen mie sinulta pyywän
paljaspäänä anelen.

Traditio kuihtui Karjalan tyhjennyksen yhteydessä välirauhan aikaan.

**Kuusivaaran Aune vie vasullisen hiiriä
ripustettavaksi pensaiden oksiin. Piirros vuodelta
1902, tehnyt Saarijärven ruustinna Elli Ganander.**

Saarijärven seuduilla julistettiin 12. lokakuuta totaalinen sota hiiriä vastaan. Loukut viritettiin ja raadot ripustettiin voitonmerkkeinä tienvarsipensaisiin. Rampa saksalainen nuorukainen Josef Göbbels vieraili Saarijärvellä vuonna 1919 ihastuen tapaan. Hän käyttikin termiä "totaalinen sota" omassa radiopuheessaan noin kymmentä vuotta myöhemmin.

13. lokakuuta

Punaisen variksen päivä Toppolassa. Päivästä ei ole muuta merkintää, kuin kynällä tehty rasti ja lyhyt nimeävä huomautus pitäjän kirkon kalenterissa vuodelta 1886, joten sen viettoon liittyvistä tavoista ei ole selvää käsitystä.

14. lokakuuta

Korvopetäjässä on tapana järjestää 14. päivänä lokakuuta Elsan kutittajaiset. Varsinaiset juhlallisuudet, jotka valmistavat Elsan kutittajaisia alkavat jo edellisellä viikolla. Kylän vanhat piiat muuttuvat täksi viikoksi Teko-Elsoiksi, joita saa kutitella miten mielii. Viimein 14. päivän ehtoolla valitaan jokin heistä

175

oikeaksi Elsaksi, joka naitetaan kylän komeimmalle naimaikään ehtineelle nuorukaiselle. Seudulle kehittyi tavan seurauksena Suomen ensimmäiset kynsihoitolat. Tämä sen vuoksi, että nuoret miehet alkoivat kasvattaa ja hoitaa kynsiään kutiamisen tehostamiseksi. Tämä tapa levisi sittemmin suomalaisten lähetystyöntekijöiden mukana Afrikkaan, jossa animistinen pantterikultti hyödynsi hyvin hoidettuja vahvoja kynsiä omiin menoihinsa.

15. lokakuuta

15. lokakuuta vuonna 1453 Hollolan suurpitäjän piispa Natanael Runkström julisti Hollolan suomalaisen sivistyksen kehdoksi. Julistuksessaan Runkström vaati lisää tapainkasvatusta ja edellytti, että jokainen hollolalainen hankkii kohtalaisen tanssitaidon. Tälle sivistyspiispaksi itseään tituleeraavalle moukalle kävi ylen huonosti naureskelevan rahvaan keittäessä hänet elävältä tervapadassa.

Vastaavanlaisia pyrkimyksiä on esiintynyt myöhemminkin etenkin Suomen suurvalta-ajatusta vaalivassa politiikassa, ja ehdotuksia sivistämistyön tehostamisesta on esitetty juuri lokakuussa. Tavoitteet ovat kuitenkin olleet jo ennalta tuhoon tuomittuja. Jyystö (1994) selittää tämän "lokakuun kiihkon" johtuvan siitä, että päivänvalon väheneminen Pohjolassa aiheuttaa käpyrauhasen vajaatoimintaa ja hormonaalisia muutoksia, jotka puolestaan johtavat ihmisten ajattelukyvyn vääristymiseen ja puhtausintoiluun. Yhdysvalloissa tehdyissä tutkimuksissa (esim. Johnson 1997) on huomattu, että kansansivistysvaatimukset ja ehdotukset tanssitaidon hankkimisesta ovat voimakkaimmillaan juuri vaihdevuodet ohittaneilla naisilla, joiden estrogeenituotanto on kuitenkin edelleen korkea.

16. lokakuuta

Ensimmäisen makuullelaskun päivä Suomenlahden rannikon Korvettolan kylässä. Tapana on ollut kylässä juhlistaa tänä päivänä ensimmäistä makuullelaskua, joka tapahtui syksyllä vuonna 1765. Tällöin kylän perustaja Tapani Korvettola raivasi itselleen tilan ja rakensi samalla vaatimattoman kalastajamökin perheelleen. Mökki on säilynyt ja se toimii nykyisin kylän kotiseutumuseona. Päivää juhlistetaan menemällä mahdollisimman varhain maate. Jotkut kieltäytyvät jopa nousemasta sängystä koko päivänä, mutta tätä pidetään liioittelevan kerettiläisenä tulkintana päivän viettotavoista.

17. lokakuuta

Korvenperältä löytyneessä käsikirjoituksessa esitetään teoria, jonka mukaan suomalaisten heimojen ensimmäisiä yhteisiä pyhiä paikkoja olisi ollut Saanatunturi. Tätä teoriaa tukee Kervo-Peterin (1987) Saanalla vuosina 1978-1985 tehtyjen arkeologisten kaivausten löydökset. Löydetyistä esineistä merkittävin on nk. Saanan kataluuni. Kataluuni on ensimmäinen kokonainen suomalais-ugrilaisen kantauunin löydös. Sen tekee erityisen merkittäväksi se, että uunin sisältä löytyi myös ruokatarpeita, joita oltiin valmistamassa n. 20 000 vuotta sitten. Tutkija Kervo-Peterin (emt. 23) mukaan näyttää siltä, että savukala ja -liha oli jo tuolloin merkittävä osa suomalaista ravitsemusta.

Saanatunturilta on löytynyt myös muutama kivikautinen seinämaalaus. Niistä toinen esittää kahta keppiä, jotka on katkaisun jälkeen lyöty ristiin ja toinen jotakin eläintä, joka juoksee pelon vallassa pitkin tuntureita. Kervo-Peteri on tulkinnut näiden kuvien pohjalta, että jo muinaiset suomalaiset esittivät pakanallisissa kulkueissaan miraakkelinäytelmiä ja on todennäköistä, että keskiaikaiset kristinuskoon liittyvät ns. pärttylinäytelmät ovat saaneet jo näiltä ajoilta vaikutteita.

18. lokakuuta

Pahvisen ahman päivä Pohjois-Suomessa. Tradition alkuperästä tai viettotavoista ei kuitenkaan tiedetä mitään, koska perinteeseen vihkiytyneet veivät salaisuuden mukanaan hautaan. Sodankylän pappilan vintiltä löydettiin v. 1953 pahvista tehtyjä rakennelmia, joiden arveltiin liittyvän traditioon. Rakennelmien oletettua tekijää, löytöhetkellä 97-vuotiasta kirkkoherra Eeli Kuivantoa, ei voitu kuitenkaan kuulustella hänen horjuvan mielenterveytensä takia. Luderus (1965) olettaa kuitenkin, että pahvisen ahman päivä oli vain "hämäys, jolla rahvaan huomio yritettiin saada käännettyä pois tosiasioista".

Teppo Lihvattu (1969) kertoo lokakuun 18. päivän vietosta Kallistossa seuraavaa:

Viitasen suku oli varsinainen Kalliston porvarissuku, joka hallitsi alueen kaupankäyntiä, maanviljelystä ja naimakauppoja. 18. lokakuuta oli vuonna 1877 kuolleen Eeli Viitasen, jota pidetään nykyisen Viitasen imperiumin luojana, syntymäpäivä. Vaikka 1950-luvulla "paappa" oli ollut vainaana jo vuosikymmenet, juhlittiin Kallistossa edelleenkin paapan syntymäpäivää. Kyseisenä päivänä Viitasen suvun jäsenet kiipesivät autoihin ja hevosrattaille, ajelivat kylällä tyyriin näköisenä väistämättä ketään, uhkailivat ja simputtivat rahvasta ja hurjimpina vuosina, kuten v. 1938, 1954 ja 1957 menivät selkeästi laittomuuksien puolelle pahoinpitelemällä osuuskaupan hoitajaa, nöyryyttämällä kirkkoherraa tai polttamalla paikallislehden toimittajan talon. Tätä nykyäkin Viitasten vaikutus näkyy kunnalliselämässä siten, että Viitasen suvun valittu jäsen käy potkimassa kunnanvaltuustoa perseelle juuri 18. lokakuuta sekä pistäytyy jo aikaisemmin päivällä haukkumassa vähävaraisten lapsia peruskoulun ala- ja yläasteilla.

19. lokakuuta

Ei-päivä suomalaisessa kalenterissa. Sitä ei vietetä.

20. lokakuuta

Suomen keskustaiteilijaseuran vähemmistöjaoston puheenjohtaja Untamo Kuuppi kuvailee muistelmissaan (1987, 23) seuran osaston perustamisen lokakuun 20. päivän vuosijuhlapäivää seuraavasti:

Pentti Vaakari tuli heti aamusta luokseni ja otti povitaskustaan lasisen laulukirjan. Päivä aloitettiin sen nauttimisella. Tähän kului yleensä vain noin viisi minuuttia. Tämän jälkeen koottiin keili koolle ja mentiin pitämään yhdistyksen kokousta Raittiustalolle. Kokous päättyi lähes aina siihen, että talon vahtimestari tuli ja keskeytti meidän varsin riehakkaan yleiskeskustelun.
Tämän jälkeen siirryttiin Kämppiin kahville ja konjakille. Tapana oli, että puheiden pitäminen aloitettiin välittömästi. Ensin todettiin yleisesti taiteilijoiden huono asema ja erityisesti korostettiin vähemmistötaiteilijoiden erityisen huonoa asemaa jo pelkästään suhteessa muihin taiteilijoihin. Tästä synkistyneinä alettiin raju ja katkera juopottelu, jota jatkui aina pikkutunneille asti. Tänä aikana laadittiin yleensä myös julkilausuma, jota kukaan ei kuitenkaan koskaan selvin päin nähnyt.

21. lokakuuta

Rutakon herätyskalenterin (1914) mukaan talvesta tulee ankara, mikäli 21. lokakuuta piisami nousee rantaan. Piisami on suomalaisessa mytologiassa

178

muutoinkin myyttinen ja maagisia voimia omaava eläin, joka tiettyjen uskomusten mukaan mm. piti maailman napaa paikallaan. Lunkioinen esittää kirjassaan "Kaksipisteiset koordinaattijärjestelmät" (1967), että piisami on ollut suomalaisessa maanmittausperinteessä koordinaattijärjestelmän kantapiste 1400- ja 1500-luvuilla. Vanhoissa kartoissa piisami onkin sijoitettu usein vasempaan yläkulmaan, josta "maailma alkaa" (emt. 77)

Turengissa vallinneen uskomuksen mukaan Piisami saapuu 21. lokakuuta ja "vie pahan poies" (Väärtö 1956). Asukkaat halusivat varmistaa, että Piisami ei varasta talon tarvekaluja tai kläppejä (lapsia), ja siksi talojen ovet ja ikkunat naulattiin kiinni ja savupiiput tukittiin: käytännössä perheet linnoittautuivat päiväksi taloihinsa. Häkämyrkytykset olivat yleisiä ja myös naisväen käyttäytyminen päihtymyshakuista ja promiskuiteettista. Pyhiä lupauksia kirjoitettiin tuohenpaloille, joita sitten poltettiin pirtin lattialla. Sahtia tai kaljaa oli varattu riittävästi ja ruoaksi syötiin yleensä hapsiskakkaroita, jotka symboloivat piisamin, hämäläisen jumalan Kurpan ja "Taiwahan Pollen" myyttistä kolmiyhteyttä.

22. lokakuuta

Idioottien keritsemisen päivä Lapinlahdella. Päivänä muistetaan Gruppenführer Johannes Stokoilaista, joka toi eugenetiikan Suomeen 1920-luvulla ja joka kehitti ja toteutti tätä oppia maassamme menestyksellisesti aina 1940-luvun lopulle saakka. Tapana on sairaalassa vielä tänä päivänäkin leikillisesti kerihteä potilaat eli leikata heiltä häpykarvat pois. Stokoilaisen aikana leikkaaminen ulotettiin tosin hieman syvemmälle.

23. lokakuuta

Pöiräkkölässä oli tapana vielä toissa vuonna viettää tänä päivänä nk. Tyhjenevän rakon päivää. Päivän kuluessa täytettiin rakot juomalla sahtia tai muuta panimotuotetta ja illan hämärtyessä mentiin "kuseskelemaan nurkkiin". Parhaina päivinä kylän väki sai lannoitettua suurimman osan viljelysmaista. Tapana olikin sanoa: "Niin kasvaa keltasena kuni ohra hyvin kustulla pellolla."

24. lokakuuta

Ruttoon kuolleiden muistopäivä Tyrnävällä. Vuosina 1788 ja 1845 ankarana riehunut ruttoepidemia sai alueen asukkaat vainoharhaisiksi ja edelleenkin juuri po. päivänä kyläläiset hyökkäilevät aknenaamaisen nuorison kimppuun höykyttäen heitä pahanpäiväisesti huutaen samalla "Rutto-Petteri, Rutto-Petteri". Pahimmin aknen kohtelemia on myös ajettu pois pitäjästä tai poljettu suohon, ja joskus aknea eli "ruttoa" on myös "paranneltu" punahehkuisella hiilikoukulla.

Röpötöörin hoonaaja Eeli Kuhilas muistelee puolestaan lokakuun 24. päivän viettoa tiiviissä teollisuusyhteisössä Valkeakoskella seuraavasti (Orpojen Joulu 1958):

Se kaheeskymmenesneliäs päivä alotti aina jouluajan tehtaalla ja sen asunnoissa. Heti aamulla tuli patruuna tehtaan valimoon ja sen sijaan, että olisi hakannut meitä työläisiä kartulla kuten tavallisina aamuina, se hakkasi meitä pullapitkolla. Ruokatunnilla met saimme aina toisenkin viipaleen leipää ja kyllä se maistuikin hyvältä. Oltiin myö niin kiitollisia kun aina joulunajan alun kunniaksi tehtaan miehet kävi myrkyttämässä asunnosta syöpäläiset ja rammat ja vähä-älyiset, jotta ihan alkoi heti maistua joululta se oleminen. Tottahan ne meiltä palkasta pidättivät sen toisen leipäpalasen ja myrkyn hinnan mutta kyllä myö oltiin kiitollisia, kun meistä pidettiin niin hyvää huolta.

Valkeakoskella jouluun valmistautuminen aloitetaan nykyisinkin juuri 24. lokakuuta.

25. lokakuuta

Ne päivät.

26. lokakuuta

Sevettijärvellä oli tapana järjestää joka syksy muikunnostajaiset. Heti aamusta kylän kalastusveneet lähtivät järvelle ja laskivat verkot. Illalla verkot haettiin pois. Juuri koskaan ei saatu saalista, mikä ihmetytti suunnattomasti kyläläisiä. Eräänä selityksenä tähän on esitetty (Pakana 1987, 34), että järven pohjaan laskeutunut avaruusalus on aiheuttanut muikkukannassa mutaation ja muikut ovat muuttuneet lentokaloiksi, jotka ovat kadonneet paremmille metsästysmaille jo 1950-luvulla. Tähän liittyy runsaasti paikallistarinoita, jotka kuvaavat kalojen jokakeväistä lentelyä. Sanonnat: "Puoli kuuta muikkusesta" ja "Pyörii koivunlatvassa ko kiimane neulamuikku" kuvaavatkin hyvin alueen omituista faunaa. Vanhoista keittokirjoista saattaa löytää reseptejä "Sevetin lentomuikulle" tai "uunissa haudutetulle siipimujeelle". Myös elokuvan "Lentävä kalakukko" käsikirjoitus kertoi alun perin Sevettijärven lentävistä muikuista. Esa Pakarista pyydettiin esittämään lentomujeen roolia. Pakarisen pidettyä käsikirjoitusta älyttömänä päätettiin juoni muuttaa tavallisemmaksi ja Pakariselle annettiin uudessa, vuoden 1953 käsikirjoituksen mukaisessa elokuvassa keskeinen konduktöörin rooli. Koska elokuvaa oli jo ennakkomarkkinoitu runsaasti, ei sen nimeä haluttu enää vaihtaa, vaan elokuvassa esiintyvä juna nimettiin Lentäväksi kalakukoksi.

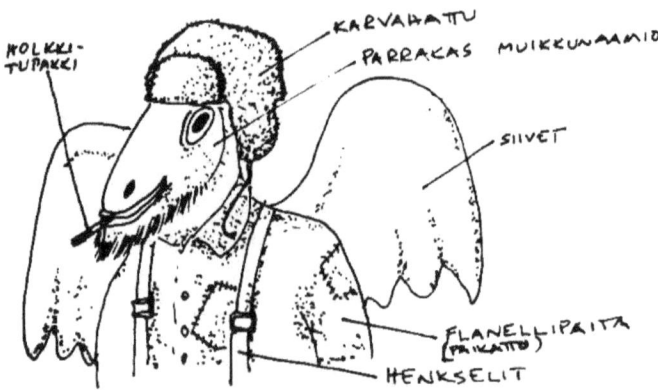

Lavastaja Hillevi Keräsen näkemys Esa Pakarisen
asusta "Lentomujeen" rooliin. Alkuperäinen piirros
Suursuomi-filmin arkistossa.

27. lokakuuta

Lokakuun viimeisellä viikolla alettiin Pohjois-Suomessa valmistautua talven tuloon: lapset saivat ryhtyä käyttämään kenkiä ja halvaantunut mummo peitettiin sivustavedettävässä sohvassa ryijyllä. Ikkunat tilkittiin ja hevosille pantiin kulkuset kaulaan.

Yli-Iissä, Tervolassa ja Posiolla pidettiin kyykkäkauden päättäjäiset juuri po. päivänä, joka oli vuoden viimeinen riettailu- ja mellastuspäivä lukuun ottamatta joulua, arkipyhiä, talvipäivän seisotusta ja satunnaisesti valittuja sunnuntaipäiviä ja keskiviikkoja. Kyykkäkauden päättäjäisperinteestä on ensimmäiset maininnat jo 1400-luvulta (ks. Konkka 1983), eli perinne on Suomen oloissa poikkeuksellisen pitkäaikainen. Kyykkäkausi päätettiin ajelemalla kyykkäporukan eli puulaakin johtajalta hiukset, mellastamalla ylimielisesti raitilla ja menemällä saunaan, jossa juuri tätä tapausta varten valmistettuja makkaroita kypsytettiin kiukaalla pahkaisessa palkintokupissa. Päättäjäisissä oli suuren yhtenäisyyden tunne: ne pelaajat, jotka oli tiputettu kauden aikana joukkueesta kärpässienipäihtymyksen takia, otettiin avosylin takaisin porukkaan ja parhaat kyykkämiehet palkittiin kokonaisilla sianliikkiöillä. Ilma oli sakeanaan testosteronia ja miehistä voitonriemua. Kylien naimattomat tyttäret antautuivat kyykkämiesten viettelyksille ja innokkaimmat palvoivat kyykänpelaajia yhtä pyhästi kuin seitoja ja panteistisia jumalia.

On väitetty (Kutale 1978), että tämä miehisille voimanosoituksille omistettu päivä toimi voimakkaan tasa-arvoistavana tekijänä muuten niin matriarkaalisessa yhteiskunnassa: seuraavana päivänä miesväki palasi takaisin normaalielämään katuvaisina ja sairaina, kuunteli nöyränä nuhdesaarnat ja ryhtyi töihin.

Lokakuun loppupuolella on jo 1600-luvulta asti vietetty Lapinlahdella nk. rosvopeijaisia. Paikalliset talolliset viis välittivät kruunun ohjeistuksesta rauhoittaa riistakantaa ja metsästää sitä vain kuninkaan ja aatelisten luvalla. Juhlat huipentuvat tänä päivänä vietettyyn joutsenten syöntiin. Siinä passitettiin loputkin paluumuuttoa suunnitelleet metsäjoutsenet isomahaisten isäntien suihin.

28. lokakuuta

Wyomingin tupa-intiaanien joukkoon eksyi 1800-luvun lopulla suomalaisen siirtolaisen Kenneth Ericksonin pojanpoikia. Pojat tutustuttivat intiaanit suomalaiseen saunaan ja saunomisperinteeseen. Poikien muistoa kunnioitetaan alueella joka lokakuussa viettämällä Sunan päivää. Suna on myyttinen jumalhahmo, joka toi ihmisille lämmön ja tulen aikojen alussa.

Suomenselän alueen kunnissa päivä on tunnettu rahvaanomaiselta nimeltään "kierteisen paskan päivänä" (Boijer 2009) ja päivää on juhlistettu useilla paikkakunnilla järjestettävillä paskailtamilla, jossa on esitetty paskoja seuranäytelmiä, kuunneltu paskoja lauluesityksiä ja lopuksi tanssittu vääntelehtien ja kiemurrellen, ikään kuin mukaillen ulosteen olomuotoa. 2000-luvulla tehdyissä skatologisissa tutkimuksissa on selvinnyt, että noin kuukausi syyspäivän tasauksen jälkeen Suomenselän alueen asukkaiden ruuansulatus alkaa toimia tavallisuudesta poikkeavasti noin kahden viikon ajaksi, aiheuttaen muun muassa ulosteiden käpristymistä ja kierteytymistä. Ilmiö on havaittavissa niin lapsi- kuin aikuisväestössä ruokavaliosta riippumatta. Ilmiö ei tutkimusten mukaan ole haitallinen. Boijer itse epäilee ilmiön johtuvan voimakkaasta maasäteilystä, jota alueella esiintyy.

Edgar Allen (1988) on puolestaan selittänyt ulosteiden korkkiruuvimaisuuden johtuvan alueen suohon uponneen UFOn aiheuttamasta säteilystä. Allen esittää teoriansa perusteeksi Kurikasta ja Keuruulta löytyneitä muinaisia piirroksia, joissa ameeban näköiset oliot käyttävät yhtä ainoata ruumiinaukkoaan vuorotellen niin syömiseen kuin ulostamiseenkin. Allenin mukaan myös sanonta "ihmemies Intiasta, syö rautaa ja paskantaa kettinkiä" on peräisin Suomenselän alueelta ja kuvastaa juuri kierteisten ulosteiden ilmenemistä. Alun perin sanonta on puhunut Haapajärven ihmemiehestä, mutta vuosien saatossa sanonta on muuttunut alkusoinnutuksen kannalta sujuvammaksi. Allenin mukaan voidaan todistaa, että omituinen ruuansulatuksellinen poikkeama havaittiin ensimmäisenä haapajärveläisellä Simo Nuutinpojalla 1700-luvun lopulla eräänä lokakuisena päivänä. Tästä syystä 28.10. juhlitaan edelleen Simon nimipäivää. Suomenselän kuntien kouluissa ruuaksi tarjotaan 28.10. kierteismakaroneja ja ruskeaa kastiketta.

29. lokakuuta

"Luojan lykky lokakuulla paistin kääntää uunin suulla". Sanonta kuvaa hyvin päivän viettoa Karttulan Takahyypiössä. Tapana on kylässä vieläkin paistaa syksyn lintusaalis ja palvata se talven varaksi. Samantyyppisiä tapoja löytyy muualtakin Suomesta. Kirvijärvellä sanotaan "Paista pulu lokakuussa, niin sullon herkku joulun suussa" ja Seismolassa "Paskonärhen liha on makkiinta ko sen paistaa sulosasti lokakuun lopulla". Järettömässä on puolestaan ollut tapana savustaa siikoja talven varalle lokakuun lopussa. Siellä on sanottu "Itkee ko Kierin äijä lokakuun lopulla kalasaunassa" sekä "savua kuni Rytkösen pirtissä siian pieremänä".

Riikonen (1977) kertoo teoksessaan, kuinka Tenholassa "Törskän Hilppa meni pääläri kädessä kylänraitilla ja vastaan tuli tuntematon nainen, jolla oli jalat kuin piärynän hetelmät. Tätä sitten kylällä ihmeteltiin ja vieläkin taloihin ostetaan päärynöitä 29.10. Lienee nainen tullut naapuripitäjästä saakka, mutta minkkään tähen?"

30. lokakuuta

Ostjakeilla ja voguleilla (nyk. hantit ja mansit) lokakuun loppuun liittyy runsaasti rituaaleja. Muinaisen heimojen käytössä olleen kalenterin mukaan viiden seitsimöisen (viikon) päästä syyspäivän tasauksesta eli "tasuamisesta" pidettiin talveenvalmistautumisjuhla eli "tsapatti". Tsapattiin alettiin valmistautua jo syyspäivän tasauksen aikoihin, jolloin tuohi irtosi helposti puista: tuohesta punottiin jokaiselle heimon jäsenelle lippikset ja turpeesta ja pajunvitsaksista tehtiin takit, jotka sitten koristeltiin linnunsulilla ja jouhilla. Tsapattina tanssittiin ja laulettiin, syötiin hyvin ja kisailtiin mm. heimon vahvin mies -tittelistä sekä heimon kaunein nainen -tittelistä. Heimon vahvimmaksi mieheksi eli "könsikkääksi" valittu mies sai sitten viettää talven valitsemansa neidon kanssa ja puolisonvalinnan oikeus oli myös heimon kauneimmalla neidolla eli "misukalla". Tsapattina juhlinta jatkui aamuun saakka kumissin ja kärpässieniuutteen voimalla ja valurautaisissa kolmijalkaisissa padoissa kypsytettiin tsapatin juhlaruokaa - hevosenlihaa - koko heimon ravinnoksi.

Suullisen perimätiedon mukaan (ks. Platanov 1971) komuuttien heimo vieraili joinakin vuosina vogulien vieraana tsapattijuhlissa. Komuutit toivat juhlintaan oman perinteensä mukaisia mystisiä piirteitä ja Platanovin mukaan "vogulit tuijottivat komuuttien esittämää vesirituaalia ja käävästä tehtyihin naamioihin pukeutuneiden komuuttivanhusten tanssia hartaan hiljaisuuden vallitessa".

31. lokakuuta

Lokakuun loppu liittyi rajakarjalaisessa mytologiassa helvetin tulien sytyttämiseen. Toisin kuin kristillisen kirkon virallisessa mytologiassa, on suomalaisessa mytologiasssa aina pidetty helvetin tulia jäätävän kylminä. Tähän liittyvät mm. seuraavat sanonnat: "Mie rinkutin ja linkutin ja ranko katkes ko Piäkkö-Erkin helevetin saunassa jiätynä selekä", "Perse jiäty karrelle, ku pirun kutsuilla". Päivänä on valmistuttu tulevaan talveen lämmittämällä pirtit ja saunat hehkuvan kuumiksi.

MARRASKUU

Sana "marras" juontaa juurensa muinaisesta suomalaisesta faunasta: marras on vanha nimitys marsulle. Vielä 1700-luvulla näitä eläimiä esiintyikin runsaasti Etelä-Suomessa aina Savonlinnan ja Porin korkeudelle saakka. Marsun oletetaan hävinneen Suomen eläimistöstä lisääntyneen viljelyn, voimakkaan metsästyksen ja pienpetojen yleistymisen takia.

Marraskuu on siis marsujen kuu. Nimi viittaa siihen, että marsut olivat vilkkaimmillaan varautuessaan talveen: talvivarastoja kerättiin, pesiä vahvistettiin ja marraskuussa oleva kiima-aika ajoi marsut vimmaiseen pariutumiseen. Marsujen marraskuisessa toiminnassa nähtiinkin runsaasti yhtäläisyyksiä ihmisten toimintatapoihin ja käyttäytymiseen, ja suomalaisissa myyteissä ja tarinoissa marsu onkin symboloinut ihmistä. Myös sana "marraskesi" liittyy marsuihin ja marraskuuhun: marraskuussa marsun kesäturkki vaihtuu talviturkiksi, ja jonkin aikaa karvanlähdön eli karvan kesimisen jälkeen marsu on ikään kuin "nilellä", eli marsun iho on näkyvissä. Koska ihmisen iho muistuttaa marsua tuolla hetkellä, on ihmisen pintaihoa alettu kutsua "marsunkesimäksi" eli marraskedeksi.

Tieteellisissä tutkimuksissa on havaittu, että valon vähyys saa käpyrauhasen surkastumaan loppusyksyllä, jolloin rauhanen menettää jopa 30 prosenttia painostaan. Käpyrauhasen surkastuminen vaikuttaa puolestaan ihmisen hormonituotantoon tehden pohjoisessa asuvista ihmisistä juroja, sulkeutuneita ja helposti ärtyviä. Suomessa on useimmat sodatkin aloitettu juuri marraskuussa ja riidat kotona, kylätappelut ja suutuspäissä tehdyt veriteot ovat olleet arkipäivää marraskuisessa Suomessa kautta aikojen. Monet vanhat sanonnat ovat pystyneet hyvin kiteyttämään suomalaisen marraskuulle olennaisen käyttäytymisen keskeiset piirteet: "jonsei marraskuussa saa puukosta, ei keväälläkään haavoita itsiään savotassa" (Suomussalmi), "jos marraskuussa välttyykin tappelulta, niin ainakin naapuri polttaa saunan" (Tyrnävä), "marraskuun pualvälissä lyö joko emäntä tai halvaas" (Paimio).

1. marraskuuta

Marraskuun alkupuolella sataa usein ensilumi etenkin Suomen pohjoisilla seuduilla. Tämän vuoksi päivää vietetään Pyryn eli lumen jumalan päivänä. Suomalaisessa tarustossa Pyry kuvataan liippapartaiseksi ukonkyhmyräksi, jonka peniksenä on jäätynyt puikko ja jonka mielitekona on aina kylmän jäykkänä olevalla kalullaan raiskata luonnon impyitä ennen heidän talviuniaan. Tämä on muistumaa suomalaisten arjalaisista yhteyksissä - tosin kuuman hellä rakastaja

Siva on muuttunut kylmäksi Pyryksi pohjoiseen jouduttuaan. Tapana on ollut jo jääkauden aikana uhrata marsuja Pyrylle, jotta talvi olisi mahdollisimman lempeä.

2. marraskuuta

Marsvinsdag ruotsinkielisellä Pohjanmaalla. Tarinoiden mukaan (mm. Pettersson 1983) suuri Marsu ui marraskuun alussa joko vuonna 1274 tai 1275 Itämeren yli Merenkurkun kohdalla tuoden kristinuskon Suomeen. Marsu kantoi suussaan reisiluuta, jonka väitetään kuuluneen itselleen Moosekselle, ja reisiluuhun oli kaiverrettu vanhan testamentin kymmenen käskyä. Fragmentteja, joiden väitetään olevan peräisin tuosta luusta, säilytetään Vaasan vanhan kirkon kryptassa. Mahdolliset luuhun kirjoitetut tekstit ovat kuitenkin vuosisatojen aikana kadonneet, koska marsut ovat järsineet luuta. Maksamaalta Kokkolaan ulottuvalla rannikkokaistaleella marsunpäivää juhlitaan edelleenkin hartaasti. Tästä Pyhästä Marsusta (Heliga Marsvinen) ovat taiteilijat tehneet runsaasti kuvia ja marsun uintiretken vaikutus näkyy myös alueella käytetyissä sanonnoissa. Mustasaarelainen kuvataiteilija Lotta Kontio teki vuonna 2018 kokoomanäyttelyn Pyhän Marsun kuvista Kansanlähetysseuran antaman apurahan turvin. Näyttely oli esillä Mustasaaren kunnankirjastossa.

Helige Marsvinen i Maxmo (Tommy Ekblom 1838).
Kuvasta voi päätellä, että taiteilijan usko on ollut
vahvempi kuin eläintieteellinen asiantuntemus.

186

Turengissa marraskuun 2. päivään on liittynyt uskomus, jonka mukaan harakoiden hyppely pihalla po. päivänä tietää kylmää talvea.

3. marraskuuta

Einari Vertti kertoo kirjassaan (1986) seuraavaa:

Muhoksen Perukankylä Oulujoki-varressa oli vuosisatojen ajan kuuluisa poikkeuksellisen lämpimistä taloistaan. Perukkalaiset eivät kuitenkaan paljastaneet rakennusten lämpimyyden salaisuutta kenellekään ulkopuoliselle ja lestadiolainen perinne vaikutti merkittävästi siihen, etteivät vieraspaikkakuntalaiset päässeet asumaan kylään tai tuttaviksi kyläläisten kanssa. Arhippa Jootakkala onnistui kuitenkin ostamaan talon Perukalta vuonna 1909 ja puhtaasta kiinnostuksesta hän avasi talon alapohjan nähdäkseen, miten rakennus oli tehty. Tällöin paljastui talojen lämpimyyden salaisuus: ala- ja yläpohjan eristeenä oli käytetty kuolleita, aikojen saatossa muumioituneita marsuja, joiden lämmöneristyskyky oli ainutlaatuinen. Jootakkala kertoi tiedon tuttavilleen, jotka asian innoittamina perustivat Muhokselle Suomen ensimmäisen lasivillatehtaan vuonna 1916.

4. marraskuuta

Edvard Marsu kirjoittaa muistelmissaan (1987, 12) marraskuun neljännen päivän vietosta Uupajoen Kitsaalan kylässä seuraavasti:

Veneen tervauksen jälkeen lähti kylänväki astelemaan telakalta kohti Tupen Yrjön lammasaittaa. Yrjö oli edellisenä iltana valinnut joukosta eräänkin vanhan uuhen, joka sitten teurastettiin joukolla, valutettiin veri pois ja nyljettiin siinä pihamaalla. Nyljetty ruho vietiin rannalle, jossa akat pesivät ja suolestivat sen. Samalla aikaa me miehet rakensimme tulet ja vankkakeppisen telineen, jossa lammasta oli määrä pyörittää kypsäksi asti. Lampaan kypsyessä lauloimme lauluja ja pyörimme piiriä nuotion ympärillä. Joku joukosta valittiin aina pässiksi ja hän pökki leikkisästi muita leikkijöitä. Loppuilta meni lihaa syödessä ja juttuja kertoellessa.

5. marraskuuta

Etelä-Karjalassa ja Kymenlaaksossa päivää on vietetty jo lähes tuhannen vuoden ajan Birgi Anjalantyttären muistoksi. Birgi Anjalantyttären uskotaan vapauttaneen alueella asuneet heimot vieraan vallan alta johtamalla heimot taisteluun vainolaista vastaan nk. Kymiläissodassa, joka käytiin vv. 1043-1046. Seipäin, hangoin ja viikattein aseistautuneet ryysyiset talonpojat seurasivat alastonta, valkoisella hevosella ratsastavaa Birgiä taisteluihin lähes ylivoimaista vihollista vastaan, mutta neuvokkuudellaan ja uhrautuvalla asenteellaan vuosisatoja kestänyttä sortoa vastaan taisteleva rahvas saavutti vapautensa ja voitto sodassa johti varsin itsenäisen Anjalan suurpitäjän syntyyn. Anjalan suurpitäjän ensimmäiseksi johtajaksi valittiin juuri Birgi Anjalantytär, joka kantoi valtansa merkkinä marsunhampaista tehtyä kaulakäätyä ja tiaraa.

Anjalan suurpitäjän kukoistuskausi kesti vuoteen 1255, jolloin hallintorakenne romahti taidottomaksi johtajaksi osoittautuneen Revar Örvarinpojan valtakaudella. Revar keskittyi oikeudenmukaisen hallitsemisen sijasta tuhlailuun ja ylelliseen elämään: kerrotaanpa hänen mm. taotuttaneen vaimolleen hopeasta ja marsunluusta siveysvyön (Turpa 1999). Revariin vittuuntuneet talonpojat hirttivät hallitsijansa ja syntynyt valtatyhjiö täyttyi nopeasti johtaen Anjalan suurpitäjän tiiviiseen liittoutumiseen muiden Suomen heimojen kanssa. Anjalalaiset tunnustivat hallitsijakseen hämäläisten kuninkaan Terhon v. 1257.

Birginpäivää vietetään syömällä hapansilakkaa ja tanssimalla "kymiläistä", joka on 7/4 -tahtilajissa tanssittava, omituisella klenkkaavalla askelella etenevä ryhmätanssi. Harva alueen asukas muistaa enää alueen kunniakkaita vaiheita ja siksi juhlaa kutsutaankin nykyisin Reimanpäivän juhlaksi.

6. marraskuuta

Päivä, joka tunnetaan Lopella ja Kuopiossa Anssin laiskottelupäivänä. Päivänvieton väitetään alkaneen siitä, että legendaarinen huumorimies Anssi lepäili po. päivänä eikä keksinyt vitsejä, jolloin muut ihmiset joutuivat ryhtymään hauskoiksi. Laiskasta henkilöstä sanotaan edelleenkin Kuopiossa, että "hän viettää marsunpäiviä niin kuin Anssi marraskuussa". Lopella puolestaan tunnetaan sanonta "olla Anssina" jolla tarkoitetaan sitä, että henkilö käyttää aikansa joutenoloon.

Puolangan ja Suomussalmen rajaseuduilla sijainneella Kohtamonjärven kylällä oli 1800-luvulla tapana, kristinuskon levittämiseksi, että kirkko järjesti kahvit kaikille vanhemmille seurakunnan jäsenilleen. Tavassa tapahtui ihmeellinen ja makaaberi muunnos, kun seurakunnan kirkkoherra vaihtui ja kyläläiset alkoivat

188

tuoda jo kuolleilta vanhuksilta säilöttyjä jäseniä kahville. Tapana oli säilyttää jäseniä latojen ja aittojen ylisillä, ja vielä nykyäänkin saattaa satunnainen vierailija satuttaa päänsä katosta roikkuviin käsiin ja pohjeluun kappaleisiin. Tästä kehittyi seudulle myös rikas kertomusperinne talousrakennuksissa kummittelevista vanhuksista ja heidän irtojäsenistään.

7. marraskuuta

Porsaanmäen kunnanlääkäri Kertto Tuppi kertoo muistelmissaan "Hyvän yön saattajaiset" omituisesta tapauksesta Pereikälässä. Seuraavassa ote em. teoksesta (1956, 34-35):

Varmaa se ei ole, mutta kalenterista katsoin ja tänä päivänä se mielestäni tapahtui. Olimme vaimoni Gertrudin kanssa soutelemassa lomapaikkamme lähistöllä olevalla joella. Yhtäkkiä maailma pimeni kuin huone syysillalla, josta katkaistaan valot. Vaimoni säikähti tätä niin, että pudotti airot käsistään. Ja täytyy myöntää, ettei minunkaan mieleni ollut tyyni. Tarrauduimme toisiimme kuin pelokkaat lapset isän tultua humalassa lauantai-iltana hakkaamaan heitä ja sammuttuaan eteisen lattialle. Yhtäkkiä alkoi kuulua läiskimistä ja kopsahtelua, meidänkin yllemme tipahteli villasukkakerän kokoisia ja tuntuisia esineitä. Veneemme täyttyi näistä mytyistä ja veden pinnalla näkyi hämärästi laajoja lauttamaisia kasaumia. Sitten aivan yhtä äkkiä kuin pimeys oli tullut, tuli valkeus ja näimme mitä taivaalta oli pudonnut: joka puolella oli kasapäin kuolleita marsunraatoja. Vaimoni alkoi kirkua ja minä heitellä paniikin vallassa eläinten ruumiita pois veneestämme. Meloin käsin veneen rannalle ja muistan vieläkin vedestä raskaiden marsujen kosketuksen kämmenissäni, kun kauhoin tietä eteenpäin eläinten peittämällä joella. Mielessäni kirosin tätä päivää ja joka vuosi muistelimme sitä vaimoni kanssa kuolleiden marsujen eli tuplamarraskuun päivänä.

8. marraskuuta

Turengissa pidettiin 8. marraskuuta "wanhan kalenterin mukainen laskiainen". Tällöin koko seudun väki kerääntyi Muntionrotkon jyrkille rinteille laskettelemaan erityisesti tätä päivää varten rakennetuille kelkoilla ja vauraista taloista oli mukaan raahattu myös vanhat reet. Rahvas - torpparit ja päiväläiset - joutuivat kuitenkin usein tyytymään oljilla täytettyihin juuttisäkkeihin. Mitä pitemmät laskut saatiin tehdyksi, sen lyhyemmäksi talven ja pakkaskauden uskottiin muodostuvan. Aikalainen (Touko Hapuojan haastattelu. Heimo ja Munattu 1988) kuvaa päivänviettoa seuraavasti:

Tahumankylästä, tai oikeastaanhan se kylä oli vain kolmen talon muodostama rakennusrypäs, tuli Muntionrotkolle aina kovimmat laskijat. Änskivainaa oli kaikista kovin ja kerrankin se oli rakentanut haapapuusta kovertamalla itselleen pulkan, jolla sitten töhäytti rinnettä alas, että pystyynkuollut horsmikko heilui kuin myrskyn kourissa. Kerran se törmäsi horsmien seassa olleeseen kantoon - eihän nimittäin tähän aikaan vuodesta vielä lunta ollut kannokkoa peittämässä - ja vielä juhannussaunassa sen persiessä oli hirmuinen rokahtuma, jota täytyi aina salvalla ja lyijyvedellä voidella. Kyllä minä luulen, että sen rokahtuman parantumattomuus johtui siitä kun aina sen Änskin talon nuori piika sitä rokahtumaa hoiteli, niin Änski kävi aina liiterin takana kaivelemassa sitä haavaa jollain torrakolla, että oisi saanut kauemmin sitä hoitoa nimittäin. Sitähän kerrotaan, jotta se Änskin isoisän vaari olisi kerran törmännyt siinä laskiaistohinassa pulkallaan marsunpesään ja siitä suuttunut marsu olisi purrut sitä Eemiliä niin, jotta sen marsun leuat olisi täytynyt kepakoilla kampeamalla irrottaa kannikasta. Jotta suvussa se aina kulkee...

Töysässä ja Sievissä päivää on vietetty velttoillen ja pakoillen kaikkia työtehtäviä ja vastuita. Parhaat vastuunpakoilijat karkailivat naapuripitäjiin ja tiedetäänpä yhdenkin henkilön paenneen 1800-luvun loppuvuosina Viipuriin saakka, jossa hän sittemmin nousi vaurauteen ja maineeseen perustamalla tupakkatehtaan.

9. marraskuuta

Helvetin kylmä päivä Tyrnävällä. Edes marsunnahkaiset kintaat eivät pystyneet suojaamaan ihoa paleltumiselta. Koistisen Alma jäätyi lypsymatkallaan umpitönköksi ja lopputalven ajan häntä pidettiinkin aurausviittana jäätiellä. Kylän pojat kävivät kevättalvella heittelemässä Almaa jäätyneillä hevosenpaskoilla ja perimätiedon mukaan Almaa ei talven jälkeen tunnistanut ihmiseksi muutoin kuin kenkien jäljistä.

190

10. marraskuuta

Teuvolassa päivää on vietetty entisöimisen muistopäivänä. Joka talossa on tänä päivänä entisöity joku esine ja samalla muisteltu menneitä polvia ja heidän saavutuksiaan. Tapana on ollut, että samalla, kun on veistelty esineitä uuteen uskoon, on laulettu virsiä ja juotu kahvit. Onpa saatettu uhrata emännän leipomasta pullaleetasta muutama siivu menneille sieluille eli marsuille, kuten heitä Teuvolassa kutsutaan. Marsujen kadottua rotat ovat ottaneet niiden paikan tapakulttuurissa ja Teuvola onkin tiettävästi ainoa paikka maailmassa, jossa rotat ovat pyhän eläimen asemassa ja jossa niitä syötetään ja hyvin hoidetaan vuodet ympäriinsä.

Artukaisissa päivää on vietetty jo vuosisatojen ajan Kolmen Pellervon päivänä. Nuo kolme Pellervoa, joiden kunniaksi päivää juhlitaan, ovat 1600-luvulla elänyt Pellervo Heikinpoika, joka tarinan mukaan aiheutti Artukaisiin katovuoden virtsaamalla laskiaisena kiukaalle, Pellervo Mäyrä, joka 1700-luvun alussa valmisti seudun ensimmäiset marsunnahkaiset rukkaset ja 1800-luvun puolivälissä elänyt Pellervo Anaskintytär eli Pellervo Transulainen, joka villitsi käytöksellään Artukaisten nuorisoa niin voimakkaasti, että jopa Turun piispa Luderuksen piti puuttua asiaan paimenkirjeellään. Vuosikymmenten ja -satojen aikana tiedot Pellervoista ovat synkretismille tyypillisesti sekoittuneet, ja nykyisin Artukaisissa vietetään Kolmen Pellervon päivää pukeutumalla vastakkaisen sukupuolen vaatteisiin ja saunomalla rukkaset kädessä. Kiukaalle virtsaamista ei ole laajamittaisesti raportoitu.

11. marraskuuta

Päivä, jolloin satoi. Kaihin sokeuttama vanhaemäntä istui kiikkustuolissaan silitellen sylissään nukkuvaa lemmikkimarsuaan ja tuijottamalla valkoisen kalvon peittämillä silmillään kaukaisuuteen. Välillä hymy häivähti hänen kasvoillaan, välillä kuului pitkä, hiljainen huokaus. Mitä lienee atemoinut mielessään: palannut lapsuuden niityille, nuoruusajan tansseihin, jossa povi kohoillen katsellut naapurikylästä saapunutta komeaa poikaa joka myöhemmin illalla tanssitti ja pääsi saatollekin, raskaaseen työhön heinäpellolle, nälkään, köyhyyteen, tasaiseen jumalaapelkäävään elämään. Elämä ei ollut mitään ihmeellistä mutta eipä hän ollut paljoa siltä odottanutkaan. Jokunen onnenmurunenkin mahtui kuitenkin tuhatlukuisena harmaana jonona edenneiden päivien loppumattomaan joukkoon kullaten muistot ja lievittäen vanhan, raihnaisen kehon vaivoja...

12. marraskuuta

Virpilässä oli tapana marraskuun 12. päivänä kieltää isänsä ja äitinsä kolmasti. Jokainen alle viisitoistavuotias lapsi aloitti ensimmäisen kieltämisen heti aamulla herättyään. Toinen kieltäminen suoritettiin puolilta päivin ja kolmas ennen nukkumaanmenoa. Usein kieltämistä tehostettiin polkemalla jalkaa voimallisesti lattiaan kieltämisen aikana. Joskus sattui niin, että lapsi alkoi uskoa itsekin tähän kieltämiseen. Silloin sanottiin: "Se on marsulaan menoa se." Tällä viitattiin tapaukseen, jossa eräs lapsi oli viime vuosisadalla alkanut uskoa vanhempansa kiellettyään perheen elättimarsua äidikseen ja mennyt asumaan sen seuraksi pahnalaan. Lapsi oli viettänyt marsuemon kanssa kaksi kokonaista vuotta ja degeneroitunut tänä aikana villieläimen tasolle. Seudulla vietetään vieläkin nk. Tarsanin päivää sattumuksen muistopäivänä.

13. marraskuuta

Vellilän kylässä oli tapana viime vuosisadan vaihteessa tuottaa Afrikasta mustaa työvoimaa kylän pelloille raatamaan. Vellilä olikin Suomen merkittävin puuvillan tuottaja aina 1920-luvulle asti, jolloin lama ja Suomen itsenäistyminen muuttivat tilanteen radikaalisti. Orjat vapautettiin - osa heitä muutti takaisin kotikonnuilleen, osa perusti lemmikkieläinkauppoja ja alkoi myydä mm. marsuja. Lisäksi suurtilallisten pörssiomaisuudet romahtivat, joten tilat menivät konkurssiin ja ne huutokaupattiin vähiten tarjoaville.

Tästä ajasta on kuitenkin jäänyt muistoksi elämään paikkakunnalle ns. lakupäivä. Päivä degeneroitui vuosien saatossa lastenjuhlaksi, jossa valkoiset hansikkaat kädessä syötiin lakritsia ja imeskeltiin neekerinpusuja posket lommolla. Alun perin tapa liittyi kylän valkoisten naisten ja mustien vierastyöläisten kanssakäymiseen, jonka tarkka luonne on ajan saatossa unohtunut. Myöhemmistä tavoista voinee kuitenkin päätellä jotakin myös perinteisestä päivän vietosta.

Pielaveden seudulla on päivällä kuitenkin erityinen merkitys, koska silloin syksyllä säilöön laitetut lanttuvarastot avattiin ja ensimmäiset kuivat leivät otettiin orresta syötäviksi. Myös viikkokausia käytetty kokkelipiimä oli päivään mennessä kokkeloitunut täysin. Uuteen ruokavalioon tottumattomat vatsat reagoivat rajuun ruokavalion muutokseen merkittävillä ilmavaivoilla. Päivä tunnetaan tursaan päivänä, koska "silloin turinaa riitti yötä myöten" (Flatus 1997). Pielavedellä uskottiinkin, että runsaat ilmavaivat ovat lupaava merkki runsasruokaisesta talvesta, jolloin "isännänkään ei talvella tarvihe tyhjee ilimoo pierrä" (sama, s. 472).

14. marraskuuta

Englantilaissyntyinen Oswald Roundgate muutti Tyrnävälle 14. marraskuuta vuonna 1878. Koska nimi tuotti merkittäviä vaikeuksia paikallisten asukkaiden keskuudessa, Roundgate ryhtyi hyvin pian muuttonsa jälkeen käyttämään nimeä Onni Runkate, ja tämän nimen hän virallisti v. 1880. Runkaten Onni, kuten kyläläiset häntä kutsuivat, nousi nopeasti pitäjän mahtimiesten joukkoon perustaen Tyrvänälle maamme ensimmäisen postimyyntiyrityksen. Yritys myi kaikkea pokasahoista hautakiviin ja yömyssyistä körttipukuihin. Tyrnävällä muistetaan edelleenkin postimyynnin iskulauseet "Ystäwällisesti neuvomme teitä aina hankkimaan Runkaten tawaraa", "Osta viikate, niitä myy Onni Runkate" ja "paras on olla Runkaten marsukintaat kädessä". Onni Runkaten merkitys Tyrnävän taloudelle oli mittaamaton, ja hänen postimyyntiyrityksensä vilkastutti merkittävästi Tyrnävän ja lähiseutujen elinkeinoelämää ulottaen vaikutuksensa jopa Turkuun ja Helsinkiin saakka. Runkaten suosio kansalaisten keskuudessa nosti hänet Keisarilliseen senaattiin vuonna 1892. Runkate kuoli vuonna 1897 Persiaan suuntautuneella hankintamatkalla vesikauhuisen marsun purtua häntä. Tyrnävällä vietetään edelleenkin Runkatenpäivää 14. marraskuuta ja Runkaten juhlinta on levinnyt nykyisin Raaheen ja Ouluun saakka, vaikuttaen myös selittämättömästi kyseisten paikkakuntien väestökehitykseen.

15. marraskuuta

Torpeilan pitäjässä liittyy marraskuuhun sanonta: "Ostin onnea marsunnahalla". Perinnetieto kertoo, että pitäjään oli tullut ensimmäinen pajatso vuosisadan vaihteessa. Kylän miehet kokoontuivatkin sittemmin aina marraskuun puolivälissä paikalliseen kestikievariin pitämään pelirinkiä, niin kuin tapana oli sanoa. Kullakin miehellä oli marsunnahkasta tehty kolikkokukkaro, josta he kaivoivat esiin kopeekanrahoja ja syöttivät niitä pelikoneen ahnaaseen aukkoon. Sille, jolle kävi tuuri, sanottiin, että kylläpäs poojan pussi nyt pullistelee.

Myöhemmässä koululaisperinteessä tarina on muuttunut siten, että vitsinä kerrotaan, kuinka ennen vanhaan pajatson peluu oli hankalaa, koska oravannahkoja oli muka hankala syöttää raha-aukkoon muinaisina aikoina.

16. marraskuuta

Pirunperällä vuonna 1826 elänyt kappalainen Elias Mursu (1956, 23) kertoo muistelmissaan marraskuun 16. päivän vietosta seuraavaa:

Minun mielessäni kuuluu edelleenkin se pienpetojen vikinä, joka synnytti kyläämme merkkipäivän, jonka vietto vakiintui pikkuhiljaa yleiseksi vuotuisjuhlaksi koko maakuntaamme. Tapahtui nimittäin tuona vuoden 1828 sunnuntaina, joka sattui olemaan marraskuun 16. päivä sellaista, että renkini Petteri Värttö heräsi aamulla siihen, että hänen kammioonsa oli tunkeutunut valtaisa lauma marsueläviä. Tästä säikähtäneenä Värttö otti huiluni olohuoneemme seinältä ja alkoi tällä huidella pieniä otuksia ulos talostamme. Yllätyksekseen hän huomasi, että tuuli, joka alkoi soitella melodiaa huilun putkessa, synnytti pieniä eläviä kiinnostavia ääniä. Tuntui kuin marsueläimet olisivat hypnotisoituneet jumalaisesta äänestä. Samassa Värttö ottikin huilun huulilleen, alkoi soittaa marssisävelmiä ja astella niiden tahdissa kohti pihalla olevaa kaivoamme. Jouduttuaan kaivolle, hän potkaisi marsun kerrallaan alas kohti tummaa veden silmää koko ajan soittamistaan jatkaen. Ekstaattisessa tilassa olleet eläimet hukkuivat saman tien ja niin pitäjämme pelastui näiden eläinten ylivallalta. Kyläläiset julistivat Haminasta kotoisin olleen Petteri Värtön julkiseksi sankariksi ja näin jäi Haminan pillipiiparin päivä vuotuisen juhlinnan aiheeksi. (Nykyisin pillipiiparin päivää juhlitaan kesällä Hamina Tattoo -nimisenä tapahtumana, toim. huom.) Ainoa dissidentti oli vaimoni Ella Mursu, joka loppuelämänsä ajan jaksoi valittaa hyvän kaivomme pilaantumista.

17. marraskuuta

Helsingissä päivää on vietetty 1700-luvun lopulta saakka luuserinpäivänä. Kiertäviä muusikoita, pelimanneja ja katusoittajia kutsuttiin vielä 1900-luvun alussa luusereiksi (vrt. musiikkitermi "blues") ja ruotsinkielisessä yhteisössä luuserinpäivästä on aikojen kuluessa muodostunut syksyn suurin juhla Lucianpäivä. Luuserinpäivänä oli Helsingissä kansalaisilla oikeus juopotella julkisesti kaupungin järjestyssäännön vastaisesti, ja ravintolat täyttyivät karnevaalin huumaamista ihmisistä.

1830-luvulta lähtien on Helsingissä, Kruununhaassa sijaitsevassa Kaartin Maneesissa, järjestetty "Luuserit areenalla" -konsertteja, joissa pelimannit ovat esittäneet taitojaan ja kerjänneet yleisön suosiota. Kun Helsingin kaupunginsairaala perusti erillisen naistentautien yksikön - Naistenklinikan - 1890-luvun alussa, perusti porvarissäätyyn kuulunut, naisten terveyden edistämiseksi elämäntyönsä tehnyt Matilda Weider järjestön "Naistenklinikan kummit", joka omistautui rahankeräämiseen naistenklinikan toiminnan varmistamiseksi. Vuonna 1893 Naistenklinikan kummit otti vastuulleen luuserinpäivän konserttien järjestämisen ja käytti konsertista saadun tuoton sairaiden naisten virkistystoimintaan. Weider kuoli valitettavan ennenaikaisesti vuonna 1901 pääkaupunkiseudulla riehuneeseen marsukuumeeseen.

18. marraskuuta

Anssi Peltokylä kertoo omakustannemuistelmissaan lapsuudestaan Toukolan kylässä. Seuraavassa ote teoksesta (1967, 34):

Minennollu ku kuuven vanaha ku pappa vei minut kinkereille. Ne oli aina marraskuun kaheksaastoista. Pappa otti ja pani minut persienalusiksi rekkeen, kun marsunnahkavällyt oli jo niin kuluneet. Ei ne muuton olis lapsia sinne kinkereille ottana, oli siellä vaan sen verran häjympi meininki. Vieläkii muistan sen matkan, oli henki mennä. Kun tultiin Isolan talolle, niin pappa nosti minut pankolle ja sano jotta piä pentu suus kiinni eläkä kato, mitä salissa tehhään. Ja pakkohan minun oli kahtoo. Siellä puhu ensin pappi helevetin tulesta ja synnin teoista ja sitte se näytti mallia niistä teoista ja koko kirkkoväki telmusi siinä sekasin toistensa kanssa, kuka miehen, kuka naisen. Ja tämä on totinen tosi. Minä piätin jo tuollon, jotta minen niihen jumaliin usko.

19. marraskuuta

Liisan surman päivä Tokoilassa. Päivän tapana on ollut ottaa Liisa ja surmata hänet. Jos Liisa on jäänyt kitumaan, on hänet lopetettu hangolla. Jostain kumman syystä tapa loppui lähes yhtä nopeasti kuin syntyikin. Syynä tähän lienee nimistötutkija P. Iivarinkin (1987, 34) huomaama seikka: "Liisa-nimi, niin yleinen kuin suomen kielessä onkin, on tyystin kadonnut käytöstä Tokoilan pitäjässä ja sen lähiympäristössä jo vuosisatamme alkupuolella. Lieneekö nimi kuollut sukupuuttoon kuin marsut Kälviältä?".

20. marraskuuta

Arvid Mulqvist (1937) on kerännyt runsaasti perimätietoa niin suomalaisten, kuin sukulaiskansojenkin perinteistä. Erityisen tärkeää työtä Mulqvist on tehnyt kuvatessaan amerikansuomalaisten elämänmenoa ja Suomesta vietyjen tapojen sulautumista osaksi amerikkalaista kulttuuria. Näin Mulqvist kuvaa teoksessaan (ss. 144-145) Floridassa asuneen suomalaisyhdyskunnan tapoja liittyen marraskuun 20:nteen päivään:

Viime vuosisadan (siis 1800-luvun, toim. huom.) loppupuolella Miamin lähistölle muutti noin neljänkymmenen suomalaisen ryhmä, joka koostui kuudesta perheestä, eli Antti Hiltusen, Eelu Hiltusen, Hemminki Kääriäisen, Aapo Liikasen, Petter Tuonosen ja Juho Antikaisen perhekunnista. Vuonna 1906 Venäjän-Japanin sodan köyhdyttämästä maastamme muutti alueelle vielä viisi perhettä (Isaskar Vänttisen, Väinö Huumosen, Juho Hiltusen, Topi Maksimaisen ja Eero Pikkaraisen perheet) lisää, ja kaikki muuttajat olivat kotoisin Etelä-Savosta, Mikkelin maalaiskunnan, Hirvensalmen ja Mäntyharjun pitäjistä. Parhaimmillaan suomalaisyhteisön koko läheni sataa henkeä.

Pitkät laivamatkat ja kanssakäyminen entisten orjien, mestitsien ja intiaanien kanssa oli sekoittanut rehellisten ja uutterien suomalaisten aikakäsityksen niin, että marraskuun 20. päivää vietettiin suomalaisten keskuudessa jouluun liittyvin rituaalein. Lahjoja jaettiin, syötiin kinkkua ja laatikkoruokia. Rosolli täytyi korvata sipulista ja marsunlihasta tehdyllä kylmällä "salaatilla", koska silliä ei ollut saatavilla. Suomalaiset panivat itse olutta, joka kuitenkin kiellettiin ankarasti kieltolain aikaisessa Amerikassa. Kuusi korvattiin palmupuulla, joita kasvaa Miamin seudulla runsaasti. Joulupuu haettiin yleensä läheiseltä rämeeltä, jolla majailevat alligaattorit pyrkivät hanakasti verottamaan suomalaissiirtokunnan kokoa: usein joulupuun hausta tultiinkin yhtä jalkaa puu kainalossa mutta vähintäänkin yhtä jalkaa köyhempänä. Hemminki Kääriäisen Viljo-pojalla oli jonkin aikaa alligaattori kotieläimenä 1910-luvun alussa.

Isaskar Vänttisen perhe oli onneksi tuonut mukanaan Suomesta kirkkoreen, jolla koko yhteisö kävi tapaninajelulla. Tapaninajelun reitti kierteli Miamin kaduilla ja merenrannassa. Liikkumista espanjalaisten asuttamassa kaupunginosassa vältettiin, koska Antti Hiltunen oli riitautunut Pedro Rodriguez -nimisen koijarin kanssa erinäisissä hevoskaupoissa, ja espanjalaiset pyrkivät kostamaan suomalaisille Rodriguezin kärsimät menetykset kaikin tavoin. Tapaninajelu herätti tapana kummastusta ja hilpeyttä paikallisten asukkaiden keskuudessa. Tapaninajelun järjestäminen kesti iltamyöhään, koska hevoset eivät kerralla jaksaneet vetää suurta ihmismäärää reessä pitkin hiekkaista maata.

1920-luvun alussa Floridaan muuttanut ruotsalainen Joakim Törnström yritti marraskuussa 1922 valistaa suomalaisia todellisesta ajanlaskusta ja kalenterista, mutta hänet ajettiin pois "Little Finlandista" keppien ja karttujen avulla.

1930-luvulla suomalaisyhteisö sulautui ortodoksijuutalaisten yhteisöön, jolla oli vähintään yhtä omituisia tapoja kuin suomalaisillakin. Monet omaksuivat uuden uskon ja isänmaallishenkiset haaveet tehdä Ameriikasta Suomen siirtomaa vaipuivat unholaan.

21. marraskuuta

Ensimmäiset merkinnät marsunsyöntipäivästä Peltolassa ovat jo 1550-luvun loppupuolelta: 21. marraskuuta koko kylä kerääntyi peijaisiin syömään marsukeittoa ja marsunlihapaistosta kylän suurimman talon pirttiin. Marsujen kadotessa seudulta 1750-luvulla siirryttiin syömään vähäosaisia ja rampoja ihmisiä. Kyseinen huvi levisi myöhemmin ympäri Lappia. Tästä suomalaisesta kannibalismin muodosta on kirjoitettu runsaasti henkeä nostattavia tarinoita, joita voi lueskella mm. Muistosen (1987) ja Kurtin (1978) teoksista.

22. marraskuuta

Eulaalian kylässä oli tapana vielä 1700-luvulla marraskuun loppupuolella "kuttua väki marsun syätille". Tavan sisällöstä oli pitkään erimielisyyttä tutkijoiden keskuudessa, mutta Väärtö (1956) sai selvitettyä tapaperinteen vertailevan gutturaalianalyysin avulla. Hän huomasi nimittäin, että äänneasullinen 'marsu' sana vastasi Eulaaliassa nykysuomen sanaa 'surma'. Tämä avasi tutkijalle kylän pastorin tekemät muistiinpanot, jotka hän saattoi nykysuomentaa seuraavasti:

Kun aamulla oli surmattu kaikki pieneläjät eli kirput ja muut torakat, niin ne laitettiin tulelle ja keitettiin rokkaa. Sitä sitten syötiin ja ryypättiin sahtia päälle. Olo oli hyvä ja tuleva talvikaan ei tuntunut enää kammottavalta.

Tutkija tekee lisäksi sen päätelmän, että eulaalialaisilla on ollut menneinä aikoina (ennen jääkautta) suora yhteys Australian aboriginaaleihin, joiden parissa pieneliöt eli hyönteiset ovat tunnetusti suurta herkkua. Eulaalia nimitys palautuukin Väärtön mukaan samaan kantasanaan, josta mm. emulintu on saanut nimensä. Kantasana 'emulaal' tarkoittaakin jotakin nopeaa tai pitkälle matkaavaa olentoa. Väärtö on tietoisesti jättänyt huomiotta sen seikan, että emu ei lennä. Väärtön mukaan "ei siivet lintua tee vaan ne munat".

23. marraskuuta

Turpahoidon päivä Hollolassa. Kyläläisten joukosta valittiin joku vähäosainen tai muu henkilö, joka ei kyennyt puolustautumaan, ja hänelle annettiin sitten koko kylän voimin "turpahoitoa" hieromalla nyrkillä (eli leipomalla) uhrin nenää, tinttailemalla mehukkaita osumia "naamavärkkiin" tai muulla tavoin mukiloimalla henkilön kasvoja. Turpeaksi paisuneet, mustuneet kasvot, joiden keskustaa koristi punainen, turvonnut nenä, toivat mieleen marsun pullean naaman ja punaisen kuonon ja siksi turpahoitoa saanutta henkilö kutsuttiinkin Tuomaanpäivään saakka marsuksi. Marsuksi valittu sai syödä Tuomaanpäivään saakka pelkkiä kyläläisten lahjoittamia kasviksia, kuten mustuneita kaalinpäitä, paleltuneita lanttuja ja pehmenneitä porkkanoita. Usein tällainen ruokavalio sotki marsuksi valitun henkilön ruokavalion pahoin, ja joulukin meni "kinkkua paskoessa", kuten sanonta kuului. Vaikka turpahoidon päivää lakattiin viettämästä jo 1960-luvulla, Hollolassa tunnetaan edelleenkin sanonta "Turpahoito marsun tuopi, kiltti Tuomas pois sen viepi". Hollolan keskuskoulun yläasteella tapaa yritettiin virittää uudestaan henkiin 1990-luvulla mukiloimalla yksinhuoltajaperheiden lapsia, silmälasipäisiä oppilaita, kunnanelättejä ja "pinkoja", mutta opetusministeriön mukaan tapa on rinnastettavissa koulukiusaamiseen ja näin ollen OPM kielsi tekopyhyydessään ja ymmärtämättömyydessään tämän kulttuurillisesti ainutlaatuisen ja merkittävän tavan noudattamisen.

24. marraskuuta

Vientilässä oli tapana tervata marsut marraskuun 24. päivänä. Yleisesti tämä oli talojen isäntien tehtävä, mutta joskus harvoin saatettiin nähdä talojen emäntienkin tervaavan iloisesti marsuja kalseassa pakkassäässä. Tervatut marsut sidottiin sitten lylyn pohjaan ja näin taattiin se, ettei puusuksen kiiltävä pohja lipsu hiihdettäessä.

Karjalan kannaksella vaikutti 1700-luvun lopulta aina talvisotaan saakka voimakas naisten ylläpitämä kultti, jonka juhlapäiväksi muodostui marraskuun 24. päivä. Kultti palvoi 1700-luvulla elänyttä Martta Rautulaista, jonka tiedetään eläneen Raudun ja Sakkolan seudulla Laatokan länsirannalla. "Marto-Martta" tai "Martta, mahojen äiti" (Martikainen 2024) oli "hedelmättömien naisten suojeluspyhimys", jonka tiedetään mm. saarnanneen naisten oikeudesta päättää lastensa lukumäärästä. Martta suositteli naisia käyttämään keskeytettyä yhdyntää ja tiettyjen lievästi myrkyllisten kasvien syömistä perheensuunnittelukeinona. Muun muassa seuraavan laulutekstin uskotaan saaneen alkunsa Martan vaikutuksesta:

198

En mie taho miestä ottaa lapsensaannin taitta
tykkään kyllä nussia vaan en taho lasta laittaa
Suenmarjan suuhun pistän, ettei maha kasva
armastettu ampua saa reisilleni rasvat

Martan palvonta alkoi saada uusia muotoja 1800-luvun loppupuolella, ja vuonna 1899 perustettiin kultista alkunsa saanut Marttaliitto, jonka tehtäväksi määriteltiin perheiden ja kotien hyvinvoinnin edistäminen. Monet Martta-kultissa mukana olleet eivät voineet tätä hyväksyä, ja nämä mielestään puhdasoppiset eli "puhtaat Martat" jatkoivat Martta Rautulaisen palvontaa. Puhtaat Martat tunnisti siitä, että he peittivät hiuksensa huivilla ja rohkeimmat käyttivät tuohesta tehtyä naamiota eli "maskia" (sama, s. 94). Puhtaat Martat juhlistivat Martta Rautulaisen oletettua syntymäpäivää 24.11. polttamalla hevosenjouhista ja tuohesta tehtyjä taikakaluja nuotiossa. 1900-luvulle tultaessa Martan palvonta alkoi - kenties juhlinnan ajankohdasta johtuen - sekoittua kannaslaiseen kuolemankulttiin eli "Marrakseen", ja niinpä Martasta muodostui sekä syntymättömien että kuolleiden henkilöiden suojelija. Esimerkiksi tuohiset maskit alkoivat muistuttaa suuresti pääkalloja. Kannakselta sodan aikana evakuoitu väestö toi Martta-kultin myös muualle Suomeen, mutta Martan palvonta ei sellaisenaan levinnyt kantaväestön keskuuteen. Monilla paikkakunnilla Martan seuraajat aiheuttivat kantaväestössä hämmennystä vapaamielisen sukupuolikäyttäytymisensä takia. Muun muassa piispa Ahtiainen piti kuuluisan "nusuttimet piiloon" -saarnansa vastustaakseen Martta-kulttia. Kultin voidaan kuitenkin katsoa vaikuttaneen pyhäinpäivän viettoon marraskuussa.

25. marraskuuta

Vieremällä on marraskuussa jo pitkään vietetty marsun nahkiaisia. Tapa periytyy 1800-luvun alun perinteeseen, jossa marraskuun lopulla teurastettiin joka talossa muutama marsu karsinasta ja tehtiin "marsusta rukkaset eli nahkiaiset". Vielä tänä päivänä on paikkakunnalla tapana tehdä lemmikkikoirasta tai -kissasta vastaavat vaatekappaleet perheen pienimpien lasten suureksi iloksi.

Liedon pitäjässä Varsinais-Suomessa on uskottu, että mikäli nokikana ilmestyy hyppimään Kaarinan päivänä talon pellolle, tietää se vaurautta talolle koko vuodeksi. Aikaisemmin nokikanan ilmestyminen nosti talon sosiaalista asemaa kyläyhteisössä niin voimakkaasti, että talottomien ja maattomien täytyi hypätä ojaan, kun "noettu (s.o. sen talon asukas, minne nokikana ilmestyi) tiellä liikkui" (Lihvattu 1969). Tarinan mukaan 1900-luvun alussa Viitasen talon pellolle ilmestyi 25.11. suuri määrä nokikanoja, ja "Viitasen Impi kulki kylällä nenä pystyssä kuni mikäkin korsteeni" (sama, s. 231). Sitten paljastui, että Viitasen talon emäntä oli kateuksissaan mustannut talon kanat saapasrasvalla ja noella vain saadakseen arvostusta. Viitaset tunnettiin tästä lähtien Liedossa Musta-Viitasina, ja yleisen paheksunnan takia Viitasen Untollekaan ei myyty "piipputupakkia ja pilsneriä Liedon osuuskaupassa" (sama, s. 233). Kauna Viitasia kohtaan unohtui vasta kansalaissodan aikana, kun kylälle keksittiin uusia yhteisiä vihollisia.

26. marraskuuta

26. päivänä marraskuuta on Suomenlahden saarissa - etenkin niissä, jotka Suomi menetti Neuvostoliitolle sodanjälkeisissä alueluovutuksissa taloineen, lehmineen, veneineen, marsuineen ja muine kodin tavaroineen - perinteisesti hukuttu. Hukkumisella on pyritty lepyttämään syysmyrskyjen raivoisasti riepottelemaa merta. Jos kaikki saaren asukkaat ovat onnistuneet välttymään myrskyltä, on pari asukasta käyty hukuttamassa ihan "varmuuden vuoksi". Tytärsaaresta onkin peräisin viisu, jonka monet suomalaiset tuntevat asuinpaikasta riippumatta, joskin aikojen saatossa hieman muuttunein sanoin:

Ensin hukutettiin suutari Andersson
sitten suutari Pesonen ja suutari Pettersson
hallelujaa myrskystä pois
vesitäytekeuhkot pelastuksen toi

27. marraskuuta

Pelttolan kylässä pidettiin marraskuun lopuilla syysmarkkinat. Kylään kokoontui koko maakunnan väki myymään mitä erilaisimpia tuotteita jo joulua odottelevalle markkinarahvaalle. Markkinoille kokoontui myös kaikenlaisia huvituksia tarjoavia kiertolaisia. Seuraava lehtileike on vuodelta 1876 (julkaisu muutoin tuntematon):

Tulkaa katsomaan. Markkinoille. Suuren Sumatran Santerin. Maagikon Ja Eriskummallisen Miähen Esitystä. Nähkää Miten Marsu Paloitellaan Elävältä. Ja Kootaan Taas Ehyeksi. Ja Miten Naulat Lävistävät Suuren Maagikon Tumman Neekeri-Nahan Ilman Kipua. Hinta Vain 2 Kop. Lapset Ja Piiat Ilmai-Seksi.

28. marraskuuta

Tutkija Perpa (1976) toteaa vertailevassa tutkimuksessaan Kalajoen pitäjien marmorilaatoista seuraavaa:

Tapana oli vielä 1500-luvulla hioa marraskuun lopussa kylän suurimpiin taloihin ikkunat jouluksi etulasitteisista marmorilaatoista. Viimeinen hienohionta tehtiin hyväksikäyttäen marsun syntymättömien poikasten nahkoja. Näin laattoihin saatiin erittäin hieno pinta, lähes lyijylasia vastaava. Laattoihin saatettiin maalata kuvia ja tapahtumia ja näin ollen ne muodostavat merkittävän lähteen suomalaisesta 1500-luvun kansanperinteestä.

Suomen etelärannikolla päivä on tunnettu hoopotuspäivänä, jolloin hyväuskoisille ihmisille on myyty kaikenlaista tarpeetonta tavaraa. "Hoopolta hopiat (s.o. rahat) parempaan talteen", on tunnettu sanonta Loviisasta Salon seudulle saakka. "Hoopo on se, joka ei housuistaan kiinni pidä, kun laukkuryssät tulee", tiedettiin Porvoossa jo 1700-luvun lopulla. Helsingissä havainnot ovat olleet vielä ilkeämpiä, kuten sanonnasta "hoopolta hynät skoijattiin, tyhmää silmään nussittiin" käy ilmi. Hangossa puolestaan on todettu, että "menikö kirveestä varsi poikki, myy se hoopolle hopeana" ja Salosta on tallennettu sanonta "hoopolle paskakin on kultaa". Nykyisin hoopotuspäivän vietto on saanut uuden muodon, ja päivä tunnetaan laajasti Black Friday -ostospäivänä.

29. marraskuuta

Kyrvötyksen ja öhöttämisen päivä pitkin Salpausselkää. Appo-Antropologi Elsa Vainikainen (1988) on arvellut kyrvötyksen ja öhöttämisen juontavan juurensa jopa jääkauden päättymisen aikoihin ja olettaa tavan kirjoittautuneen vuosituhansien aikana homo sapiensin geneettiseen koodiin. Selitys tavan historiasta tuntuu siinä mielessä loogiselta, että Salpausselkä oli Litorinameren rantana välittömästi jääkauden jälkeen ja rannoilla asustelevien heimojen kulttuurivaihdon seurauksena tapa levisi pitkin rantaviivaa.

Vielä nykyäänkin lahtelaiset ovat erinomaisia öhöttäjiä ja Savitaipaleen sekä Suomenniemen seudulla kyrvötys on - maankuulun marsuamisen ohela - edelleenkin paljon harrastettu tapa. Syytä siihen, miksi kyrvötys ja öhöttäminen keskittyvät juuri marraskuun lopulle, ei kuitenkaan tiedetä.

30. marraskuuta

Marraskuun viimeinen päivä tuli viettää suomalaisen kansanperinteen mukaan siivosti. Turvannapalainen suutari Keimo Hekonen keksi tähän liittyen innovaation, joka levisi sittemmin vuosisatamme alussa porvariston piiriin koko Skandinaviassa.

Hekosen puoliso oli nimittäin nk. ilkeä akka ja joka joulun alla hän jaksoi huomautella suutarimestarille siitä, kuinka likaista pariskunnan torpassa oli. Tästä äityneenä suutari Hekonen otti vaimonsa kaksi lemmikkimarsua, tappoi ne ja teki niistä tossut jalkoihinsa. Ne jalassaan hän tepasteli perinteisenä siivouspäivänä eli marraskuun viimeisenä akkansa edessä ja kyseli, jotta tuleeko tarpeeksi puhdasta, mitä häh?

Hekosen iloksi ja onneksi vaimo sai sydänkohtauksen ja kuoli. Hekonen puolestaan kehitteli uudesta keksinnöstään nk. aamutossut, jotka sitten levisivät kuin kulovalkea kaikkiin vähänkin parempiin perheisiin ensiksi kautta koko Pohjolan ja tekivät näin Hekosesta varakkaan miehen. Lisäksi hän löysi vielä itselleen tasaluonteisen puolison ja eli hänen kanssaan onnellisena elämänsä loppuun saakka.

JOULUKUU

Sanan "joulu" tausta ja historia on mielenkiintoinen: Sana on ollut tunnettu Suomessa jo satoja vuosia ennen kristinuskon tuloa, ja kirjoitetussa muodossaan sana on löydetty ensimmäistä kertaa Tukholman koillispuolella tehdyissä arkeologisissa kaivauksissa löydetystä riimutaulusta, jonka on oletettu olevan peräisin 1000-luvun alkupuolelta. Joulu- eli jolukuu on saanut nimensä Suomen kansan vanhimman jumalan Jolun mukaan. Jolu periytyy ugrilais-sumerilaiseen kantasanaa 'ioul, joka on merkinnyt miestä, suurta miestä ja jumalaa. Myöhemmin sanalla on alettu tarkoittaa myös miehistä kalua eli jolua.

Indo-eurooppalaisessa kieliperheessä sana on merkinnyt elämän kiertoa (vrt. esim. ruotsin hjul) sekä iettä, kahletta, itsensä hillitsemistä (vrt. mm. sanskr. yoga). Suomalaisessa kansanperinteessä nämä molemmat piirteet yhdistyvät Jolu-jumaluudessa, joka on ollut Lönnrotilla Väinämöisen esikuvana. Jolu on ollut miehekäs, itsensä hillitsevä ja hallitseva jumala. Suomalaisuusaatteen ajan yletön siveys sai Lönnrotin muuttaman Jolun Väinämöinen muotoon ja sen vuoksi Joluun liittyvä alkuperäinen perimätieto on pitkälti hävinnyt.

Jo(u)lun viettoon on jo ennen kristillistä aikaa liittynyt riehakas juhlinta, joka kulminoituu vuoden pimeimpään aikaan. Juhlinnalla on haluttu varmistaa uuden vuoden tulo ja hedelmällisyys kaikessa tulevassa toiminnassa. Kristillisen uskon vallattua Suomen, ovat nämä muinaiset tavat assimiloituneet uusien porvarillisten joulutapojen kanssa, joten jouluperinteessämme voidaan nähdä muistumia vielä hyvinkin kaukaisilta ajoilta.

1. joulukuuta

Tuonaalassa vietettiin joulukuun alkua "pussi päässä", kuten sanonta kuuluu. Pussin päähän laittoon liittyi myös toinen mielenkiintoinen tapa eli ns. "karvan katsominen". Molemmat tavat ovat hyvin hauskoja ja niiden voidaan katsoa piristäneen voimakkaasti muutoin niin rauhallista arkielämää Tuonaalassa.

2. joulukuuta

Hämeenlinnan lähistöllä on jo vuosisatojen ajan ollut tapana viettää bakkanaaleja joulukuun toisen päivän aikaan. Juhlinnassa on kaduttu vuoden aikana kertyneistä syntejä ja puhdistettu ruumista kertyneestä syntikuormasta ruoskinnalla ja tajuntaa laajentavilla sienillä. Juhlapaikka on ollut Hämeenlinnan lähellä sijaitsevan järven rannassa ja aikojen saatossa myös järveä on alettu kutsua Katumajärveksi. Vielä nykyisinkin 2. joulukuuta Katumajärven rannassa järjestetään juhlat, jotka nykyisin ovat kylläkin saaneet rave-partyjen muodon. Vimmaiseen tunnelmaan päästään popsimalla pillereitä, joita kutsutaan paikallisesti katumuspillereiksi.

3. joulukuuta

Liimatta (1954) on kirjannut muistiin perinteen Alajärven Hoiskosta, jossa oli tänä päivänä tapana paahtaa oravan kiveksiä. Oravia oli syksyn mittaan metsästetty yleensä runsain mitoin, sillä nahanmyyntitulot toivat oivan lisän muutoin karujen seutujen väestön toimeentuloon. Nahkomisen yhteydessä kivekset otettiin talteen. Eräretkillä ne kuivattiin tulien loisteessa ja laitettiin sitten säilöön miesten kupeella roikkuvaan pallisarveen. Pallisarvi oli valmistettu astumiskyvystään kuulun - ja samalla yleensä isosarvisen sonnin sarvesta - ja se kulki omistajansa onnenkaluna läpi koko miehuusiän. Kookas ja yleensä hieman käyrä kaarnakorkilla suljettu sarvi kohotti miehistä itsetuntoa.

Tyttöjen kanssa "friijulla" käydessä sarvea oli tapana heilutella. Sarvea helskyttelemällä kuivista kiveksistä syntyi rytmillinen ääni. Rytmikäs hinkkaava ääni sai neidot kiihdyksiin ja suosiollisiksi "koinureiden kyytiin". Sarvi symboloi hedelmällisyyttä, joten sarven täyttäminen "siemenellä" kuivatuilla kiveksillä uuden luomista varten oli nuorukaisen tärkeimpiä syyspyyntöjä. Saattoipa joku nuorukainen luovuttaa sarvensa käytettäväksi armastettunsa omissa salaisissa menoissa. Neidot arvostivat yleensä nuorukaisia, joiden sarvissa oli kasvurenkaita, ryhmyjä ja uria. Ryhmyisen sauvan arveltiin merkitsevän koettua mieskuntoa - toisten sonnien kanssa taistelussa vahvistettua. Varsinkin varttuneemmat naiset halveksivat soukkia ja sileitä sarvia: "sileest sarvest ei iloa valetaha, enemmän karvattomasta pallistaki".

Joulukuun alussa väki kokoontui joihinkin taloihin. Sarvet tyhjennettiin patoihin ja kuivia kiveksiä kuumennettiin tulen paahteessa. Sarven tyhjentämistä siemenestä vastasi samaan aikaan tuvissa vilkkaasti virinnyt reipas sukupuolinen toiminta ja (pikku-)jolujen tyhjennys. Juhlan huipennuksessa touhussa oli useampia pareja pirtin pöydällä, penkeillä ja vaikka lattialle levitetyillä oljillakin. Samaan aikaan padassa kivekset proteiinipitoinen sisus reagoi kuumuuteen turpoamalla ja kivespussien revetessä kovaa melua synnyttäen. Tästä on peräisinkin sanonta, että "Nairahan, jotta pallit paukkuvat". Sanonta liittyy nykyään usein pikkujouluaikaan, joka alunperin on tarkoittanut "pikkujolu" -aikaa viitaten sarven tyhjentämiseen. Pikkujouluissahan on tapana nykyisin paahtaa maissinjyviä eli nk. pop-corneja.

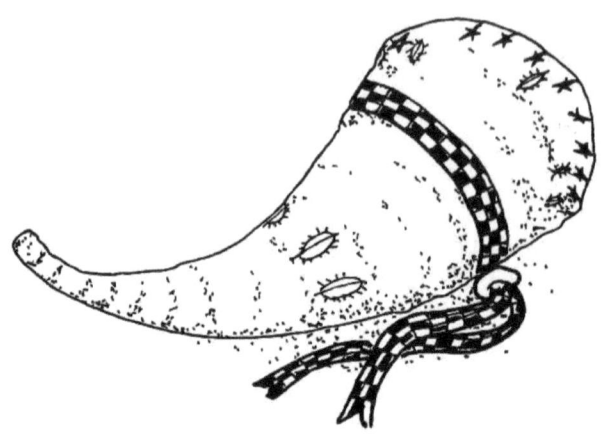

**Komeasti koristeltu pallisarvi Alajärveltä. Onni
Liimatan piirros kansallismuseon kokoelmissa
olevasta sarvesta.**

4. joulukuuta

Perinteiset nk. varmat päivät Puuraisilla. Päivän vietto on alkanut heti aamusta, jolloin isäntämiehet ovat vyöttäneet nahkansa ja lähteneet kudulle. Kudulta tultuaan he ovat astuneet astialle ja pettäneet vaimojaan sanoen: "Enpä ollut vielä kadullakaan, kun meinasin liukastua. Onneksi oli kuitenkin varmat päivät enkä päässyt kaatumaan."

Lounaisessa Suomessa, Utön saarella, päivään on liittynyt omituinen tapa, joka tunnetaan nimellä "muukalaisen peljästys". Päivää vietetään hätkähdellen ja peläten kaikkea uutta. Tyypillistä on myös mennä piiloon komeroon tai sängyn alle koko päiväksi. On arveltu, että päivä on saanut alkunsa 4.12.1510 sattuneesta tapauksesta, kun ruotsalaista piispa Göyräeusta kuljettava alus hakeutui suojaan myrskyltä Utöhön. Göyraeus vaati palveluksia itselleen ja laivamiehistölleen kaikilta asukkailta, jotka hän saarelta löysi, ja näin ollen hän verotti merkittävästi saarelaisten talvivarastoja. Tapauksen jälkeen saarelaiset ovat suhtautuneet varauksellisesti vieraisiin ihmisiin.

5. joulukuuta

Hämeen härkätien varressa, noin 15 km Helsingin kaupungista pohjoiseen, oli 1700- luvun lopussa ja 1800-luvun alussa majatalo, jossa kaupunkiin matkaavat maalaiset pysähtyivät ja majoittuivat. Tämä Hildegard af Lundbergin ylläpitämä majatalo tunnettiin keimailevan porton majatalona koska paikka tarjosi monipuolisia virkistäytymis-, ja luonnollisesti myös köyhtymis-, mahdollisuuksia kauppamiehille ja vauraille maalaisille. Majatalon ympärille kasvanutta pientä asutuskeskittymää alettiin kutsua keimailukyläksi ja 1800-luvun puoliväliin mennessä kylän nimi oli vakiintunut Keimolaksi.

Vantaan kaupunki nimesi Hildegardin kuolinpäivän, 5. joulukuuta, kunnalliseksi juhlapäiväksi koska Hildegardin voidaan katsoa laittaneen alulle nykyisen Vantaan vaurastumisen ja kasvun merkittäväksi yritys- ja liiketoimintapaikkakunnaksi. Kaupunki kaavoitti myös niin kutsutun Keimolanportin liikealueen juuri samalle paikalle, missä keimailevan porton majatalo kerran sijaitsi. Varsinainen hirsinen majatalorakennus siirrettiin tuomiokapitulin vastustuksesta huolimatta 1870-luvulla Tarvialan kunnan pappilaksi, ja lopulta rakennus siirrettiin 1960-luvun lopussa Seurasaaren ulkomuseoon Helsinkiin.

6. joulukuuta

Itsepäisyyspäivä Tokoilassa. Kunnan perinteisiin on kuulunut jo 1800-luvulta lähtien viettää joulukuun kuudetta päivää itsepäisyyden muistopäivänä. Tarina kertoo (Kuivittu 1987), että kylän päällikkö Oskari Dokonder oli päättänyt valloittaa naapurikylän. Hän oli koonnut joukkonsa taisteluvalmiuteen ja ampunut joitakin laukauksia Matti Mainiolan pihassa. Tästä miehet olivat niin hurjistuneet, että olivat käyneet käsirysyyn ja tapelleet koko iltapäivän. Lopulta Mainiola oli jyskyttänyt Dokonderin päätä Karjalan jykevään petäjään ja hokenut: "Etkös piru jo usko?", johon Dokonder oli vastannut: "En, en usko". Kylän miehet olivat kovasti arvostaneet johtajansa itsepäisyyttä ja niinpä seutukunnan suurimmaksi juhlaksi muodostui vähitellen itsepäisyyspäivä. Päivää on tavattu juhlia paraatein ja marssein ja sohjokelissä isänmaallisia lauluja epävireisesti karjuen.

Heimoyhteisöissä oli tapana lujittaa miesten välistä yhteisöllisyyttä ja lojaalisuutta niin kutsutulla käteenvedolla. Esimerkiksi Gumbölenjoenvarren kaivauksista on löytynyt tähän liittyneitä artefakteja. Tapa on siirtynyt sittemmin kättelemiseksi erilaisiin juhlapäiviin. On yleisesti tiedossa, että eteläisessä Suomessa heimon päällikkö on armollisesti ottanut vastaan alamaisiaan juuri 6.12. käteenvedon merkeissä. Käteen ovat vetäneet kutsutut sukupuolesta riippumatta ja koko päivää on leimannut omituisiin asuihin pukeutuminen, nöyristely ja pokkurointi.

7. joulukuuta

Sampsan päivä suomalaisessa kalenterissa. Jo laulussa sanotaan, että "Sampsa poika Päivöläinen, illan tuoja tuonelainen". Tällä kuvataan Sampsan roolia talven pimeimmän ajan haltijana. Sampsan tehtäviin on kuulunut valon vieminen jumalille tavallisilta kuolevaisilta. Perinteenä onkin ollut moniaalla Suomessa "ajaa Sampsa ruvelle" eli harrastaa yletöntä promiskuiteettia pimeimmän ajan yli siinä toivossa, että kevät taas koittaisi ja vapauttaisi valon ja auringon Sampsalasta eli kivisestä vankilasta, jonka Sampsa on niille laatinut.

8. joulukuuta

Kolon päivä Pohjois-Suomessa. Koloa juhlimalla on pyritty muistuttamaan ihmisiä siitä, että talven saapuessa myös mieli vetäytyy levolle kuten karhu pesäänsä ja mäyrä koloonsa. Vasta kevät herättää sielun horroksesta ja spirituaalisimmat sessiot sattuivatkin poikkeuksetta juuri sulan maan aikaan. Nykyisin kolon päivän merkitys on pahoin unohtunut, joskin Utsjoella päivää juhlistetaan lunta kolaten ja käymällä baarissa juomassa "pullotolokulla kylymää kolloo".

9. joulukuuta

Päivä, jolloin syötiin syksyn aikana pyydystettyjen metsäkanalintujen kivipiiroista löytyneet pikkukivet. Päälle on ryypätty sahtia tai piimää.

Ervantilassa päivään liittyy omituinen tapa, nk. jymötys. Tavan uskotaan olevan peräisin Saksasta, josta se tuli Pommerin sodan aikana sotilaiden mukana Suomeen. Ala-saksin murteessa tunnetaankin verbit "jümentieren" ja "jümschtieren", jotka sisällöltään viittaavat juuri jymöttämisen kaltaiseen olotilaan.

Kaikista pitäjän taloista valittiin joulukuun alussa jymöttäjä, jota sitten valmisteltiin reilun viikon ajan tärkeään tehtäväänsä kepein ja puntarein. Usein jymöttäjä oli talon vanhin miespuolinen henkilö. Po. päivän aamuna jymöttäjä puettiin lämpimästi ja hänet kuljetettiin Ervantijärven jäälle tavallisesti vesikelkalla, joskin myös hevosen vetämää rekeä käytettiin kuljettamiseen etenkin

1910- ja 1920-luvuilla. Samalla kun jymöttäjää kuljetettiin jäälle, hoettiin jymötystä valmistelevia "loitsuja", joista tunnetuin lienee seuraava:

Asia on simppeli
ota piian pimppeli
sekä renki homppeli.

Pannan kirnuun kansi päälle
jymöttäjät viedään jäälle
sulattavat hallan pois.

Hokema kertookin selkeästi jymöttämiseen liittyvät rituaalit sekä sen, miksi jymötystä harrastettiin. Uskomuksen mukaan jäälle kannettu ihminen, joka vedellä jäädytettiin kiinni jäähän seuraavaan adventtiin saakka, varmisti leppoisan kesän ja hyvän vuodentulon. Ervantilassa kerrotaankin tapauksista, joissa jostakin talosta ei jymöttäjää kuljetettukaan jäälle, jolloin halla vei koko seuraavan kesän sadon. Tiedetäänpä myös vuonna 1913 sattunut tapaus, jossa Kosolan talosta vietiin jäälle kolme renkiä jymöttämään. Seuraavana kesänä kasvoivat nauriit perimätiedon mukaan "sonninpallien kokoisiksi" ja perunatkin täytyi keittää hiidenkirnussa, koska sopivaa kattilaa ei niiden kypsyttämiseksi löytynyt. Useimmissa taloissa ihmiset olivat kuitenkin niin tiukasti työssään kiinni, ettei jymöttäjäksi riittänyt kerrallaan kuin yksi henkilö.

10. joulukuuta

Väskynäpäivä pappiloissa. Tapana on ollut vielä viime vuosisadan puolella kaikissa suomalaisissa pappiloissa pitää 10. päivänä joulukuuta väskynäpäivät. Päivän vietto on alkanut jo edellisenä iltana, jolloin pappilan piika on laittanut väskynät likoamaan uukoolin ylisille. Seuraavana aamuna ne on otettu sieltä ja laitettu uuteen veteen, jossa ne on keitetty sikurin ja kanelin kanssa makeaksi sopaksi. Tätä soppaa on tarjottu kyläläisille ja samalla on aloitettu joulupaasto.

11. joulukuuta

Happaman löyhkän päivä Joroisissa. Päivää on perinteisesti juhlittu syömällä ruisleipää ja kaalia sekä ryyppäämällä keskenkäynyttä kiljua päälle. Uskomuksen mukaan löyhkän happamuudesta voidaan päätellä seuraavan kesän viljasadon määrä ja laatu ja edelleenkin joroislaiset sanovat pahalta haisevasta ihmisestä, että "hän mätänöö sisältä niin, jotta viljoo riittää Viipurin markkinoillekin myytäväksi".

11. joulukuuta on Kääriäisissä - yleisistä suomalaisista tavoista poiketen - aloitettu jouluaika. Kääriäisissä valmistaudutaan varsinaisen pukin tuloon ottamalla vastaan neljä apupukkia, joista ensimmäinen - Nataali (Natanael, toim. huom.) - saapuu juuri joulukuun 11. päivänä. Vanhan Kääriäisistä kerätyn kansanrunon mukaan apupukkien tehtävä on seuraavanlainen:

> *Nataali tuopi ruokon ja sillit*
> *Hesekkeli (Hesekiel, toim. huom.) laannuttaa lapset villit*
> *Potivar (Potifar, toim. huom.) sielun armottaa*
> *Riitakki (Fridrik, toim. huom.) auringon sammuttaa*

Hesekieliin ja Potifariin liittyvien uskomusten taustoja ei ole voitu selittää, mutta Natanaelin ja Fridrikin toiminnalle on selkeät perusteet: Joulukuun alkupuolella - usein juuri 11. päivän tietämissä - saatiin Pohjois-Suomeen ensimmäiset syyspyynnistä saalistetut sillit ja ruotsinvallan aikaan kruunun haastemies kiersi rekikelien alettua Pohjois-Suomessa aviottomien lasten isiä etsimässä. Fridrikin päivänä eli 18. joulukuuta kaamos laskeutuu Kääriäisten ylle kestäen kaksi viikkoa.

12. joulukuuta

Kurvantolan Eeliminkylässä päivää vietettiin "Jeesuksen opetuslasten taivaaseenastumisen ilonpäivänä". Tapana oli viettää seurat, joissa toteutettiin nk. kaksinkertaisen tusinan -riitti. Seuraavassa läsnäolijan kertomus tästä tapahtumasta.

Meijän kylällä ruukattiin männä kirkommäille jo uamusta tuplatusinanpäivän viettoon. Äiti sano isolle siskolle kerannii, jotta ota aliset mukkaan, jottei alapiäs ajelutu. No se ei uskonu ja kuseskelikii koko seuraavan kuun vuan tirruuttelemalla ja hirveellä irvituskalla.
Mäillä oli aina hirvee kuhina. Ja sittä siellä oli aina valkeissa viitoissaan Jeesuksen opetuslapset, jotka oli vanhoja horoukkoja Puotilan vaivaiskoista, kun kukkaan muu ei ruohtina ruveta opetuslapsiks. Ja ne nostettiin semmosella lavalla kaks kertoo kirkontapulin taa ja pappi pit sittä sen

tuplatusinan saarnasa, jonka jo kaikki osas ulkoo muutennii. Lopuks mäntiin ja juotiin kahvit jossain kyläpaikassa.

13. joulukuuta

Torvion kylässä ilmaantui vuosisadan vaihtuessa omituinen lahkolaisliike, joka sekoitti koko kylän elämän vuosiksi. Lahkoa johti karismaattinen pitäjäläinen, Kuukeri Talliainen. Talliaisen kirjoituksia on säilynyt hyvin vähän, koska lahkolaiset polttivat lopuksi koko kylän ja itsensä vuonna 1904. Tutkija Peitto (1987) on kuitenkin onnistunut kaivauksissaan löytämään muutamia fragmentteja, jotka on varmistettu Talliaisen kirjoituksiksi. Seuraavassa otteita niistä:

Viimiset ajat on tulloos. Vuossata kun vaihtuu, niin tullee helevetti ja kipenä. Ja ne, jotka on minun mukana, pääsöövät taivaan riemuun, mutta muille tulloo kaotus ja ikuinen tuska... Elkee uskoo pappia, se puhhuu paskoo. Pappi ei tiijä, mitä enkeli miulle viime aikoina on kertonu. Tulloo hävitys ja kauhistus: riettaus hävitettään muan piältä lopullisesti ja tulloo onni ja autuus ja Eeteni takasi...

Ne, jotka uskaltaa hävittää sen, mikä on nyt; polttoo tämän maisen porttolan, jossa myö riettaat asumma; ne on valittuja ja mukaan otettuja ja niitten on uuvesta tuhkasta nouseva muan piällinen puhtauven mua....

Torviossa on vietetty vuodesta 1910 alkaen muistopäivää, jolla kunnioitetaan kylän hävittäjien muistoa.

14. joulukuuta

Päivä, jolloin kutusumput viritetään Turengissa. Talot, jossa on naimattomia tyttäriä, virittävät "sumput" eli levittävät laajan verkon maantien poikki, jolloin ohikulkevat miehet ajautuvat verkkojen ohjaamina taloihin "katsastettaviksi" ja mahdollisesti tyttärille naitettaviksi. Tutustautuminen ja riiastelu on tapahtunut hyvin tiukasti perinteisiin pitäytyen, ja talonväen ja sulhaskandidaatin välistä tutustautumista on kutsuttu "mulkkaamiseksi" tai "mulkun otannaksi". Justen (1972) kuvaa mulkun otantaa kirjassaan seuraavasti:

Talon väli aloitti taloon saapuneen miehen tutkimisen tarjoamalla hänelle ensiksi viinaryypyn ja lyömällä kartulla "lavoille", so. lapaluiden väliin juuri silloin, kun vieras on nielaisemassa ryyppyään. Tällöin vieraan on kuulunut todeta, että "onpa talossa tuliset viinat - ihan hengen salpaa - liekö tyttäret yhtä tuliset". Vastaukseksi naimaton tytär tai tyttäret ovat esittäneet nuuskapolkan tai muun kansantanssin. Tanssin päätyttyä vieras on kehunut tanssijoita, mikäli neidot häntä miellyttävät ja todennut, että "tuli ihan hiki tuota souvaamista katsellessa". Tällöin vieras on ohjattu talon vanhan isännän lämmittämään saunaan, jossa vieras on kylpenyt neitojen tirkistellessä salaa hänen "fyysisiä ominaisuuksiaan" hirsien raoista. Mikäli vieras on havaittu mieluisaksi, on hänelle pedattu sänky tuvan nurkkaan ja sitten yöllä, muun talonväen nukkuessa, on neito pujahtanut sänkyyn miehen viereen. Kun aamulla nuoripari on löytynyt samasta sängystä, on keitetty "tiineyskahvit" ja mies on jäänyt taloon uudenvuodenpäivään saakka.

Tapa keräsi po. päivänä runsaasti onnenonkijoita ja koijareita pitäjään ja sitkeimpiä kosijoita jouduttiin ajelemaan pois nurkista vielä Nuutinpäivän jälkeenkin. Kutusumppujen virittämisaika päättyy viattomien lasten päivänä, jolloin paikkakunnalla palataan normaaliin päiväjärjestykseen ja siveelliseen elämään. Tavan merkitys katosi 1950-luvun lopulla nuorison seurustelutapojen vapautuessa.

15. joulukuuta

Suomalaisessa sosiaalisessa perinteessä heimolla on ollut kautta aikain merkittävä asema. Tämä näkyy vieläkin kalenterissamme, jossa joulukuun viidestoista päivä on nimetty Heimon päiväksi. Esiugrilaisella kaudella Heimo (Kunttu 1987, 23) oli personifioitu patriarkaaliseksi isäjumalaksi, jonka tehtävänä oli pitää huolta sosiaalisesta yhteisöstä ja sen asukkaista. Tämä jumaluus oli hyvin samantyyppinen kuin Jahve juutalaisessa mytologiassa: ankara mutta oikeudenmukainen. (Mielenkiintoisen lisän etymologiseen tietämykseen tuo se, että suomen kielen sana ahven on suora perimä Jahve sanasta. Ahven onkin ollut eräs Heimo-jumalan symboleista. Vrt. "Anna Antti ahvenia, Heimo hyviä kaloja.")

Myöhemmin Heimo-jumaluus ja hänen palvontansa hävisivät joksikin aikaa kristinuskon tulon myötä, mutta vuosisatamme alkupuolella heimoaate alkoi jälleen vaalia tätä jumaluutta. Heimoaatteen alkuperäisenä tarkoituksena oli suorittaa uskonpuhdistus suomalais-ugrilaisten kansojen parissa, mutta mieletön sotakiihkoilu sekoitti nämä suunnitelmat veriseksi ristiretkeksi. Aate kuihtui sittemmin mitättömäksi pikku kultiksi, jota harrastavat pitävät tänään Himostunturiaan kokoontumispaikkanaan. Jokaikeväisissä Himo-bakkanaaleissa tämä kultti harrastaa vieläkin perinteisiä uhrimenoja Hemmon (aik. Heimon) kunniaksi, lisäksi tapana on lumilautailla. Sananlaskun mukaan: "No joka hemmohan nykysin skimbaa, kun se on niin siistii."

Hemmo tunturin kupeessa. Riistakameralla otettu kuva.

16. joulukuuta

Värmlannin suomalaisten keskuudessa oli tapana vielä viime vuosisadan lopulla aloittaa joulusaunan lämmitys "puoleltakuulta joulua". Kerrottiinkin, ettei missään muualla saanut niin makoisia joulukylpyjä kuin metsäsuomalaisten keskuudessa. Tutkija Toiviainen on väittänyt (1987, 24), että tapa periytyy niiltä ajoilta, jolloin väki vielä asui saunassa. Noilta ajoilta lienee peräisin myös seuraava sananlasku: "Kylmä ku ryssän helvetissä eli ruattalaisen saunassa marraskuun lopuilla".

Saunan lämmitykseen liittyi myös muita tapoja. Eräs niistä oli "iittalaisen katonta". Tällä tarkoitettiin tapaa, jossa pikkupojat menivät lauteitten alle piiloon ennen naisväen saunavuoroa ja karkasivat sieltä sitten ulos lumihankeen huutaen mennessään: "iittalainen näkyy, iittalainen näkyy!" Lapsiasiainvaltuutettu

Strömmingsbo on vastustanut voimakkaasti tapaa, koska iittalaisen vilahtaminen saattaa aiheuttaa merkittäviä vaurioita nuoren miehen herkkään, kehittyvään mieleen.

17. joulukuuta

Inkeri Pervo-Puikula kertoo kirjassaan (1966) Alahappolassa asuvan nuorison "koijaisista" seuraavaa:

Niin nätisti kokoontuikse nuoriso Herramme juhlan edessä, joulukun 17. päivä, koijaisiin, joka oli harras, joskin vapautunut ylistysjuhla isäimme taistelemalle vapaudelle ja rakastettuimme muistelulle. Tuoll' nähdään Jyystölän renki Antton niin siviästi ristivän kätensä kiitokseen ja tuoll' toisaalla valmisteleikse huutolaispoika Jooseppi kiitollisna puukapustoja palvelustalonsa emännälle, jolla on ollut tapana katkoa kaikki kapustat Jooseppia pieksäessänsä. Joosepin silmän täyttää kyynel hänen ajatellessansa kaikkea sitä murhetta, mitä hän on köyhänä orpopoikana aiheuttanut armeliaalle talonväelle. Vieläkin hän rakkaudella muistaa leivänkannikan, jonka vanhaisäntä viskasi hänelle pöydän alle eilen puolisella. Nurkassa piiat Iida ja Elsa viimeistelevät liinaista paitaa, jonka he aikovat lahjoittaa kylän vauraimman talon emännälle jouluna. Heidän nuoret sydämensä aivan pakahtuvat onnesta heidän ajatellessaan, kuinka emäntä ottaa paidan, jota he ovat kuukausien ajan kaikkina vapaahetkinensä valmistelleet, ja pyyhkäisee paidalla hellalle kiehuneen puuromaidon poies. Näin vietettiin Alahappolassa koijaisia vielä 1950-luvulla.

Pervo-Puikulan mukaan koijaisten vietto alkoi jo 1700-luvulla ja tavasta luovuttiin vähitellen 1960-luvun alkupuolella modernien pop-renkutusten ja avioliiton ulkopuolella tapahtuvan suutelun levitessä myös Alahappolaan, Ruotsiin muuttaneiden kyläläisten tuotua kylään huonoja vaikutteita saapuessaan kesäloman viettoon rakkaille kotikonnuilleen.

18. joulukuuta

Matojen juhla Heinävedellä. Päivän uskottiin olevan alkutalven ensimmäinen päivä, jolloin ihmisille tuli epätoivoinen olo pimeydestä ja talven loputtomuudesta. Tästä syystä haluttiin varmistua siitä, että jäätyneessä ja kuolleessa luonnossa tapahtuu jotakin. Siksi Heinäveden pitäjän ja lähiseutujen asukkaat kokoontuivat kyläkunnittain varustautuneina kuokin ja lapioin ja lähtivät etsimään matoja lähipelloilta. Usein talojen raavaimmat miehet aloittivat kuopan kaivamisen jäätyneeseen, routaiseen maahan, ja routarajan alapuolella työtä jatkoivat naiset ja lapset. Kuoppa kaivettiin aina yhdeksän kyynärän syvyiseksi (n. neljä metriä). Kaikki löytyneet madot ja toukat kerättiin huolella talteen, ja matoja pidettiin sitten taloissa elätteinä roudan sulamiseen saakka.

Kun kuoppa oli saatu valmiiksi ja kaikille taloille löydetty omat elättimadot, alettiin kuopan peittäminen. Peittämistyö suoritettiin usein auringonlaskun jälkeen, eli yleensä alkaen kello 15.30-16.00. Kylien kesken käytiin monasti kilpailua siitä, ketkä saavat kuoppansa - niin kutsutun "maonkolon" - nopeiten täyteen. Usein kuopan täyttämistä "pohjustettiinkin" heittämällä kuopan pohjalle kaikki pakkaskauden aikana kuolleet kyläläiset, jolloin täyttämistyötä oli vähemmän. Loogisesti ajatellen tapa oli hyvä myös siksi, että näin vältyttiin hautojen kaivamiselta roudan aikana sekä samalla saatiin pelloille uutta kasvuvoimaa.

Illalla järjestettiin "maonpäivän" juhla, jossa saunottiin, juotiin ja syötiin. Kyläläisillä oli oikeus juopua huojentuneena siitä tiedosta, että jäisen maakannen alla elämä jatkuu. 1970-luvulta on myös joitakin tietoja Kiinan kansantasavallassa järjestetyistä vastaavan kaltaisista juhlapäivistä.

19. joulukuuta

Perustuslaillisen kansanliikkeen kevätjuhlapäivä. Tapa periytyy toisen isänmaallisen sodan jälkeisiltä ajoilta, jolloin liikkeen perustaja A. W. Ypäkkä palasi sotaretkeltään ja kotiin tultuaan sanoi vaimolleen: "Olipa pitkä aika kevään tulla." Mainittakoon tässä, että Ypäkkä menetti näkönsä ja samalla myös ajantajunsa jatkosodan aikana. Tapa viettää ensimmäistä kevätpäivä 19. joulukuuta jäi elämään paikkakunnalle ja viimein se periytyi Perustuslaillisen kansanliikkeen juhlapäivästöön A. W. Ypäkän muistopäiväksi.

Rutakon herätyskalenterin mukaan talvi alkaa 19.12. Talven seurannassa on auttanut seuraava hokema:

Jeesuasta kuus Anaskiin
Anaskista kaks Tuulikkiin
Tuulikista neljä Aarettiin
Siitä lyhyt luikaus Laulikkiin
Silmä kilestää jo Inkerin

Maata näyttää Siiri lämpimin

Kevään voi siis katsoa alkavan Siirin päivästä, jota on Rutakon herätyskalenterin mukaan vietetty "joskus kun lumet on sulaneet" (Rutakon herätyskalenteri 1914, s. 317-318).

20. joulukuuta

Kerkonpäivä Lounais-Suomessa. Koko lounaiseen Suomeen levisi 1600-luvulla Turusta tapa juhlia Kerkkoa, joka oli kekrin ja oluen jumala. Kerkonpäivänä laitettiin perinteisesti kinkku likoon ja poltettiin papirossia sormenvälit täynnä. Vanhoilla ihmisillä oli oikeus juopua ja juopumus jatkui tyypillisesti Nuutinpäivään saakka. Tyypillinen ruoka oli palsternakka. Ilta vietettiin joululahjoja valmistellen eikä oikein kukaan ymmärtänyt, miksi Kerkkoa juhlittiin.

Paasossa ja Nipulissa päivää on vietetty heikosti, eli - kuten paikallisesti sanotaan - ohuesti.

Espoossa päivä on tunnettu reenkaatopäivänä. Vuonna 1922 espoolainen kauppias Werner Holgersson oli kuljettamassa hevosen vetämässä reessä lipeäkalalastia nykyistä Heinästietä pitkin kohti Nuuksiota, kun reki kaatui ojaan ja lipeäkalat levisivät laajalle alueelle. Aikalaiskertomusten mukaan kalojen haju tuntui Kirkkonummella saakka ja hajun tunnisti seudulla vielä kahta vuotta myöhemmin. Kauppias Holgerssonin suku perusti myöhemmin Espooseen "Paikallisliikenteen Omnibussi Osakeyhtiön", ja nykyisinkin paikallisliikenne juhlistaa päivää ajamalla vuosittain busseja ojaan Heinästiellä. Seudun nuoriso viettää päivää busseja väistellen. Lipeäkalatapaus on hyvä esimerkki siitä, miten paikalliset tapahtumat ja tarinat voivat sekoittua synnyttäen uusia legendoja: vuonna 1978 Helsingin piispa Ilmari Tenhunen teki tarkastusmatkan Kirkkonummelle matkustaen paikallisliikenteen linja-autoissa. Tarkastuksen jälkeen läntisellä Uudellamaalla levisi käyttöön sanonta "dunkkaa kuin piispa Veikkolan dösässä". Vanhempaa perua on paikallinen sanonta "haisee kuin Holkerin (Holgerssonin) muija Heinästiellä", jolla saattaa olla vahva todellisuuspohja. Holgerssonin lapset tunnettiin Haisu-Holgerssoneina vielä jatkosodan jälkeenkin.

21. joulukuuta

Maailman parhaan miehen päivä. Gruopa Forosissa on jo 1960-luvulta lähtien ollut tapana viettää tätä päivää maailman parhaan miehen syntymän muistopäivänä. Päivän juhlallisuuksiin kuuluu mm. vällyjen alla telehtiminen, kuiskailu ja suustimukset.

Päivän nimeen liittyy mielenkiintoinen eufemismi: Koska sanan "mies" koettiin sisältävän paljon "väkeä", siis samankaltaista voimaa kuin kirosanat ja petoeläinten nimet sisälsivät, ryhdyttiin päivästä puhumaan "ehuti ehuti -päivänä". Esimerkkinä eufemismin vaikutuksesta on esim. muistiinmerkitty kysymys: "Piäsitkö ehuti ehutina telehtimään?"

22. joulukuuta

Pernankajoella kyseistä päivää alettiin viettää kristinuskon tultua alueelle 1720-luvulla "Helvetin tulien" päivänä. Vasta viime vuosina tavan synty on selvinnyt perinnetieteellisissä tutkimuksissa. Näive (1998, 34-67) vetää yhteen teoksessaan päivän syntyyn vaikuttaneet tapahtumat seuraavasti:

Lähtökohtana päivien vietolle oli pappiskokelas Kruunu Piiskun saarna 22.12.1724. Tässä hän kertoi aikojen lopusta ja valkeudesta, joka odotti vanhurskaita sekä valkeasta, joka odotti syntisiä. Kuin kohtalon oikusta talvi oli ollut erittäin pimeä ja synkkä. Lisäksi talven pimeimmän hetken sattuminen samaksi päiväksi lisäsi synkkyyden määrää ihmisten mielissä. Lopullisen sysäyksen tavan syntymiselle antoivat revontulet, jotka alkoivat loimottaa samalla hetkellä, kun pappiskokelas saarnasi helvetin tulista ja niiden perkeleellisestä kosketuksesta. Tämän jälkeen paikkakunnalla alettiin peljätä helvetin tulien syttymistä ja joka talvi yritettiin varmistaa niiden tulemattomuus uhrilahjoin ja rukouksin. Pernankajoelle syntyikin yksi vahvimmista kristinuskon pesäkkeistä jo 1700-luvulla.

23. joulukuuta

Talvipäivänseisauksen muistopäivä Tyrnävällä. Muistopäivänä seisottiin ja seisotettiin, kellot pysäytettiin ja jopa liikuntakyvyttömät vanhukset nostettiin pystyyn tuvan nurkassa olevasta päästä vedettävästä sängystä. Maaseudun perinteitä vaaliva suomalainen puolue yritti lanseerata talvipäivänseisauksen muistipäivän kansalliseksi juhlapäiväksi 1990-luvulla järjestämällä verenseisauttavan vaalivoiton, mutta "persiilleen meni", kuten tyrnäväläinen sanonta kuuluu.

Itä-Suomessa talvipäivänseisauksen ajankohtaa juhlittiin hurjilla bakkanaaleilla, remuamisella ja metelöinnillä. Uskomuksena oli, että meuhkaminen ja promiskuiteetti sai "pimeyden peljästymään ja väistymään" (Rekula 1986). Lisäksi Rekulan mukaan "Tuupovaarassa ja sen lähiseuduilla poltettiin huopatossuja valkeuden saamiseksi maailmaan. Saattoipa huolettomalta maajussilta samassa palaa talot ja tavaratkin". Rekula on otaksunut, että perinne on saanut alkunsa idästä päin levinneestä kultista, jonka alkuperä on kiinalaisessa uudenvuoden ilotulituksessa.

Koillismaalta on kirjattu näille ajoille perinne, jossa jouluntienoilla tarvittiin hiivaa joululeipää ja viiliä varten. Koska seudut sijaitsivat tiettömien taipaleiden päässä, oli tapana istuttaa jotakuta heimon vanhinta ämmiä juhannuksesta alkaen saunassa talvivaatteet päällä. Hiivasienen kasvu oli voimakasta ja joissakin taloissa laitettiin tästä jopa jouluolutta. Esimerkiksi nykyisen Taivalkosken alueella Pöreikön vanhaemäntä Hilja oli laajalti kuuluisa hyvästä hiivantuotostaan. Sanonta "Haisee kuin Hilja hiivalta" on edelleen käytössä Posiolla ja Taivalkoskella. Tiedossa on myös tapauksia, joissa hiiva karkasi ja mädätti saunan lauteet tai jopa talon seinähirret. Tämä pyrittiin estämään sivelemällä syksyisin rakennusten puuosat happamalla puolukkamehulla.

24. joulukuuta

Joulukuun 24. päivä on kristillisessä kalenterissa jouluaatto ja siten länsimaisessa kulttuurissa merkittävä juhlapäivä. Suomalaiseen perinnekulttuuriin joulunvietto vakiintui vasta 1800-luvun puolesta välistä lähtien. Mutta jo tätä ennen joulukuun loppuun sijoittui merkittävä ns. viimeisen viikon aika.

Viimeisen viikon ajalle oli ominaista varautuminen maailman loppumiseen, joka uhkasi vuoden vaihtuessa. Suomalaisten samaanien astronomiset taidot olivat hyvin pitkällä jo jääkauden aikana. Tästä ovat muistona mm. Kiirtolan vesistön seinämaalaukset, jossa esitetään katsaus tähtien liikkeisiin kalenterivuoden tärkeimpinä ajanjaksoina.

Viimeisen viikon tavoille oli ominaista peuhaaminen, syöminen ja pelkääminen. Nämä tavat ovat sittemmin siirtyneet nykyiseen jouluperinteeseen - vieläkin lapset pelkäävät joulupukkia. Mielenkiintoinen yksityiskohta tapaperinteen muuttumisessa on se, että nykyinen joululahjojen jakelu kuusen alta voidaan palauttaa kantasuomalaiseen tapaan, jossa kotikuusen alle vietiin 'lahjuja' eli uhreja jo kuolleille sukulaisille.

25. joulukuuta

Pettelemin kylässä joulupäivän vietto on liittynyt seudulla liikkuneeseen legendaan Joose Mirtteliläisestä. Legenda perustuu pääosiltaan 1100-luvun keskieurooppalaisiin ritaritarinoihin. Tarinan mukaan Joose oli lähtenyt joulukuun alusta kulkemaan Parrisin kylästä kohti pohjoista, jonne hänen sydämensä valittu oli karkotettu noitana edellisenä kesänä. Joose saapui viimein nykyisen Tornionjoenlaakson seutuville pimeimpään ja kylmimpään talvenaikaan. Hän asettautui makaamaan heinävuoteelle paikallisten vaeltavien saamelaisten kotaan hourien rakkaansa nimeä. Tällöin kuin ihmeen kautta paikalle sattunut Maria d'Entenburg, hänen rakkaansa, kuuli hourinnan ja astui miehensä tykö. Ja kuin sattumalta oli niin, että Marian synnyttämisen aika oli käsillä, joten puolisoille syntyi poikalapsi tuona ihmeellisenä talviyönä Suomen Lapissa.

Paikalle kasvoi sittemmin Pettelemin kylä, jossa vielä tänäänkin vietetään joulupäivää pyhän ihmeen päivänä. Kota, jossa Joose ja Maria saivat toisensa ja lapsensa, on säilytettynä kylämuseoon, jossa on myös aika kasa heinää, jolla kerrotaan poikalapsen maanneen ensimmäisen yönsä. Paikkakunnalle on jäänyt tavaksi myös "juoha ithens Petlemiin".

Tornionjokilaaksosta on kirjattu useita jouluun liittyviä sanontoja. Onkin oletettavaa, että joululla on ollut suuri merkitys muutoin niin vittumaisella ja kurjalla seudulla. Sanontoja ovat mm. "Hullu niin kuin Huttusen akka jouluna" (Ylitornio), "Peä märkänä kuin joulusiivousta tekevällä" (Pello), "Kimulilla on kinkut niinkuin joulusaunassa" (Muonio), "Nyt kun ois viinaa ja rahhaa ja vielä lisäksi viinaa niin olis kuin joulu" (Kittilä) ja "Hullu joulunsa pieremällä pilaa" (Muonio).

26. joulukuuta

Tapaninpäivä on saanut nimensä pohjoissuomalaisesta jumalasta Tapanista, jonka uskottiin ajavan kaamoksen pois maailmasta. Uskomus liittyy läheisesti ennen joulua tapahtuvaan talvipäivänseisaukseen. Inarinjärven seudulla uskomukseen liittyy tarkka tarina, jossa kerrotaan, kuinka Tapani ajaa pimeyden Morgam-Viibus -tunturilta (599 metriä) Sokostin (718 m) ja Akalauttapään (510 m) kautta "Ryssien harmiksi". Akalauttapään rinteiltä saamansa vauhdin turvin kaamos vierii koilliseen upoten lopulta Pohjoiseen Jäämereen jossakin Petsamon-Liinahamarin seudulla.

Ivalossa on jo 1950-luvulta lähtien valittu vuoden Tapani, jonka tehtävänä on ollut ajaa pimeyttä pois. 1990-luvulla vuoden Tapanina toimi itseoikeutetusti taiteilija Tapani Kansa, jonka "Tapaninajelu" oli saanut kuuluisuutta myös

218

maamme rajojen ulkopuolella. Tapani Kansaa voidaankin pitää yhtenä parhaista suomalaisen tapainkulttuurin vaalijana. Vaatimattomampia tapaninajeluita järjestetään 26. päivänä joulukuuta kaikkialla maassamme. Rytsölässä tapaninajelu on saanut uuden merkityksen: Tapani-nimiset on ajettu pois pirteistä ja baareista koko päiväksi. Tavan on arveltu johtuvan siitä, että rytsöläläinen Tapani Muhonen oli jouluisin juovuksissa, ja aiheutti merkittävää häiriötä kylällä.

Poikkeuksen Tapaninpäivän perinteeseen tekee pieni Simon kunta, jossa ajelut järjestetään noin kahta kuukautta aikaisemmin eli Simon päivänä 28. lokakuuta. Tapaninpäivää simolaiset viettävät sisätiloissa, "väärille tavoille" halveksivasti tuhahdellen ja hymähdellen. Myös niin kutsuttu "keskisormen näyttö" kuuluu simolaisten protestointikeinoihin.

27. joulukuuta

Lunkialassa sattui huvittava tapaus 27. joulukuuta vuonna 1873. Silminnäkijäkertomukset todistavat yhtäpitävästi sen, että tapaus on ollut yksi hauskimmista seudun historiassa. Tiettävästi Lunginkankaan kartanon pehtoori Arvid Juselius nauroi kuukauden päivät kuultuaan tapauksesta. Koska tapaus oli erityisen hauska, ryhdyttiin päivää viettämään hekotuspäivänä eli "hekoottina".

Hekootin viettämiseen liittyy merkittävä määrä uskomuksia ja tapoja, joista monet ovat omituisuudesssan tai groteskiudessaan ainutlaatuisia suomalaisessa tapaperinteessä. Suullinen perimätieto kertoo siveiden nuorten neitojen ja vanhojen ämmien pyörtyilleen jouduttuaan todistamaan näitä hekootin viettämiseen liittyviä myyttisiä riittejä. Jopa miehisten miesten tiedetään itkeneen. Jossakin vaiheessa uskottiin, että mm. lapsen kitalakihalkio johtuu siitä, että äiti on raskausaikanaan juhlinut hekoottia.

Hekootinviettoa on myös tutkittu runsaasti ja aiheeseen liittyvää lähdeaineistoa on erittäin paljon. Asiasta on tehty väitöskirjoja useassa suomalaisessa yliopistossa sekä mm. Sorbonnessa. Eräät merkittävät hekoottia tutkineet antropologit ja kulttuurintutkijat ovat sittemmin nousseet merkittäviin asemiin muilla kulttuurin- tai tieteenaloilla.

28. joulukuuta

Viattomien lasten päivän syntyyn liittyy Kuhnurinmutkan kylässä seuraava tarina:

Pojjaat ol männä sinä iltana naisiin muka. Vaikka mitä ne nallit naisista vielä tiesivät, mokomat nulikat. No siellä ne oli aikasa pelanneet peliään ja tulleet sitte muka kotia ja sanoneet suaneesa. Johon isäntä kysymään, jotta mitä. Niin pojat tuohon olivat vastanneet, jotta selkääsä naapurin äijältä, vaikka eivät olleet mittää tehnä. Ja siihen oli isäntä sittä sanona, että jo on, kun viattomia lapsia pieksäävät. Ja naurana piälle. Ja siitä lähin sitä tuli tavaksi aina joulukuun lopussa pieksää lapset ja sanoa, jotta mikäpä tässä, viattomia lapsia pieksäissä.

29. joulukuuta

Tylsyyden ja turhautumisen päivä Varsinais-Suomessa ja Uudellamaalla. Joulu (tai ennen kristinuskon tuloa talvipäivänseisaus) oli vietetty ja uusiin toimiin ei vielä kannattanut ryhtyä koska juhla-aika edelleenkin jatkui. Tästä syystä ihmiset olivat riitaisia ja pitkästyneitä. Useiden päivien ajan jatkunut juhlinta ja joutenolo sisätiloissa purkautui helposti aggressiivisena käytöksenä ja riitelynä. Erään luottamuksellisen lähteen mukaan (Timo V. Jyystön tekemä haastattelu 1998. Lähde ei halua nimeään julkisuuteen) myös kansallisrunoilijamme J. L. Runeberg suuttui Porvoossa vaimolleen 29. joulukuuta v. 1873 heittäen häntä kinkun luulla. Luu osui Fredrikan silmään aiheuttaen moniviikkoisen sokeuden ja kasvojen osittaisen toispuoleisen halvauksen, joka kuitenkin parani kekriin mennessä. Asiasta kuitenkin vaiettiin paikalle kutsutun poliisimestari Åkerlundin saatua Runebergilta useita lasillisia vahvaa "Glöggyä" (glögiä), jota Runeberginkin tiedetään nauttineen runsaasti päivittäin jo viikkojen ajan ennen tätä ikävää tapahtumaa. Tiettävästi tämä oli ensimmäinen kerta, kun Suomessa on (puoli-)julkisesti tarjoiltu glögiä. Tasan vuoden päästä Runeberg yritti osua vaimoaan appelsiinilla ja tulitikkurasialla, mutta ankara juopumustila teki tähtäämisen heikoksi ja Fredrika säästyi tällä kertaa vammoitta.

Puheena oleva päivä on perinteisesti ollut Kotkassa ja Haminassa kaikesta vanhasta luopumisen päivä. Vanhat talvipalttoot on vaihdettu uusiin ja tästä perinteestä selittyy myös nykyisten alennusmyyntien alkaminen heti joulun jälkeen, vanhat heilat on heitetty pois nurkista haisemasta ja vanhat mummot on myyty. Vanhojen mummojen myymiseksi kaupunkeihin - ulottuen aina Laatokan länsipuolisille rannoille saakka - syntyi elinvoimainen narinkkaperinne, jossa juutalaiset keskittyivät kauppaamaan eritoten vanhoja mummoja. Sana narinkka (divari/osto- ja myyntiliike) tulee venäjänkielisestä sanasta, joka on käännettävissä "mummonrähjäksi" tai "mummonraadoksi".

30. joulukuuta

Vuoden toiseksi viimeinen päivä on Kiuruvedellä ollut perinteisesti mukulakasvien vernalisaation valmistelupäivä. Kukkamukulat on nosteltu maakuopista ja kellareista pihalle lojumaan muutamaksi viikoksi (laskiaiseen saakka), jonka jälkeen ne on sitten nostettu uuninpankolle "rapeutumaan". Kiuruvetisten tavoista johtuen useat monivuotiset kasvilajikkeet, kuten muculus persaeus (ahterililja), pulsatilla oedotus (tuoksumustikka) sekä erectus lanceata (jättikyrväkäs), ovat harvinaistuneet merkittävästi seudun - ja koko Suomen - floorasta.

Turengissa päivää on vietetty tyhjentämällä laskiämpärit portaille. Se, joka on ensimmäisenä liukastunut jätöksiin, on valittu vuoden laskiksi. Vuoden laskin tehtävänä on ollut syödä kaikki talossa tuotettu syötäväksi kelpaava jäte (Itkuksela 2009). Loppuvuodesta laski on tapettu ja syöty joulupäivänä ns. skinkkuna eli joulueineenä. Nykyisin meitä muistuttaa tästä jo hävinneestä tavasta sana läski, joka tarkoittaa erityisen tukevaa ihmistä moniaassa suomen murteessa.

31. joulukuuta

Vuoden viimeiseen päivään on yleisesti liittynyt tapoja, joilla on haluttu varmistaa ajan jatkuminen seuraavalle vuodelle. Useassa kylässä on Suomessakin todettu harrastetun jopa ihmisuhreja vuodentulon varmistamiseksi. Tämä onkin ollut kätevä keino hankkiutua eroon ylimääräisistä vanhuksista ja lapsista. Tähän liittyy seuraava sanomus Uudeltamaalta: "Me ja vie äitis mäkkeen, sängyt pursuu pakanoita."

Toisaalta vuoden loppu on ollut riehakkaan juhlimisen aikaa. Tapana on ollut esimerkiksi Länsi-Suomessa polttaa nk. uuden ajan kokkoja, joilla on valaistu tietä personifioidulle "Uudelle Ukolle", joka on tuonut muassaan uuden vuoden.

Kaikkein omituisin perinne, joka liittyy vuoden loppumiseen, on kirjattu Hervannan teekkarikylästä. Siellä vuoden loppumista on vietetty sammutetuin lyhdyin. Tutkija Toriseva (1978, 23) on tulkinnut tavan siten, että muinainen shamanistinen perinne manan matkasta on siirtynyt uuteen aikaan tenun matkaksi. Tolkuttomassa tilassa siirtyminen uuteen ja ennalta tuntemattomaan onkin vakiintunut suomalaisten tavaksi kohdata erilaisuutta tässä maailmassa.

Tekijöiden esittelyt:

Anssi Terva-Oja, Ph.D (Cambridge). Terva-Oja (s. 1957) on kotoisin Yli-Iin Tannilasta. Oppikoulun hän kävi Oulun Lyseossa, josta pääsi ylioppilaaksi 1976. Terva-Oja ryhtyi opiskelemaan teologiaa Helsingin yliopistossa ja valmistui teologian kandidaatiksi 1980, mutta oli jo kuitenkin luopunut 12-vuotiaana omaksumastaan lestadiolaisesta herätyksestä. Terva-Oja osallistui ylioppilasrientoihin ja suoritti filosofian kandidaatin tutkinnon kansatieteestä ja kulttuurintutkimuksesta v. 1983. Filosofian lisensiaatiksi hän valmistui 1985. Terva-Oja väitteli tohtoriksi v. 1988 Oxfordin yliopistossa. Terva-Oja on naimisissa, harrastaa speleologiaa ja oopperamusiikkia (myös laulamalla kesäisin Savonlinnan oopperan kuorossa). Kunniamerkit: WWW; Q.S. of R. sekä TLL.

Timo V. Jyystö, FT, YTL, kunniahårologi. Tutkija Timo V. Jyystö (s. 1960) polveutuu Pohjois-Savon Jyystöistä (1700-luvulla vielä Jyystä). Jo nuorena hän tunsi viehtymystä suomalaiseen kulttuuriin ja 11-vuotiaana hän ilmoittikin syntymäpitäjänsä Värriön kinkereillä ryhtyvänsä isona tutkimaan suomalaisia. Ajatuksestaan hän ei ole sittemmin luopunut, vaan on edennyt loogisesti Taanilan keskikoulun, Laurilan lukion (ylioppilas 1979), Raatteen marxilais-leniniläisen instituutin ja merkittävimpien suomalaisten yliopistojen kautta yhdeksi tärkeimmistä kulttuurimme tutkijoista. Jyystön lukuisat kirjat, artikkelit sekä tv-sarjat suomalaisista ovat tehneet Jyystön uupumattoman ja merkittävän työn tutuksi useimmille suomalaisille. Toimittuaan kuusi vuotta vierailevana tutkijana Stonewallin yliopistossa Jyystö palasi kotimaahansa v. 2006 ja julkaisi paljon kohua herättäneen tutkimuksen suomalaisten käyttämistä kampauksista kautta aikojen. Tästä johtuen hän sai kunniahårologin arvon Suomen Hårologiliitolta v. 1997. Jyystö itse kommentoi tätä teosta seuraavasti: "Elämäni tärkein kirja. Suomalaisten on vihdoinkin saatava tietää totuus". Jyystö seurustelee, hyggeilee ja harrastaa gastronomiaa. Kunniamerkit: U.S.of R.; PM sekä v. SPD.

Jarmo Sartsinarsius-Pylppö, FT, TT, PSP. Sartsinarius-Pylppö (s. 1960) on syntynyt Kylmän Männäkylässä, Pohjois-Savossa. Jo nuorena hän siirtyi kuitenkin opiskelemaan ensin keskikouluun ja sittemmin oppikouluun Kuopioon, jossa suoritti ylioppilastutkinnon erinomaisin arvosanoin - 9 lauuduria. Yliopisto-opintonsa hän aloitti kirjekurssilla Hawaijin kansainvälisessä liiketaloudellisessa korkeakoulussa, josta valmistui filosofian tohtoriksi vuonna 1982 pääaineenaan yritysten laskentatoimi. (Väitöskirja: Multinationaalisen bussineksen kongrulantti-vektorimalli, 1982). Sittemmin hän siirtyi jatkamaan opintojaan Joensuun yliopistossa, jossa valmistui teologian tohtoriksi ortodoksisesta tiedekunnasta vuonna 1985. (Väitöskirja: Pyhä Johannes Leviittalaisen kämmenenjäljet - dogmaattisen ikonografian speksologiaa, 1985). Tuolloin hän kiinnostui myös kansatieteestä, jonka harrastuksen lopputulos tässä julkaistu teos on osaltaan. Sartsinarius-Pylppö on naimisissa, harrastaa kalastusta ja filateliaa. Kunniamerkit: Mk.S.S.; GRM, I.S.T. sekä a.DF.

223

Kirjallisuusviitteet

Viitteet ovat tekijän mukaisessa aakkosjärjestyksessä. Viitteen loppuun on merkitty ne tekstikohdat, joihin teoksessa on viitattu. Roomalaiset numerot I-XII viittaavat kuukausien johdantoteksteihin ja yksittäiset päiväykset päiväkohtaisiin teksteihin.

Aika, Armas: Jo joutui - tutkimus Suvesta ja hänen konvergenssistaan suomalaisessa tapaperinteessä. Kuttula, 1997. (7.6.)

Ala-Pelkola, Anni: Eksploitatiiviset ulostustavat idiooteilla. Kuntola, 1987. (5.5., 10.8.)

Alakotila, Auno: Kehataan myö toistekin - perinnetapoja ja uskomuksia aikalaisten kertomina. Rutakko, 1977. (31.5., 11.7.)

Allen, Edgar: UFOs, bubblegum music and other pervert phenomena. New York, 1988. (5.1., 9.4., 28.4., 16.8., 28.8., 13.9., 28.10.)

Anuskin, Armas: Koristuksen seuraajat. Suomen pyhimykset keskiajalta nykypäivään. Turenki, 1956. (29.7., 16.8.)

Argillander, Timo O.: Muistinviljelyä Mynämaalta. Rauma, 1986. (10.4., 9.9.)

Arsström, Ingrid: Poikkinaintia edestä ja takaa. Tapoja ja tapauksia Tornionjokilaaksosta. Tukholma, 1969. (15.1.)

Aspen, Bengt Juhan: Kummien kalamunkkien mailla. Matkakertomus suurelta sukututkimusretkeltä 1901-1905. Opus Fennomanica vol. 3. Helsinki, 1907. (14.3.)

Autoliikkeiden liiton tilastot 1946-1996. Tekijät tuntemattomia, painopaikat vaihtelevat. (10.3.)

Bergholm, Kuisma: Keuruun ja Petäjäveden emäpitäjien historiakirja. Hämeenlinna, 1922. (28.1.)

Boijer, Jan-Henrik: Skatologiset poikkeavuudet ja niiden syyt Suomenselän ja Maanselän vedenjakaja-alueilla. Kuopio, 2009. (28.10.)

Bonsdorff-Siikala, Aunemaija: Gaia vai Femme Fatale - agraarin femiini murros. Esitelmä Naiset, kulttuuri ja maailma -seminaarissa. Helsinki, 1988. (16.1., 25.5.)

Cedercreuz, Abel C: Effectif des Savolax et des rennes dans la Fenno. Tukholma, 1889. (10.1., 16.3.)

Chicken, Bar B. Q.: Birth of Zombies - Origins of the Haitian Cult, Port-au-Prince, 1986. (2.6.)

Cunnus, Lingus: Voittamattomat - kuvaus jälkilöylyistä. Espoo, 1967. (9.7.)

Edelin, Gunnar: Prästhjälp och promiskuitet i Rymättylä sockens vanor. Helsingfors, 1875. (11.1., 12.9.)

224

Empätiija, Salla: Perhojokilaaksosta vaeltaneet tarinat ydinsuomalaisuuden merkitsijänä. Kervola, 1945. (20.4.)

Entinen, Seppo: Junala - gagokultin suomennos. Tampere, 1997. (23.1.)

Ervander & al.: Highly decreased hippocampal volume asymmetry on MRIs in nondemented students due to the inexessive use of the overdued ethyneloids with regards to the effects of apolipoprotein E epsilon 4 allele. Neurology 1995; 45: 391-392. (23.4.)

Flatus, Petter: Korttipelien maagillisista taustoista ja kansakunnan ilmavaivoista. Enne, 1997. (21.7., 13.11.)

Frostelius, Sigismund: Syphilis-sukuisen taudin ilmentymä ja miehisen siitin-elon itseamputaatio. Tapaustutkimus. Turku, 1856. (20.5.)

Ganander, Efraim: Kansan-perinne liittywen Jumal-opillisien juhla-päivien wiettoon. Uppsala, 1866. (6.1., 8.1., 21.5., 29.7., 22.8.)

Gananderin almanakka. Tekijä ja painopaikka tuntematon. Oletettavasti vuodelta 1525. (17.7.)

Godehielm, Erik & Carl-Mikael Lönnqvist: Traditioner bland bönderna i det skitfattiga Finland. Stockholm, 1873. (I, 6.1., 30.1.)

Granlund, Veikko: Pohjanmaan herätysliikkeiden papiston suhteesta Ruotsin kirkolliseen johtoon. Tohtorinväitöskirja. Helsinki, 1976. (7.1., 7.8.)

Gudskelov, Herman: Se pyhä katekismus, kun on Herramme palwelemisecsi annettu. Turku, 1848 (5.1.)

Gullinen, Edward: Det fromma eländet - ett studie om ett fornkareliskt rit. Helsingfors, 1885. (I, 3.1.)

Gärderud, Anders: Den mystiska tavlan från Tepastå. Folkets minne som lerkalender. Tukholma, 1958. (26.2.)

Görff, Hjalmar: När sverigeboarna lärde sig att simma i Vasa. Uppsala, 1982. (14.2.)

Göyränder, Julius: Det utomordentliga i Grankulla bys sockenvanor. Uppsala, 1867. (20.1.)

Heimo, Aimo ja Munattu, Pirkko: Maakuntiemme traditiot ja perintö. Turenki, 1988. (25.4., 25.5., 9.8., 8.11.)

Hekkumaa, Ylppö: Murjaanit maamme kamaralla. Tutkimus ulkomaalaisista matkustajista Suomessa Venäjänvallan aikaan. Raasepori, 1981. (17.2.)

Hellefors, Johan: Elämää Pihkaloiden varjossa. Veikkolan paikallishistoria. Veikkola, 1978. (21.8.)

Henchschel, Georg Sebastian: Tros eller ej - antecknigar inom folkets minne och sagor. Åbo, 1876. (I)

Hilpan elämää. Hilppa Kuivaston haastattelu Seura-lehden numerossa 10/1966. Toimittaja tuntematon. (1.3.)

Himberg, Ludvig: När Ölmöboarna solljus in i säckar bar. Vasa, 1832. (14.8.)

225

Holopainen, Jorma: Suomen vittumaisimmat haltijat ja jumalolennot - Mökköhömöstä Maisliipakkiin. Kivennapa, 1948. (9.10.)

Huhu, Tuuli. Perinneruokien parhaita - pitsasta marsipaaniin: suomalaisen ruokakulttuurin esi- ja alkuhistoriaa. Turku, 1987. (4.1., 16.7.)

Huttu, Vieno: Ala-Tölviön kotiseutukirja. Ala-Tölviön perinneyhdistys. 1975. (23.1.)

Hössö, Markus: Viimeisen valloittajat. Kurpu, 1987. (20.9.)

Iivari, P.: Turttu, Töhnö ja Pauliina - nimet ja niiden esiintyminen Suomessa. Kerppu, 1987. (19.11.)

Ikäritsa, Anja: Perinneruokien parhaita - mulukkurievästä haispaistikkaaseen. Kouvola, 1976. (17.1., 5.5.)

Itkuksela, Anna: Eteisiin ja kynnyksille - virtsaamisen ja jätteenkäsittelyn historia. Pori, 2009. (30.12.)

Janhunen, Aino: Koillismaan kultit ja kummitukset. Väitöskirja Lapin yliopistossa, kansatieteellinen tiedekunta. Rovaniemi, 2003. (30.7.)

Jansson, Stella: Vaasan seudun veri vapisee. Tutkielma alueen kummajaisista. Vaasa, 2002 (14.8.)

Johnson, William: Hormonal catastrophes as reasons of irrational human behavior. New York, 1997. (15.10)

Jumalkyrpä, Tapani: Kuorinkylän Pökräjäiset - pitäjänkirja. Kuorinkylä, 1976. (29.1.)

Justen, Henrik: Mulkun otannassa. Turenkilainen perinnekylän elinkelpoisuuden säilyttäjänä. Lammi, 1972. (14.12.)

Justen, Henrik: Perinnettä Eteläiseltä Pohojanmaalta - haastattelututkimus tavoista ja taidoista. Tampere, 1977. (22.3.)

Jyystö, Timo V.: Hipit Suomessa - Hiusmuoti vapaamielisen sieluntilan kuvastajana. Vättölä, 1996. (25.8., 28.9.)

Jyystö, Timo V.: Statuksen stigmat - Poro ja tuohi pohjoissuomalaisessa perinteessä. Vättölä, 1992. (17.7.)

Jyystö, Timo V.: Kun Koistisen Unto näki Enkkelin - pyhät rituaalit ja maniat Peräpohjolassa. Vättölä, 1994. (16.8., 15.10.)

Jörnicksson, Kuck: Efterminnena från det forna. Sundsvall, 1987. (6.6.)

Kaatiola, Seija: Jänttöstä ja pakkelia - puuro kansakunnan pelastajana. Kansanhuoltoministeriön julkaisuja IV/74. Ei painopaikkaa (oletettavasti Valtioneuvoston Kirjapaino), 1974. (4.10.)

Kakkonen, Anssi: Ei toivoa, vain ääntä - menneitä muistellessa. Keuruu, 1987. (17.8.)

Karmu, Aatos: Rättänöinnin epäkohdat ja sosiaalinen tilaus. Opinnäytetyö, Keuruun korkeakoulu, 1969. (17.4.)

Karvonen, Aune: Sanontoja ja Sanomuksia Peräpohjolasta. Väitöskirja, Tampereen yliopisto, 1984. (21.1., 16.8.)

Kautto, Ville: Suomalainen kansanvaellus - Kaanaanmaalta Pösiölle kuudessa kuukaudessa. Arkeologinen kenttätutkimus. Vinttu, 1988. (VIII)

Kekkonen, Urho K.: Metsiä ostelemassa: kauppahuijarin kertomukset. Pielavesi, 1958. (1.4.)

Kelander, Niilo: Pakkasen panemat eli keskiaikaisen katovuoden tilastollinen analyysi. Himostunturi, 1986. (26.1., 31.8.)

Kenkola, Venku. Osmo otalla, Ahti anna, Otso oivalla - suomalainen kolmiyhteys. Kuivanto, 1987. (11.5.)

Kenttärauta, Urho: Kansatiede murroksessa - uusia tuulia heimohistoriain tulkintaan. Helsinki, 1958. (13.1., 25.5.)

Kerppu, Vitsas: Naurattaa ihan - kertomuksia herännäisyydestä. Loimaa, 1976. (6.7.)

Kerppu, Vitsas: Vesille elävän mieli - veneilyperinteet suomalaisessa tapakulttuurissa. Kippola, 1987. (19.6.)

Kervo-Peteri, Illu: Ootko Saana - tunturi ja sen merkitys suomalaisessa mytologiassa. Tiisala, 1987. (17.10.)

Kervola, Pena: Tutkittua tietoa. Jystölä, 1978. (25.2.)

Kervonen, Teppo: Päivä, joka hävisi - kadonnutta kansanperinnettä etsimässä. Unkeroinen, 1988. (4.2.)

Keränder, Peikki: Tuleen liittyvät uskomukset suomalaisissa tavoissa. Tyrvää, 1987. (1.2., 6.5.)

Keränen, Harva: Kirrun kannossa. Kento, 1965. (10.2.)

Keränen, Jorma: Rahvaan tavoista ja uskomuksista Sisä-Suomessa. Läyliäinen, 1977. (27.4., 2.5., 25.5)

Keränen, Unto: Innovaation diffuusio kansallisen kulttuurin muokkaajana - pulsaattoripesukoneet traditioita tuhoamassa. Liikemiesten ja porvarien kauppaopiston julkaisu 54:79. Helsinki, 1979. (IV)

Ketmu, S. ja Padamov, T.: Pidot Lääsiössä. Gourmet kansamme köyhyyden kontekstissa. Jyräntö, 1994. (15.5.)

Kihisevä, Veikko: Suomalaiset Udmurtia valloittamassa. Helsinki, 1967. (27.8.)

Kihlakunnanarkisto, Kaustinen: Käräjien tuomiokirja vv. 1777-1785. (16.1.)

Kirstu, Nesa: Ajetaanpa pojjaat: muisteluita hevosmiesten teoista. Kinttunen, 1945. (6.3.)

Kiteen kirkkohistoria. Tekijä tuntematon. Käsikirjoitus vuodelta 1677. (I)

Koikkalainen, Laina, Jani-Ville Holma & Carlo Montagnes: Structural comparison of two populations transcriptional phosphate regulation in the absence of direct interaction with a specific DNA element -in vitro. Helsinki, 1997. (I)

Koivunen, Fjalar: Perhonjokilaakson perinnekirja. Kokkola, 1961. (16.1., 6.4.)

Konkka, Taneli: Muutamia kuvauksia Peräpohjan tavoista ja elinkeinoista. Turun yliopisto, 1983. (10.1.)

Kuivittu, Anna: Luostarilaitos rajakarjalaisen kulttuurin ylläpitäjänä. Toivio, 1987. (4.4., 16.9.)

Kukander, Tulli: Kuukautten nimet - etymoloogillinen tutkielma aikojen nimistä. Helsinki, 1845. (IX)

Kumander, Etsikko: Suomensukuisten kansojen jumalten nimet ja niiden periytyminen kielialueitten välillä. Turku, 1934. (14.1.)

Kuntti, Viiti: Lapin aaveet ja noidat. Helsinki, 1956. (19.2.)

Kunttu, Veeturainen: Heimo aatteeksi. Kuusijärvi, 1987. (15.12.)

Kurtti, Mäkäri. Kannibalismi heimoaatteen tukijana. Sevettijärvi, 1978. (21.11.)

Kutale, Vääry. Esirenkaalliset suhdevariaatiot peruspopulaation varianttimallin testaajana, osa 1. Kehvo, 1978. (8.5., 27.10.)

Kutu, Panu: Sian selässä - sika suomalaisessa kansanperinteessä. Kuistinen, 1976. (7.2.)

Kuumotin, Teppo: Eteläsavolaiset perinteet yksinkertaisen kansanluonteen ilmaisijana. Hauho, 1969. (21.4., 3.10.)

Kuuppi, Untamo: Minä en, vaan naapuri. Tosipaikka, 1987. (20.10.)

Kylpiäinen, Ylpö: Kerjuuretkiltä ja pulkkareissuilta - kansan suvereenisuuden selitys. Kirjatieto. 1921. (14.1.)

Laa-Laa, Pai & Tiivi, Taavi & Varvas, Hipsu: Amyloid precursor protein metabolism in fibroblasts from individuals with one, two or three copies of the amyloid precursor protein (G1.2) gene. Sussex, 1998. (12.7., 8.10.)

Larsen, Wilhelm: Finnjävlar i Skåne. Göteborg, 1886. (26.3.)

Lauliainen, Arhippa: Guldaset Gäet - tutkimus kareliaanisen kansan uskomuksista ja tavoista. Kivennapa, 1928. (2.1.)

Leinonen, Elmo ja Sartsinarsius-Pylppö, Jarmo: Kainuulainen "ahistus" ja karhun symbolimerkitys perinnetavoissa. Lentiira, 1996. (27.9.)

Lempiäinen, Tarvo: Hyvinkää -4. Pienten kaupunkien sosiaaliset suhteet esitettyinä normalisoiduilla György-Galagos -vektoreilla. Väitöskirjan yritelmä, Lapin Yliopisto. Rovaniemi, 2002. (27.2.)

Lestaanius, Leevi: Pernuanvaarassa ja Pötelikössä - nuoruusvuodet hukassa. Kiihtelysvaara, 1897. (18.8.)

Lihvattu, Teppo: Mahtavat Viitaset - Suomen hienoimman suvun historia. Tepula, 1969. (18.10., 25.11.)

Liimatta, Alpo ja Kumander, Erik: No onkos tullut kesä? Tutkielma Kouheroisen kevätperinteestä pienyhteisöjen sosiaalisessa kontekstissa. Jurva, 1977. (10.3., 2.5.)

Liimatta, Onni. 1954. Järvi-Seudun eräperinne. Pohjanmaan kotiseutukustannus. Seinäjoki. (3.12.)

Lipanteri, Eero: Malka silmässä, halot ristissä. Liiterikulttuurin vaikutus aikamiespoikien avioitumiseen. Väestöliitto. 1967. (3.6.)

Lohtander, Asko: Kalajokiseudun asutus keskiajalla. Väitöskirja Turun yliopistossa, 1976. (8.2.)

Luderus, Loinen: Menneet muistot. Kuivala, 1965. (2.4., 18.10.)

Lunkioinen, Vasu: Kaksipisteiset koordinaattijäljitelmät. Tunto, 1967. (14.5., 21.10.)

Lutti, Anita: Kannakselta ja kauempaakin - Tapauksia Etelä-Karjalasta. Kivennapa, 1936 (22.4., 6.7.)

Luukkonen, Ketmu: Liparoihe sinnäi - murteellista mutjauttelua konginkankaalaisen perinteen kuvauksessa. Raahe, 1948. (14.6.)

Lörmä, Simo: Kentokummusta kajahtaa! Kentokummun pitäjän historia muistelusten valossa. Pärtölä, 1994. (24.2.)

Mannergeim, C.G.E: Minä käsken! Presidentin päiväkäsky ryssän nujertamiseksi. Helsinki, 1946. (4.6.)

Manninen, Erkki: Lohenpyytäjäin perillisiä - Matkakuvia ja tutkimuksia Pohjois-Pohjalaisen osakunnan ylioppilaiden kotiseutumatkalta. SKS. Helsinki, 1959. (7.1., 9.1.)

Marchand, Yves: L'histoire de Pierre Le Fou: une excursion en Finlande sans success. Pariisi, 1811. (21.1.)

Marsu, Edvard: Ovat muistojemme lehdet kuolleet. Uupajoki, 1987. (4.11.)

Martikainen, Anu: Karjalan kannaksen Martta-kultti ja sen perintö suomalaisessa yhdistyselämässä. Lappeenranta, 2014. (24.11.)

Mursu, Elias: Havaintoja luonnosta - marsut, mursut ja muut metsiemme pieneläjät. 2. p. Kevo, 1956. (16.11.)

Moisio, Lauri: Folklore as functional alternative to postmodern - discourse and contributions of P.P Baudillard. Helsinki, 1994. (13.1.)

Muistonen, Pekka. Veriset jäljet - suomalaisen kannibalismin juuret. Enontekiö, 1987. (21.11)

Mulqvist, Arvid: Suur-Suomea tekemässä vierailla mantereilla. Porvoo, 1937. (20.11.)

Mäkinen, Juho: Pinnalla kaiken aikaa - lossinvartijan muisteluksia. Soisalo, 1987. (5.10.)

Mössö, Lötkö: Kello kaulassa - onnettomuudet ja niihin liittyvät tavat. Suomaa, 1998. (2.9.)

Naamanka, Malakias. Elämä Eurajoella ryssänvallan aikaan. Rauma, 1922. (18.1., III, 21.7.)

Nemeths, Paul-Edmund, ed.: The Complete Investigations by the Royal Polarctic Expedition. Bristol, 1921. (28.1.)

Nervoneaus, P.: Swy ja seurws. Väitöskirja. Suomen Turku, 1526. (IX)

Nikupeteri, Karvain: Tervankäyttö perinnetavoissa. Kuteli, 1956. (9.3.)

Nikupeteri, Karvain ja Lerpa Velttiö: Rymättylästä raikaa. Sillinperkaajien perinnetavat arkipelagin spatiaalisessa kontekstissa. Kuteli, 1968. (5.6., 13.8.)

Numminen, Mummi: Männöö ja mätöstää - muistelmuksia lapsuuven ajoilta. Torpelli, 1998. (5.9.)

Nurmela, Akusti. Päiväkirja. Ei painopaikkaa, 1885. (22.2.)

Nurmiainen, Voitto: Läpi meren ja myrskyn - suomalaisen merimiehen muistelmia. Laatokka, 1965. (13.2., 23.8.)

Nussi, Jaakko: Siirtymäriitit ja niiden funktionaalinen määrittely Johanta-Virtasen juhlamatriisin mukaan: erittelevän selitysmallin testaus empiirisellä aineistolla. Toivola, 1965. (29.4.)

Nykänen, Raisa: Alkoholin saatavuuden sivuvirrat Sisä-Suomessa 1866-1960. Kuopion yliopiston julkaisuja, Etanolisarja 12/2006. Kuopio, 2006. (3.5.)

Näive, Untamo: Joulun aika, kallis taika. Tervo, 1998. (22.12)

Okleus, Teijo: Koillismaan kalakaverit Kekkosen kuvaamana. Kuva ja rukous. 1968. (20.1.)

Orpojen Joulu 1958: Eeli Kuhilaan haastattelu joulun vietosta vanhassa tehdasyhteisössä. Tampere, 1958. (24.10.)

Ounaksen koodeksi - hallitsijoiden käskykirjeet 300-luvun Suomesta selityksineen ja taustoineen. Rovaniemi, 2015. (8.10.)

Pakana, M. A.: Järven viertolaiset - kuvaus kulttuurista. Sevettijärvi, 1987. (26.10.)

Parkkali, Juho: Etelä-Saimaan kotiseutulukemisto. Nuijamiesten perinneseuran julkaisu IX. Lappeenranta, 1962. (1.3., 14.3.)

Patti, Miihkali: Karnevaali - keksi vai vilunki? Kuusamo, 1987. (IV)

Peitto, Lämmin: Tuhooja keskellämme: Kuukeri Talliaisen maanpäälliset teot. Tervo, 1987. (13.12.)

Pellervo-seura: Kyöristä Käkriin - kepulaisia traditioita maaseutumme rauhassa. Keskusta, 1967. (26.9.)

Peltokylä, Anssi: Toukolan torpasta tämä poika lähti. Uusikaupunki, 1967. (18.11)

Pendant, Frouille de: Écrivains dans l'expédition finno-lappoise. Paris, 1786 (12.2., 28.8.)

Pentikäinen, Auvo: Psykedeliaa Pohjolassa: tajuntaa laajentavien aineiden käyttäminen Agraari-Suomessa. Väitöskirja, Sirola-Opisto, 1968. (14.7.)

Penttilä, Toivo: Eip' heitä huoltans': tutkimus navettakissoista Suomen merten saaristoissa. Väitösk. Kuusela, 1987. (14.4.)

230

Perpa, K.: Etulasitteiset marmorilaatat kansan muistojen kuvittajina. Toisto, 1976. (28.11.)

Perseinen, Toivo: Kansa uskoi. Tehvo, 1987. (20.5.)

Perä, Reikä: Tapion tarhat - kirjoituksia metsistä. Turku, 1878. (18.6.)

Perätuppo, Toivo: Läskin historia. Kuopio, 1976. (16.2.)

Perätön, Anna, Matti Ranka ja Usko T. Ähä: A Cultural Perspective on Christian Exploitation in Finland. Helsinki, 1972. (19.1.)

Pervo-Puikula, Inkeri: Söpösti soitimella. Siistin nuorison kiva käytös rakkaan isänmaamme syrjäkolkissa, joskin rakastavan Jumalan silmäin alla. Pinkkilä, 1966. (17.12.)

Petroff, Sergei: Banaalin heimomielisyyden lähteet rakkaassa Neuvostoisänmaassamme. Terijoki, 1931. (26.7.)

Pettersson, Marcus: Om gudar och djävlar på Västerbotten. Vasa, 1983. (2.11.)

Petturi, Valhe: Soitot on soitettu - Kuninkaallisen Viidennenetoista Tribunaalin Soittokunnan historiikki. Gnulahti, 1998. (6.8.)

Petäjäniemi, Kurttu: Kylän hullut: tutkimuksia originaliteetista suomalaisessa perinteessä. Helsinki, 1965. (16.3.)

Peuhu, Patja: Selkävaivaiset ja heidän aiheuttamansa tavat suomalaisessa kansankulttuurissa. Väitösk. Teuru, 1976. (4.7.)

Platanov, Sergei: Brutaalien luonnonkansojen elämästä Neuvostoisänmaassa. Tekijöiden käännös venäjänkielisestä artikkelista. Julkaistu aikakauskirjassa Kultura pa russkij 1971. (24.1. 30.4., 17.8., 30.10.)

Pressby, Rolf-Åke: Anteckingar fra jävla fittans kalla Finland. Uppsala, 1789. (31.1.)

Pulli, Kukka A.: Keskiaika, Suomi ja sanat. Väitösk. Pellervo, 1997. (IX)

Päärynä, Kurttu: Turpaan vaan - perinteitten satoa. Kouhioinen, 1976. (3.2., 30.4.)

Päätön, Irvi: Meidän meno - kentolahkolaiset merten takana. Hurunui, 1878. (1.7.)

Rantamaula, Matti: Kyöränmailla ja kerjuilla - kertomuksia kainuulaisten parista. Helsinki, 1903. (25.1.)

Rantanen, Aku: Vesipää modernin yhteisöllispoliittisen diktatuurin symbolina. Janakkala, 1997. (17.6.)

Ravantti, Eesu: Avionrikkomus suomalaisen kyläperinteen osana. Tyrvää, 1955. (5.7.)

Rehbinder, Isak: Alla slags traditioner - Sanningen om Finland. Uppsala, 1632 (6.5.)

Rehbinder, Malakias: Årsgångstraditioner på sydkusten. Helsingfors, 1877. (2.3.)

Rekula. Oiva: Talvipäivänseisaus itäsuomalaisessa myyttisessä perinteessä. Joensuu, 1986. (23.12.)

Rentola, Juha K.: Etiikka ja liike-elämä - Feodalismi ja markkinavoimat. Helsinki, 1996. (19.1.)

Revä, Avanne: Suomalaisten ehkäisymenetelmien historia - virkkuukoukusta e-pillereihin. Tuva, 1989. (29.5., 8.7.)

Riikonen, Teppo: Suomalainen kulttuuri kaunokirjallisuuden kuvaamana. Tampere, 1977. (6.4., 29.10.)

Roikka, Untamo: Aito-Suomen sydämessä - Varsinais-Suomea ja Hämettä kuvaamassa. Turku,1928. (11.8)

Roininen, Aapo: Laukkuryssien matkassa Karjalan salomailla - kaupankäynnin perinteet isänmaamme itälaidalla. Viipuri, 1937. (9.1.)

Ruhonen, Alpi: Sanalla laskua - Sie ja mie kieltä käyttämässä. Äidinkielenopettajain liiton julkaisu 8/77. Vantaa, 1977. (16.8.)

Ruisku, Perä: Tuohi, joka muutti historian: Naantalin koodeksi ja sen tulkinta. Pervo, 1956. (22.7.)

Runkström, Jorma: Exploitation and degeneration of Savo tribe. Mikkeli, 1971. (11.2., X)

Rutakon herätyskalenteri. 1914. Tekijä ja painopaikka tuntematon. (15.1., 2.5., 31.5., 20.6., 10.9., 21.10., 19.12.)

Ruupe, Kuiva: Päänsisälle ja perästä kuuluu. Tuovila, 1976. (24.4.)

Rysström, Paavo: Maankuivatustoiminnan historia Suomessa. Vesihallituksen insinöörien rouvain yhdistyksen julkaisuja. Sarja A. vol 78. 1999. (2.8.)

Rädskyi, Szäbät: Ostjakit ja vogulit. Budapest, 2019. (28.3.)

Räätseppi, Juha: Länsisuomalaiset hautaustavat ja niiden symboliikka agraarissa kyläyhteisössä. Tallinna, 2020 (13.7.)

Rönnström, Jahve: Om dumma och tråkiga traditioner och även om heliga gubbar i västra Finland. Helsingfors, 1906. (13.3.)

Salminen, Vihanti (2015). Muumioituneet: tutkielma haudantakaisista. Petsamo, 2015. (27.9.)

Siirti, Navetta & Kulju, Kissa: The effects and costs of finding ones mate to the urinary tract infections at the fields of Suonenjoki county. Kuusamo, 1997. (19.4.)

SKVVR (=Suomen kansan vitun vanhat runot), XII. Helsinki, 1887. (14.1.)

Skyrben, Pär: Saamelaisperäiset kuukausiemme nimet. Kinttu, 1987. (VIII)

Sosialistisen kansan päivälehti: Outoja inehmoja Jormualla. Artikkeli 28.4.1931.

Sorsa, Tiina: Ortodoksisuuden implementoimat synkretistiset tribaalirituaalit Fennoskandian kaakkoisosissa. Väitöskirja, Imatran ortodoksinen kansankorkeakoulu, 1977. (16.4., 19.5.)

Stjärna, Alexander: Kyrkslätts könssed och deras partipolitiska inflytande på regionens utveckling och seder. Länsförbundets publikationer, 2023. (29.2.)

Stone, Alexander: Brotherhood in action: seven as a symbol of integrity among the forest Finns. Courtney-on-Avon, 1867. (17.5.)

Sundström, Hilja: Murjaanien mailla. Oulu, 1890 (12.1.)

Suomalainen, Pertti: Meriä kyntämässä. Turku, 1567. (26.5.)

Sutela, A: Nimettömät teokset, osa 6. Göteborg, 1987. (25.2.)

Suulperi, Veijo: Häppää! Alkoholin käyttöperinteet Suomessa. Turku, 1998. (II)

Suurkulli, Raivo: Hullut porot. Tallinna 1974. (26.1.)

Syltty, Taavi: Kastroidut kuhnurit - Inkeroisten väestön terveystutkimuksen osaraportti. Helsinki, 1987. (1.4.)

Tarttumavaara, Anna: Riiastelua kolmiööninkisessä - Eteläpohjalaiset seurustelu- ja kosioperinteet. Vaasa, 2011 (4.4.)

Tehelmä. Asko: Rakkopallosta puukkohippaan. Suomen kansan muinaiset pelit ja leikit. Luulaja, 1982. (10.5.)

Tenttunen, Sini: Helvettiin menossa - itsemurha, kuolema ja sukurutsa suomalaisessa perinteessä. Hatuala, 1987. (14.9.)

Tepula, Asko: Lentävät legendat Lapin laulumailta. Väitöskirja Sirola-Opistossa. Janakkala, 1969. (26.5., 11.6.)

Terijoen käräjien pöytäkirja 1931. Ei julkaistu. Fanaattis-karjalaisen kirjallisuusarkiston kokoelmat. (20.7.)

Toiviainen, Erkki: Saunassa vastan kanssa. Tyypiö, 1987. (16.12.)

Toriseva, A.: Teekkarien matkassa - tapoja ja sattumuksia. Tampere, 1978. (31.12.)

Tosola, Vaari: Joen rannalla liinani huuhdoin. Tervo, 1876. (26.4., 10.5.)

Tuomilainen, Veikko: Kansakoulun lukukirja, osa 1. Juva, 1956. (30.1., 25.7.)

Tuppi, Kertto: Hyvän yön saattajaiset. Pori, 1956. (7.11.)

Turma, Tapani: Pedot ja petomaanit Suomessa. Rovaniemi, 1987. (30.3.)

Turpa, Ruha: Anjalan suurpitäjästä nykyiseen Kymenlaaksoon - tutkimus kulttuurin degeneraatiosta. Kotka, 1999. (5.11.)

Turun Wiikko-Sanomat 17.9.1808: Ruppipakoja runsaasti tämän kuukauwen aikana. Turku, 1808. (12.9.)

Turvemäki, Osmo ja Luumunen, Antti: Hoilonjoen kylätraditiot agraarikulttuurin kontekstissa. Turku, 1971. (2.2.)

Tussanof, Pilvi: Perkele - kuvia luomista. Koriseva, 1979. (1.2., 10.8.)

Tuunainen, Ilppo: UFOja vai ei? Koivula, 1984. (12.3.)

Tyrvännön Sanomat: Perinteinen joulukortti lähti taas Pommeriin. Tyrväntö, 22.9.2021 (18.9.)

Törnudd, Sig: Det omöjliga i folkets minnesbilder. Ugar, 1997. (4.2., 31.5.)

Vaaskivi, Matti: Luontaiselämän tapataloutta – vertaileva kansatieteellinen katsaus. Jurva, 1967. (10.4.)

233

Vainikainen, Elsa: Kun poijaat kyrvöttiit - kyrvötyksen ja öhöttämisen diffuusio Salpausselän alueella. Lahti, 1988. (29.11.)

Varmasti, Niina: Epäinhimilliset tavat Pohjanmaalla. Vättö, 1987. (27.3., 7.6.)

Vekara, Hemmi: Ravanti, traditsioonien Eden. Koivisto, 1949. (23.6.)

Ventiö, Elmo: Suomusjärven kaamea Saana. Lohja, 1967. (27.5.)

Venäjän arkistolaitos. Tutkijoiden toimittama valikoima keisarillisia asiakirjoja vuosilta 1861-1874. Vol VII-VIII. Pietari, 1993. (2.8.)

Vertti, Einari: Lestadiolaiset tavat Pohjois-Pohjanmaalla. Väitösk. Kuhmo, 1986. (3.11.)

Vilhunen, Väinö: Uudenkaupungin herätysliike. Turku, 1932. (7.2.)

Vähä-Rautio, Veikko. Kuulkaa Herraa - te matoset maan. Länsi-Suomen Kontannaisherännäisten Juhlakirja. Säkylä,1974. (11.8.)

Vätvätoja, Kari: Semioottisen spatiaalisuuden spastiikkaa. Tampere, 1999. (24.3., 22.8.)

Väärtö, Soikio: Keskiaikaiset karnevaalit Suomessa. Somero, 1956. (IV, 5.5., 10.8., 21.10., 22.11.)

Wilhelmsson, Carl-Johan: Patruuna pakisee. Rauma, 1944. (5.3.)

Yntäri, Inri: Lepakoita ja lipeää - suovillatupsut Kaakkois- ja Koillis-Suomessa. SKKS, 1953. (19.1. 11.3., 6.10.)

Yntäri, Inri: Empätiijä - unohtuneet perinnetavat Kälviällä. SKKS, 1955. (16.8.)